俄 国 史 译 丛 · 经 济

Серия переводов книг по истории России

Формирование финансового капитала в России

俄国史译丛 · 经济

СЕРИЯ ПЕРЕВОДОВ КНИГ ПО ИСТОРИИ РОССИИ

俄国金融资本的形成

Формирование финансового капитала в России

[俄] 鲍维金·瓦列里·伊万诺维奇 / 著
Бовыкин Валерий Иванович

张广翔 种悦瑶 / 译　唐加正 / 校

社会科学文献出版社
SOCIAL SCIENCES ACADEMIC PRESS (CHINA)

Бовыкин В.И.

Формирование финансового капитала в России. - М.: «Наука», 1984. - 287 с.

© «Наука», 1984.

© Бовыкина В.И. наследники, 1984.

本书根据莫斯科科学出版社 1984 年版本译出。

本书获得教育部人文社会科学重点研究基地
吉林大学东北亚研究中心资助出版

俄国史译丛编委会

主　编　张广翔

副主编　卡尔波夫（С. П. Карпов）　钟建平　许金秋

委　员　彼得罗夫（Ю. А. Петров）　鲍罗德金（Л. И. Бородкин）

　　　　　姚　海　黄立茀　鲍里索夫（Н. С. Борисов）

　　　　　张盛发　戈里科夫（А. Г. Голиков）

　　　　　科兹罗娃（Н. В. Козлова）　李牧群　戴桂菊

著者简介

鲍维金·瓦列里·伊万诺维奇（Бовыкин Валерий Иванович），史学博士，莫斯科大学历史系教授，俄罗斯科学院俄罗斯历史研究所资深研究员。主要从事俄国经济史、国际关系史、史料学和档案学研究，其俄国经济史研究成果丰厚。培养了30名史学博士，开创了俄罗斯经济史学派。出版了《俄国金融资本的起源》《俄国金融资本的形成》《俄罗斯帝国商业银行》《第一次世界大战前夕的俄国金融资本》等多部著作，发表学术论文多篇。

译（校）者简介

张广翔 历史学博士，吉林大学东北亚研究院、东北亚研究中心教授，博士生导师。

种悦瑶 吉林大学东北亚研究院硕士研究生。

唐加正 吉林大学东北亚研究中心博士研究生。

总　序

　　我们之所以组织翻译这套"俄国史译丛",一是由于我们长期从事俄国史研究,深感国内俄国史方面的研究严重滞后,远远满足不了国内学界的需要,而且国内学者翻译俄罗斯史学家的相关著述过少,不利于我们了解、吸纳和借鉴俄罗斯学者有代表性的成果。有选择地翻译数十册俄国史方面的著作,既是我们深入学习和理解俄国史的过程,又是鞭策我们不断进取、培养人才和锻炼队伍的过程,同时也是为国内俄国史研究添砖加瓦的过程。

　　二是由于吉林大学俄国史研究团队(以下简称"我们团队")与俄罗斯史学家的交往十分密切,团队成员都有赴俄进修或攻读学位的机会,每年都有多人次赴俄参加学术会议,团队每年也会邀请2~3位俄罗斯史学家来校讲学。我们与莫斯科大学(以下简称"莫大")历史系、俄罗斯科学院俄国史研究所和世界史所、俄罗斯科学院圣彼得堡历史所、俄罗斯科学院乌拉尔分院历史与考古所等单位学术联系频繁,有能力、有机会与俄学者交流译书之事,能最大限度地得到俄同行的理解和支持。以前我们翻译鲍里斯·尼古拉耶维奇·米罗诺夫的著作时就得到了其真诚的帮助,此次又得到了莫大历史系的大力支持,而这是我们顺利无偿取得系列丛书的外文版权的重要条件。舍此,"俄国史译丛"工作无从谈起。

　　三是由于我们团队得到了吉林大学校长李元元、党委书记杨振斌、

俄国金融资本的形成

学校职能部门和东北亚研究院的鼎力支持和帮助。2015年5月5日，李元元校长访问莫大期间，与莫大校长萨多夫尼奇（В. А. Садовничий）院士、俄罗斯科学院院士、莫大历史系主任卡尔波夫教授，莫大历史系副主任鲍罗德金教授等就加强两校学术合作与交流达成重要共识，李元元校长明确表示吉林大学将大力扶植俄国史研究，为我方翻译莫大学者的著作提供充足的经费支持。萨多夫尼奇校长非常欣赏吉林大学的举措，责成莫大历史系全力配合我方的相关工作。吉林大学主管文科科研的副校长吴振武教授、社科处霍志刚处长非常重视我们团队与莫大历史系的合作，2015年尽管经费很紧张，还是为我们提供了一定的科研经费。2016年又为我们提供了一定的经费。这一经费支持将持续若干年。

我们团队所在的东北亚研究院从建院伊始，就尽一切可能扶持我们团队的发展。现任院长于潇教授自上任以来，一直关怀、鼓励和帮助我们团队，一直鼓励我们不仅要立足国内，而且要不断与俄罗斯同行开展各种合作与交流，不断扩大我们团队在国内外的影响。2015年，在我们团队与莫大历史系开始新一轮的合作中，于潇院长积极帮助我们协调校内有关职能部门，和我们一起起草与莫大历史系合作的方案，获得了学校的支持。2015年11月16日，于潇院长与来访的莫大历史系主任卡尔波夫院士签署了《吉林大学东北亚研究院与莫斯科大学历史系合作方案（2015~2020年）》，两校学术合作与交流进入新阶段，其中，我们团队拟于4年内翻译莫大学者的30种左右学术著作的工作正式启动。学校职能部门和东北亚研究院的大力支持是我们团队翻译出版"俄国史译丛"的根本保障。于潇院长为我们团队补充人员和提供一定的经费使我们更有信心完成上述任务。

2016年7月5日，吉林大学党委书记杨振斌教授率团参加在莫大举办的中俄大学校长峰会，于潇院长和张广翔等随团参加，在会议期间，杨振斌书记与莫大校长萨多夫尼奇院士签署了吉林大学与莫大共建历史学中心的协议。会后莫大历史系学术委员会主任卡尔波夫院士、莫大历史系主任杜奇科夫（И. И. Тучков）教授（2015年11月底任莫大历史系主任）、莫大历史系副主任鲍罗德金教授陪同杨振斌书记一行拜访了莫大校长萨多夫尼奇院士，双方围绕共建历史学中心进行了深入的探讨，有力地助推了我们团队翻译莫大历史系学者的学术著作一事。

四是由于我们团队同莫大历史系长期的学术联系。我们团队与莫大历史系交往渊源很深，李春隆教授、崔志宏副教授于莫大历史系攻读了副博士学位，张广翔教授、雷丽平教授和杨翠红教授在莫大历史系进修，其中张广翔教授三度在该系进修。我们与该系鲍维金教授、费多罗夫教授、卡尔波夫院士、米洛夫院士、库库什金院士、鲍罗德金教授、谢伦斯卡雅教授、伊兹梅斯杰耶娃教授、戈里科夫教授、科什曼教授等结下了深厚的友谊。莫大历史系为我们团队的成长倾注了大量的心血。卡尔波夫院士、米洛夫院士、鲍罗德金教授、谢伦斯卡雅教授、伊兹梅斯杰耶娃教授、科什曼教授和戈尔斯科娃副教授前来我校讲授俄国史专题，开拓了我们团队及俄国史研究方向的硕士生和博士生的视野。卡尔波夫院士、米洛夫院士和鲍罗德金教授被我校聘为名誉教授，他们经常为我们团队的发展献计献策。莫大历史系的学者还经常向我们馈赠俄国史方面的著作。正是由于双方有这样的合作基础，在选择翻译的书目方面，很容易沟通。尤其是双方商定拟翻译的30种左右的莫大历史系学者的著作，需要无偿转让版权，在这方面，莫大历史系从系主任到所涉及的作者，克服一切困难帮助我们解决关键问题。

五是由于我们团队有一支年富力强的队伍，既懂俄语，又有俄国史方面的基础，进取心强，甘于坐冷板凳。学校层面和学院层面一直重视俄国史研究团队的建设，一直注意及时吸纳新生力量，使我们团队人员年龄结构合理,后备充足,有效避免了俄国史研究队伍青黄不接、后继无人的问题。我们在培养后备人才方面颇有心得,严格要求俄国史方向硕士生和博士生,以阅读和翻译俄国史专业书籍为必修课,硕士学位论文和博士学位论文必须以使用俄文文献为主,研究生从一入学就加强这方面的训练,效果很好:培养了一批俄语非常好、专业基础扎实、后劲足、崭露头角的好苗子。我们组织力量翻译了米罗诺夫所著的《俄国社会史》《帝俄时代生活史》,以及在中文刊物上发表了70多篇俄罗斯学者的论文的译文,这些都为我们承担"俄国史译丛"的翻译工作积累了宝贵的经验,锻炼了队伍。

译者队伍长期共事,彼此熟悉,容易合作,便于商量和沟通。我们深知高质量地翻译这些著作绝非易事,需要认真再认真,反复斟酌,不得有半点的马虎。我们翻译的这些俄国史著作,既有俄国经济史、社会史、城市史、政治史,还有文化史和史学理论,以专题研究为主,涉及的领域广泛,有很多我们不懂的问题,需要潜心研究探讨。我们的翻译团队将定期碰头,利用群体的智慧解决共同面对的问题,单个人无法解决的问题,以及人名、地名、术语统一的问题。更为重要的是,译者将分别与相关作者直接联系,经常就各自遇到的问题发电子邮件向作者请教,我们还将根据翻译进度,有计划地邀请部分作者来我校共商译书过程中遇到的各种问题,尽可能地减少遗憾。

"俄国史译丛"的翻译工作能够顺利进行,离不开吉林大学校领导、社科处和国际合作与交流处、东北亚研究院领导的坚定支持和可靠后援;莫大历史系上下共襄此举,化解了很多合作路上遇到的难题,将此举视为我们共同的事业;社会科学文献出版社的恽薇、高雁等相关人员将此举视为我们共同的任务,尽可能地替我们着想,使我们之间的合作更为愉快、更有成效。我们唯有竭尽全力将"俄国史译丛"视为学术生命,像爱护眼睛一样地呵护它、珍惜它,这项工作才有可能做好,才无愧于各方的信任和期待，才能为中国的俄国史研究的进步添砖加瓦。

上述所言与诸位译者共勉。

吉林大学东北亚研究院和东北亚研究中心

2016 年 7 月 22 日

目 录

绪 论 ·· 1

第一章 **19世纪末20世纪初工业生产的增长和集中** ············ 24
    第一节 1896~1910年的工业生产动态 ····················· 25
    第二节 19世纪末20世纪初的生产集中化进程 ············ 76

第二章 **19~20世纪之交的股份制经营** ····························· 123
    第一节 20世纪初股份-合股公司的发展结果 ··············· 124
    第二节 1899~1903年危机对股份制经营的影响 ·········· 141

第三章 **在俄的外国资本** ·· 182
    第一节 统计数据中的外国投资 ································· 182
    第二节 外国企业在俄国发展的主要趋势：
            1899~1903年危机的影响 ···························· 208

第四章 **垄断的确立** ··· 226
    第一节 卡特尔转变为经济生活的基础之一 ··················· 230
    第二节 垄断组织和银行 ·· 288

结 语 ·· 297

绪　论

19世纪末20世纪初，资本主义发生了质的变化，正如В.И.列宁所指出的那样，其实质是以垄断取代自由竞争。早在垄断资本主义诞生之时，В.И.列宁就已经看到了它的历史地位："……在自由竞争的基础上、而且正是从自由竞争中生长起来的垄断，是从资本主义社会经济结构向更高级的结构的过渡。"① 他把垄断资本主义阶段称为"社会主义革命的前夜"②。

历史学家对自由竞争资本主义向垄断资本主义的转变过程有着天然的兴趣。作为第一个走上社会主义道路的国家，俄国一直受到广泛关注。

早在20年代中期，俄国由自由竞争资本主义向垄断资本主义转变的过程就引起了苏联研究者的注意。当时，在激烈的辩论中，未来建设社会主义的任务得以确定。因此，有必要了解俄国资本主义留给新制度的"遗产"。

资本主义在俄国的历史并不长。资本主义关系在封建制度下发展了两个世纪，直到1861年废除农奴制、实施"农民改革"后才在全国占据

---

① Ленин В. И. Полн. собр. соч.，т. 27，с. 420–421. 照录《列宁全集》第27卷，人民出版社，1990，第434页。——译者注
② Ленин В. И. Полн. собр. соч.，т. 27，с. 301. 照录《列宁全集》第27卷，人民出版社，1990，第62页。——译者注

俄国金融资本的形成

主导地位。在如此有限的历史时期内,俄国资本主义的发展是如何逐渐具备了种种客观条件(经济条件和社会条件),从而确保1917年10月[①]的无产阶级革命胜利和进行第一次社会主义改造呢?这个问题决定了20世纪20年代专门研究俄国垄断资本主义方向的形成。

时至今日,学者们对俄国资本主义演变的矛盾及其固有的不平衡性仍争论不休。机器大工业的快速发展与落后手工业生产形式的极端稳定、边远地区农业的显著成就与欧洲中心地区农业的停滞不前——所有这些都极大地增加了评估俄国资本主义演变速度和结果的难度。

俄国资本主义演变产生于世界资本主义的影响之下,这一点早就无可争辩。但为了理解这种影响的性质,必须弄清其与社会发展内需之力影响的相互关系。

借助针对俄国资本主义起源问题的大量专门研究,我们已经明确,资本主义关系的自发形成过程非常稳定、普遍,以致其从"内部"瓦解了农奴制。关于俄国资本主义演变过程的研究也表明,世界资本主义对其影响非常多样化,影响的结果也是多元的,这不只是表现在向俄国本土转移大规模工业生产的技术成果和组织形式上。新兴的资本主义世界市场将俄国卷入国际贸易,使俄国国民经济的封建农奴制基础变形、分化,并为资本主义关系的自发发展过程开辟了道路。现在也很清楚,世界资本主义对俄国资本主义演变过程的影响并不限于使其加速。只需指出外国资本的双重作用,就能明白这一点:外国资本既保证了俄国资本主义发展的可能性,又保留了俄国旧封建地主阶级和地主土地所有制的政治统治地位,从而促成了地主专制制度这一阻碍国家经济和社会进步的主要因素的存在。

不能轻易地把世界资本主义对俄国资本主义演变过程所产生的矛盾

---

① 十月革命爆发于俄历10月,公历11月。——译者注

性影响结果一概而论。但如今已无须证明它们与相应的内部先决条件存在密切联系。

对于直接观察改革后俄国资本主义发展进程的同时代人和研究其全新动态的研究人员而言，这种联系并不那么明显。在保留地主和地主土地所有制政治权力的情况下，土地制度和整个国家经济生活的资产阶级改造被迫延迟，资本主义演变的自发过程出现在独特的封建主义外壳之下，往往具有隐蔽性。在这种背景下，西方发展起来的最新资本主义企业经营形式脱颖而出，并在工业、铁路、信贷等快速发展的俄国国民经济部门中传播。在土地制度没有任何质变的情况下，这些部门的发展在很长一段时间内被解释为"人为扶植资本主义的结果"。民粹派就是这样理解的，他们认为资本主义是与俄国社会组织格格不入的现象。政府扶植的大工业、铁路、信贷机构也被合法马克思主义者视为国家资本主义演变的主要动力，他们欢迎资本主义在俄国的发展，但不相信存在确保这种发展"自下而上"进行的必要先决条件。

В. И. 列宁的著作《俄国资本主义的发展》有利于破除俄国资本主义"人为性"的观点。他指出，上述观点不仅毫无理论依据，而且不符合现实。该书中表明，涵盖国家经济生活方方面面的资本主义演变的基础是对农业的资产阶级重组。正是这一点为工业增长、交通发展等创造了客观需求。

在20世纪20年代从事俄国国民经济垄断历史研究的苏联研究者中，已经没有人不认同俄国资本主义"人为性"的观念。但在这些学者中盛行的观点是，19世纪末俄国资本主义的发展还不足以确立垄断的统治地位。因此他们认为，19世纪末20世纪初俄国经济生活中出现的垄断资本主义形成的表现形式，是先进资本主义国家外来影响的结果。

这些观点体现在 Н. Н. 瓦纳格提出的"俄国金融资本衍生论"这一

概念中。根据这一概念，俄国垄断的出现是国内工业从属于外国资本的结果。Н. Н. 瓦纳格认为，"国际银行资本对俄国工业的垄断""通过俄国股份制商业银行"这种"非常精细的形式"发生过。①

Н. Н. 瓦纳格在《世界大战前夕俄国的金融资本》（莫斯科：斯维尔德洛夫共产主义大学出版社，1925）一书中对上述概念进行了概述及论证。该书在苏联历史学家和经济学家中引发了激烈的讨论，不过，大多数人并没有质疑外国资本在俄国垄断资本主义确立中的决定性作用。争议主要集中在俄国垄断资本主义的形成何时开始、何时结束、国民经济对外国资本的依赖是增强了还是减弱了等其他问题上。②

以上争论表明，Н. Н. 瓦纳格的"俄国金融资本衍生论"的事实依据比较薄弱。但即便如此，也无法动摇他关于俄国资本主义垄断转化过程的衍生性、依赖性的观点，这可能比争论过程中其他的一些表述更符合当时的普遍认识，即关于国家资本主义发展水平及外国资本在其经济生活中作用的认识。后来，这一想法有力地证明了长期以来苏联历史文献中存在的俄国半殖民地从属地位的论点。

20年代的研究者将银行视为俄国工业垄断化进程的主要因素，在对其进行分析时，通常将注意力集中在银行与工业企业的融合上。Н. Н. 瓦纳格在其著作中对这一过程的阐述完全简化为分析"银行垄断"的形成，而忽视了行业垄断联盟——20世纪前10年出现的卡特尔和辛迪加。他认为："俄国资本主义的发展沿着帝国资本主义道路，属于1905年革命之后的时期。"③ 而在俄国资本主义进入垄断阶段的时间问题上，他的主要反对者——Е. Л. 格拉诺夫斯基尽管也提到了行业垄断组织的存在，但把它们描述为银行与工业融合的结果。在 Е. Л. 格拉诺夫斯基看来，"1890

---

① Ванаг Н. Н. Финансовый капитал в России накануне мировой войны. М.，1925，с. 25.
② 这些争论的详细分析参阅 Бовыкин В. И. Зарождение финансового капитала в России. М.，1967，с. 8-16。
③ Ванаг Н. Н. Финансовый капитал в России накануне мировой войны. М.，1925，с. 17.

年代末至1900年代，已经达到高度集中的俄国、外国银行与走上垄断之路的工业的融合，构成了俄国重要工业部门垄断化进程的主要内容"①。而且在这一过程中外国资本具有"决定性意义"，因为，"首先，它把银行与工业的金融资本融合关系带到了俄国，其次，引起融合的工业融资主要是依靠外国资本完成的"。②

在当时为数不多的从不同角度研究俄国工业垄断化进程的作品中，Г.В.齐佩罗维奇的《俄国的辛迪加和托拉斯》一书地位特殊，是多年来对俄国垄断历史进行研究的结果。③ Г.В.齐佩罗维奇将目光转向俄国垄断资本主义的形成历史，试图利用组织工业生产所积累的经验解决迫切的苏联工业管理问题。因此在俄国资本主义进入垄断阶段的各种标志中，他对垄断联盟（辛迪加和托拉斯）特别感兴趣，因为他说，在这些联盟中"更容易辨别调控的萌芽，即尝试在资本主义关系的基础上通过资产阶级计划意志来束缚经济进程自发性和无政府状态"④。

П.И.梁士琴科在《苏联国民经济史》一书中把这两种研究俄国工业垄断化进程的方法结合起来。П.И.梁士琴科从俄国金融资本衍生论的角度介绍了俄国确立垄断资本主义的历史。同时，他在作品中详细叙述了20世纪苏联国民经济各部门出现辛迪加型垄断联盟的历史。П.И.梁士琴科总结道："因此，到20世纪的第一个十年结束时，没有一个工业或运输部门没有辛迪加，即使是规模较小、内部没有辛迪加化的……辛迪加已经完全实

---

① Грановский Е. Л. Монополистический капитализм в России. Л., 1929, с. 11.
② Грановский Е. Л. Монополистический капитализм в России. Л., 1929, с. 129.
③ 早在1908~1913年Г.В.齐佩罗维奇就在杂志《当代世界》和《当代人》上发表了关于俄国垄断组织的系列文章。1918年其《Синдикаты и тресты в России》（1-е изд., Пг., 1918）一书出版，之后又再版两次（2-е изд., М., 1919；3-е изд., Пг., 1920）。
④ Цыперович Г. В. Синдикаты и тресты в дореволюционной России и в СССР. Л., 1927, с. 5. А. Д. 布雷特曼致力于相似的目标，在其书《Медная промышленность СССР и мировой рынок》（Л., 1930）中叙述了铜冶炼生产的垄断史。

俄国金融资本的形成

现了它们的一个目标——占领并全面覆盖市场以提高价格。"①

后来，П. И. 梁士琴科的书在 1930 年、1939 年、1947~1948 年、1950 年、1952 年、1956 年多次再版，② 成为 20 世纪后半期文献与俄国垄断资本主义下一阶段研究之间的纽带。1939 年重新出版该书时，П. И. 梁士琴科把俄国资本主义进入垄断阶段的时间与 1900~1903 年经济危机更紧密地联系起来。由此可见，俄国垄断资本主义确立的决定性因素是 20 世纪工业的辛迪加化，而不是 Н. Н. 瓦纳格所认为的只发生于第一次世界大战前夕的银行"垄断化"。

这一结论在 1947~1948 年的版本中得以证实，其中 П. И. 梁士琴科大大扩充了关于俄国工业垄断化的章节，包括根据档案资料重写的关于"金属销售辛迪加"和"煤炭销售辛迪加"的大部分内容。但 П. И. 梁士琴科的结论与 Н. Н. 瓦纳格关于垄断组织是外国银行在俄国的推广、战前几年里这些银行在依附于它们的当地银行的帮助下征服了俄国工业的论点存在明显的矛盾。为此，П. И. 梁士琴科在 1939 年的版本中新增了一小节——"俄国垄断组织和外国资本"，以补充说明俄国工业垄断的历史。在新增加的这一小节中，俄国垄断组织被描述成外国垄断组织引入俄国国民经济的直接结果。这一描述经细微修改后进入了后续的版本中。

П. И. 梁士琴科写道："对于俄国而言，'国家'垄断组织加入国际垄断联盟并参与其瓜分世界的问题……实际归结为外国资本在俄国垄断组织创建中的作用问题……"在他看来，"所有无论多么重要的辛迪加联盟要么是国际垄断联盟的成员，要么本质上是外国垄断公司的'子公司'

---

① Лященко П. И. История русского народного хозяйства. М.；Л.，1927，с. 433.
② Лященко П. И. История русского народного хозяйства. 2-е изд. М.；Л.，1930. 1939 年 П. И. 梁士琴科以《История народного хозяйства СССР》为名再版了自己的作品，1947~1948 年其又出版了大幅扩充的两卷版本。同时，资本主义时期单独成卷（М.，1948，т. 2）。该版本又经历了三次再版（2-е изд. М.，1950；изд. 3. М.，1952；изд. 4. М.，1956）。

和分支机构，甚至是它们在俄国境内的简单'办事处'"①。

二战后问世的这一版《苏联国民经济史》开启了研究俄国垄断资本主义历史问题的新阶段。它吸引了苏联历史学家和经济学家对20世纪初俄国工业辛迪加型垄断组织运作的关注，并提升了相关研究的活跃度。

自20世纪40年代末展开的对俄国某些工业部门垄断化进程的局部研究，证实了П.И.梁士琴科观察的正确性，即20世纪头10年是俄国销售垄断联盟确立的决定性阶段。② 同时它们表明，有必要纠正П.И.梁士琴科对俄国垄断历史的解释。

最先引起异议的观点是：俄国的垄断组织"没有达到最高组织形式——托拉斯，而是在其发展中停留在辛迪加型联盟上"③。20世纪50年

---

① Лященко П. И. История русского народного хозяйства., М., 1948, с. 344–345. 对照：История русского народного хозяйства., 1939, с. 575.
② 20世纪40年代末50年代前半期研究者的注意力集中在俄国重工业的销售垄断联盟上。其研究结果反映在1948~1955年通过的15篇论文中，以及当时和后来发表的文章和书中。笔者仅列举其中最重要的：Цукерник А. Л. "Продамета" накануне первой мировой войны //Уч. зап. Киев. фин. - экон. ин - та. Киев, 1949, вып. 1; Цукерник А. Л. Из истории монополизации железного рынка в России //Ист. зап., 1953, т. 42; Цукерник А. Л. К истории синдиката "Кровля" //Ист. зап., 1955, т. 52; Цукерник А. Л. К истории "Продамета" //Материалы по истории СССР. М., 1959, т. 6; Цукерник А. Л. Синдикат "Продамет". М., 1959; Тарновский К. Н. Из истории синдиката "Продамета" //Уч. зап. МГУ, вып. 167. Кафедра истории СССР, 1954; Волобуев П. В. Из истории синдиката "Продуголь" //Ист. зап., 1956, т. 58. 此外，1953年出版了Д. И. 什波良斯基写于卫国战争前夕的专著《Монополии угольно - металлургической промышленности Юга России в начале XX в.》(М., 1953.)。

当然，重工业销售垄断联盟的研究后来也在继续进行。参阅Лившин Я. И. К вопросу о военно - промышленных монополиях в России в начале XX века //Вопр. истории, 1957, № 7; Погребинский А. П. Синдикат "Продамет" в годы первой мировой войны (1914 - 1917 гг.) //Вопр. истории, 1958, № 10; Пустула Зб. Монополии в металлургической промышленности Царства Польского и их участие в "Продамете" //Ист. зап., 1958, т. 58; Нетесин Ю. Н. Синдикаты "Гвоздь" и "Проволока" (1903 - 1914 гг.) //Ист. зап., 1961, т. 70; Китанина Т. М. Синдикат "Кровля" в годы первой мировой войны (1914–1917 гг.) //Очерки по истории экономики и классовых отношений в России конца XIX - начала XX в. М.; Л., 1964; 等等。
③ Лященко П. И. История русского народного хозяйства., М., 1948, с. 225.

代中期，П. И. 梁士琴科的这一观点被证明不符合现实。①

随后，П. И. 梁士琴科关于俄国垄断衍生的立场亦遭到了质疑。随着研究的不断深入，越来越明显的是，该立场只描述了特殊情况，而非俄国垄断组织出现的一般条件。因此，研究者开始从俄国本身、从国家过去的经济发展中去探寻资本主义进入垄断阶段的先决条件。事实证明，19世纪80~90年代是俄国历史中的过渡时期，新现象在旧"自由"资本主义内部出现并成熟，将其转变为垄断资本主义。②

这样一来，研究逻辑的转变导致研究问题和时间框架的扩大。研究人员起先关注的是重工业领域的垄断化进程，随后又将目光转向其他工

---

① 参阅 Волобуев П. В. Из истории монополизации нефтяной промышленности дореволюционной России (1903 - 1914 гг.) // Ист. зап., 1955, т. 52; Бовыкин В. И., Тарновский К. Н. Концентрация производства и развитие монополий в металлообрабатывающей промышленности России // Вопр. истории, 1957, № 2; Волобуев П. В., Гиндин И. В. К истории концерна И. Стахеева // Ист. арх., 1957, № 3.

② 参阅 Бовыкин В. И. Новые сведения о ранних монополиях в России // Вестн. МГУ. Истор. - филол. Сер., 1956, № 1; Потолов С. И. Початок монополізації гірничої і гірничозаводської промисловості України в кінці ХІХ ст. // Укр. іст. журн., 1958, № 2; Потолов С. И. Из истории монополизации угольной промышленности Донбасса в конце ХІХ в. // Из истории империализма в России. М.; Л., 1959; Фурсенко А. А. Из истории русско-американских отношений на рубеже XIX-XX вв. // Из истории империализма в России. М.; Л., 1959; Бовыкин В. И. Монополистические объединения 80-90 годов XIX в. в России // Материалы по истории СССР, т. 6; Фурсенко А. А., Шепелев Л. Е. Нефтяные монополии России и их участие в борьбе за раздел мирового рынка в 90-х годах XIX в. // Материалы по истории СССР, т. 6; Фурсенко А. А. Парижские Ротшильды и русская нефть // Вопр. истории, 1962, № 8; Фурсенко А. А. Первый экспортный синдикат в России (1893 - 1897 гг.) // Монополии и иностранный капитал в России. М., 1962; Нардова В. А. Монополистические тенденции в нефтяной промышленности в 80-х годах ХІХ в. и проблема транспортировки нефтяных грузов. Монополии и иностранный капитал в России. М., 1962; Потолов С. И. Начало монополизации грозненской нефтяной промышленности (1893-1903 гг.). Монополии и иностранный капитал в России. М., 1962; Нардова В. А. Начало монополизации бакинской нефтяной промышленности // Очерки по истории экономики и классовых отношений в России конца ХІХ - начала XX в. М.; Л., 1964; Фурсенко А. А. Нефтяные тресты и мировая политика, 1880-е годы - 1918 г. М.; Л., 1965; Бовыкин В. И. Зарождение финансового капитала в России. М., 1967.

业生产部门。① 研究对象从辛迪加转向更高形式的垄断联盟。对后者形成方式的了解将研究者"引向"银行，银行的公文资料使了解工业生产垄断化进程和银行与工业融合之间相互影响的特点成为可能。②

---

① 参阅 Лаверычев В. Я. К вопросу об экспорте льна из России в 1916–1917 гг. //Истории СССР, 1958, № 1; Лаверычев В. Я. Процесс монополизации хлопчатобумажной промышленности России (1900–1914 годы) //Вопр. истории, 1960, № 2; Лаверычев В. Я. Монополизация джутовой промышленности России //Вестн. МГУ. Сер. Ⅸ, История, 1961, № 4; Лаверычев В. Я. Монополистический капитал в текстильной промышленности России (1900–1917 гг.). М., 1963; Крузе Э. Э. Табачный и ниточный тресты //Из истории империализма в России. М.; Л., 1959; Бобков К. И. Из истории концентрации производства и монополизации текстильной промышленности России (1900–1917 гг.) //Социалистические преобразования в СССР и их экономические предпосылки. М., 1959; Главатских Г. П. Концентрация производства и зарождение монополий в шелковой промышленности Москвы в конце ⅩⅨ – начале ⅩⅩ в. //Учен. зап. Моск. гос. пед. ин-та им. В. И. Ленина, 1964, № 200. Некоторые вопросы истории Москвы и Московской губернии в ⅩⅨ – ⅩⅩ вв.; Каменецкая И. М. Возникновение монополии в свеклосахарной промышленности //Истории СССР, 1965, № 6; 等等。

② 除第 8 页注①中提到的作品外，参阅 Бовыкин В. И. Банки и военная промышленность России накануне первой мировой войны //Ист. зап., 1959, т. 64; Бовыкин В. И. Из истории взаимоотношений банков с промышленностью накануне первой мировой войны //Материалы по истории СССР, т. 6; Гиндин И. Ф., Трановский К. Н. История монополии Вогау (торгового дома "Вогау и К°") //Материалы по истории СССР, т. 6; Гиндин И. Ф., Шепелев Л. Е. Банковские монополии в России накануне Великой Октябрьской социалистической революции //Ист. зап., 1960, т. 66; Шацилло К. Ф. Формирование финансового капитала в судостроительной промышленности Юга России //Из истории империализма в России. М.; Л., 1959; Шацилло К. Ф. Петербургские банки и создание судостроительной промышленности в Прибалтике //Экономические связи Прибалтики с Россией. Рига, 1968; Китанина Т. М. Из истории образования концерна Стахеева //Из истории империализма в России. М.; Л., 1959; Китанина Т. М. Русско-Азиатский банк и концерн Стахеева //Монополии и иностранный капитал в России 1914–1917: Концерн Путилова – Стахеева – Батолина. Л., 1969; Шемякин И. Н. О некоторых экономических предпосылках Великой Октябрьской социалистической революции (Из истории финансового капитала в России) //Социалистические преобразования в СССР и их экономические предпосылки. М., 1959; Корелин А. П. Группа Русско-Азиатского банка в 1914–1915 гг. //Науч. докл. высш. шк. Ист. науки, 1960, № 1; Торпан Н. Финансовый капитал в текстильной промышленности Эстонии в начале ⅩⅩ века //Учен. зап. Тарт. ун-та, 1960, вып. 97. Труды по экон. наукам, ч. 2; Лившин Я. И. Монополии в экономике России. М., 1961; 等等。

俄国金融资本的形成

对俄国垄断衍生论的否定使研究者们对外资在俄国垄断资本主义确立中的作用进行了更深、更全面的研究。由此诞生了阐明俄国垄断与国际垄断组织形成之间紧密相连的著作。①

早在20世纪50年代初,在研究俄国垄断组织历史的过程中,就出现了有关它们在沙皇俄国经济体系中的地位、垄断资本与专制之间相互关系的性质问题。П. И. 梁士琴科的著作将苏联历史学家和经济学家引向对俄国国家垄断资本形成过程的研究。②

与此同时,研究的文献基础也得以扩大和丰富。学者们首先从档案馆中发现了个别有价值的文件,后来又挖掘出成系统的地方文献。于是,学者们转向对档案馆中所研究主题相关资料的系统研究,试图揭示其全部内容。

到50年代末,反映俄国垄断资本主义历史的档案文献的出版规模前所未有。1959~1963年,三部大型文献集问世:《关于俄国垄断资本主义历史的文献》(莫斯科:苏联科学院出版社,1959)、《1883~1914年俄国石油

---

① Фурсенко А. А. Из истории русско-американских отношений на рубеже XIX-XX вв. // Из истории империализма в России. М.; Л., 1959; Фурсенко А. А., Шепелев Л. Е. Нефтяные монополии России и их участие в борьбе за раздел мирового рынка в 90-х годах XIX в. // Материалы по истории СССР, т. 6; Фурсенко А. А. Парижские Ротшильды и русская нефть // Вопр. истории, 1962, № 8; Фурсенко А. А. Первый экспортный синдикат в России (1893-1897 гг.) // Монополии и иностранный капитал в России. М., 1962; Дякин В. С. Из истории проникновения иностранных капиталов в электропромышленность России (《Большой русский синдикат 1899 г.》) // Монополии и иностранный капитал в России. М.; Л., 1962; Дякин В. С. Иностранные капиталы в русской электроэнергетической промышленности в 1890-1900-х годах // Об особенностях империализма в России. М., 1963; Дякин В. С. Финансово-капиталистические группировки в электроиндустрии и электрическом транспорте России в период предвоенного промышленного подъема и мировой войны // Ист. зап., 1965, т. 75; Дякин В. С. Германские капиталы в России: Электроиндустрия и электрический транспорт. Л., 1971; Соловьев Ю. Б. Петербургский Международный банк и французский финансовый капитал накануне кризиса 1900-1903 гг. // Очерки по истории экономики и классовых отношений в России конца XIX – начала XX в. М.; Л., 1962; 等等。

② 关于这一点参阅 Тарновский К. Н. Советская историография российского империализма. М., 1964.

工业中的垄断资本主义》（莫斯科、列宁格勒：苏联科学院出版社，1961）和《1900~1917年俄国冶金工业中的垄断》（莫斯科、列宁格勒：苏联科学院出版社，1963）。如果说，第一部文献集是由个别研究人员在研究各自主题时发现的专题文件组成的，那么后两部则是对中央和地方档案馆进行集体专门调查的结果。

出于研究俄国垄断资本主义的需要，50年代后半期，档案机构开展了一系列工作，以便研究人员获取相应资料。俄国垄断联盟残存的档案集中在苏联中央国家历史档案馆里，档案馆对保存在那里的商业银行办公文件进行了系统化整理。当时出版的《苏联加盟国国家档案馆》指南和中央及地方大型档案馆指南帮助研究人员从容地面对浩如烟海的档案资料。[1] 1962年出版的《关于1864~1914年俄国制造业历史的苏联中央国家历史档案馆文献综述》包含许多有关垄断尚未被研究的资料。

所有这些为在新的、更高水平掌握和理解事实材料的基础上继续研究俄国垄断资本主义历史创造了条件。然而，自20世纪60年代初起，相关研究开始逐渐减少。

但是，这种说法与以下事实并不矛盾：恰恰是在60年代，出版了许多专门讨论俄国垄断资本主义历史上各种问题的作品。大部分作品是长期以来的研究结晶，也有部分著述早已完成，只是在此时面世。[2] 绝大多

---

[1] Центральный государственный исторический архив СССР в Ленинграде. Л., 1956; Государственный исторический архив Ленинградской области. Л., 1960; Государственный исторический архив Московской области. М., 1961; и др.

[2] 直到20世纪70年代，相关著述仍不断问世，不妨以В.С.佳金和В.А.纳尔多娃的书为例：Дякин В. С. Из истории проникновения иностранных капиталов в электропромышленность России (《Большой русский синдикат 1899 г.》) // Монополии и иностранный капитал в России. М.; Л., 1962; Дякин В. С. Иностранные капиталы в русской электроэнергетической промышленности в 1890- 1900- х годах // Об особенностях империализма в России. М., 1963; Нардова В. А. Монополистические тенденции в нефтяной промышленности в 80- х годах XIX в. и проблема транспортировки нефтяных грузов. Монополии и иностранный капитал в России. М., 1962.

俄国金融资本的形成

数作品都诞生于60年代前半期。自1963年起有关该主题的作品发表量就开始下降。① 一些从事这项工作的研究人员开始研究其他课题。在新晋历史学家眼里,"俄国垄断资本主义史"显然正在失去吸引力。② 这种情况直到70年代中期才有所改观。

研究者对俄国垄断资本主义史问题的兴趣为什么会减退呢？

这种减退的最初迹象出现在1961年于列宁格勒举行的题为"关于俄国帝国主义的特点"的学术会议上。值得注意的是,一位学者在报告中描述了会议上对"军事封建帝国主义"概念内容和外国资本在俄国帝国主义中的作用问题的讨论,最后指出:"除上述中心问题外,会上还讨论了一组关于俄国垄断资本主义历史的报告。"③ 出版的会议资料证明,生产集中和垄断形成的过程在会议上并没有得到特别的关注。④

要理解为什么这些决定俄国资本主义进入帝国主义阶段的基础过程不属于研究俄国帝国主义特点时的"中心问题",就有必要回顾一下"军事封建帝国主义"概念引起的争论的实质。同时需要强调的是,正是对俄国资本主义进入帝国主义阶段过程的研究充分证明了俄国国民经济垄断的普遍性及其组织形式的成熟性,使人们对当时普遍用来描述俄国垄断资本主义特点的"军事封建帝国主义"这一概念的正确性产生了怀疑。1957年,А. Л. 西多罗夫在分析社会主义革命的经济前提时,注意到"В. И. 列宁严格区分最新的经济帝国主义和'军事封建帝国主义',他认为俄国专制、沙皇制度属于后者"⑤。

---

① 参阅 Экономическая история: Указатель советской литературы за 1960 – 1969 гг. М., 1970, ч. 2.
② 档案总局每年出版的《苏联国立中央档案馆关于档案资料的主题研究》有力地证明了这一点。参阅 вып. 1-9. М., 1963-1970.
③ Вестн. АН СССР, 1962, № 1, с. 138-140.
④ Об особенностях империализма в России. М., 1963.
⑤ Сидоров А. Л. Экономические предпосылки социалистической революции в России // История СССР, 1957, № 4, с. 10.

一年后，Е. Д. 切尔缅斯基提出，В. И. 列宁"把沙皇制度，而非垄断资本主义，称为'军事封建帝国主义'"①。为论证这一观点，Е. Д. 切尔缅斯基写道："将'军事封建帝国主义'定义为一种特殊的垄断资本主义，这消除了 20 世纪初俄国社会经济体系中最深层次的矛盾——已达到高水平发展的工业和金融资本与中世纪农奴土地制之间的矛盾。假设军事封建帝国主义一词指的是垄断资本主义加农奴制残余，那么，这个词说明的不仅是国家制度，而且是经济的特点，所以应该承认：帝国主义时期沙皇俄国的经济基础和上层建筑存在一致关系。"②

在列宁格勒会议上，А. Л. 西多罗夫反对这种论断，即"军事封建帝国主义"一词揭示的是化身为沙皇制度的俄国垄断资本主义的特点。③ 笔者在这里引用一个他得出的"总括性结论"："20 世纪初，俄国资本主义达到了中等水平，获得了垄断资本主义——帝国主义的所有特征。就其经济性质而言，俄国帝国主义与其他国家新式的资本帝国主义没有根本的区别……帝国主义的一些特殊特征（其相对软弱性、对外国资本和沙皇政府的依赖性）并没有给出将'军事封建帝国主义'公式扩展到它身上的理由。"④

正如我们所见，俄国和其他国家的帝国主义经济性质没有根本差异的结论基于这样一个既定事实：俄国的资本主义在 20 世纪初形成了垄断资本主义的所有特征。对这一事实的证明被认为是研究俄国垄断的最重要的成果。从这个意义上说，К. Н. 塔尔诺夫斯基在《苏联的帝俄史料研究》一书中的结论很有代表性："俄国垄断联盟发展的主要规律、

---

① Черменский Е. Д. История СССР: Период империализма. М., 1959, с. 19.
② Черменский Е. Д. История СССР: Период империализма. М., 1959, с. 18.
③ Сидоров А. Л. В. И. Ленин о русском военно-феодальном империализме（о содержании термина "военно-феодальный империализм"）//История СССР, 1961, No 4. 考虑到会议上的讨论情况，该报告的修订版已发表在《Об особенностях империализма в России》一书中。
④ Об особенностях империализма в России, с. 51; История СССР, 1961, No 4, с. 69.

俄国金融资本的形成

阶段、形式与其他帝国主义国家基本相同——这是该问题的研究者在50年代末得出的关于修正俄国垄断资本主义性质和特征认识的最普遍结果。"①

如果读者熟悉50年代有关垄断的文献,那么这样的结论会引起他的困惑。毕竟当时甚至没有对俄国和其他国家的垄断组织进行比较研究的尝试。引用上述几行文字的作者很清楚这一点。笔者也毫不怀疑,К. Н. 塔尔诺夫斯基知道在每个他所提到的"其他帝国主义国家"中,垄断的组织形式和资本主义垄断转化的其他表现形式之间存在本质区别。问题在于,他显然指的不是俄国和其他单独提到的帝国主义国家确定垄断形成的相同途径,而是辨别俄国和一般帝国主义国家的国民经济垄断化过程。

当然,那些研究过某些俄国垄断组织和金融集团历史的研究者认为,自己的任务在于找出它们发展的具体途径和形式。从现阶段研究20世纪初俄国史的一般需求来看,这样的研究是有意义的,因为它们总体上使我们能够解决俄国垄断资本主义与"经典"帝国主义理论标准之间的基本相似点(或差异)的问题,后者代表着20世纪初先进资本主义国家经济发展的总体经验。20世纪50年代末,这个问题得到了解决。不过,又出现了新的问题。这些新问题,成为国内历史下一阶段研究的"核心",并引起了史学家们的特别关注。关于俄国垄断和金融资本历史的研究仍在继续,但这一课题已经失去了先前的优先地位。

在当时研究者特别关注的20世纪初的国家历史问题中,排在第一位的是帝国主义时期俄国土地制度的性质问题。事实上,50年代对俄国农业资本主义发展过程的研究表明,封建残余关系在之前地主土地所有制的农村中的作用远比以前想象的重要。有历史学家由此得出了前资本主

---

① Тарновский К. Н. Советская историография российского империализма, с. 160.

义关系在欧俄土地制度中占统治地位的结论。① А. Л. 西多罗夫和其他一些史学家曾提出，将"军事封建帝国主义"概念扩展到俄国整个社会经济体系并用它来描述俄国帝国主义实质的做法不合理，根据上述结论，这一点得到了出人意料的解释。

分析运用"军事封建帝国主义"概念来描述俄国垄断资本主义特点的原因时，К. Н. 塔尔诺夫斯基在其书《苏联的帝俄史料研究》中提出："这种运用基于对两个概念——作为资本主义秩序一部分的俄国帝国主义的特点和帝国主义时期俄国经济特点的混淆。"② 他试图通过 В. И. 列宁的话来论证自己将帝国主义作为资本主义秩序"一部分"的解释："……帝国主义和金融资本主义便是旧资本主义的上层建筑。"③

В. И. 列宁对这句话的意思是这样解释的："这个上层一破坏，旧资本主义就会暴露出来。认为存在着不包含旧资本主义的完整的帝国主义，那就是把愿望当作现实。"④ 因此，在 В. И. 列宁看来，帝国主义是资本主义大厦的顶层。В. И. 列宁指出，从资本主义中生长出来的帝国主义，没有"彻底"⑤

---

① 参阅 Анфимов А. М. К вопросу о характере аграрного строя Европейской России в начале XX в. //Ист. зап.，1959，т. 65。К. Н. 塔尔诺夫斯基在自己的史学著作中积极支持 А. М. 安菲莫夫的结论：Проблемы аграрной истории России периода империализма в советской историографии（конец 1930 - х - первая половина 50 - х годов）// Ист. зап.，1969，т. 83；Проблемы аграрной истории России периода империализма в советской историографии（дискуссии начала 1960 - х годов）//Проблемы социально-экономической истории России. М.，1971。
② Тарновский К. Н. Советская историография российского империализма，с. 227。
③ Тарновский К. Н. Советская историография российского империализма，с. 227；Ленин В. И. Полн. собр. соч.，т. 38，с. 154. 照录《列宁全集》第 36 卷，人民出版社，1985，第 140 页。——译者注
④ Ленин В. И. Полн. собр. соч.，т. 38，с. 154. 俄共（布）第八次代表大会上 В. И. 列宁在关于党纲的报告中提到了这一点，论证纲领中保留前垄断资本主义特征的必要性。照录《列宁全集》第 36 卷，人民出版社，1985，第 140 页。——译者注
⑤ Ленин В. И. Полн. собр. соч.，т. 32，с. 145（《Материалы по пересмотру партийной программы》，1917 год）. 照录《列宁全集》第 29 卷，人民出版社，1985，第 479 页。——译者注

俄国金融资本的形成

重建资本主义，没有"彻头彻尾"①地改造资本主义，因为它"消除不了交换、市场、竞争、危机等等"②。由此"帝国主义的最本质的特征"——"不是纯粹的垄断，而是垄断和交换、市场、竞争、危机并存"。③ 这就是为什么"没有资本主义这一主要基础的纯粹帝国主义从来没有过，任何地方都没有，将来也决不会有"④。

同时，К. Н. 塔尔诺夫斯基建议研究人员走纯粹帝国主义与俄国资本主义秩序分开的道路。⑤ 他认为，俄国帝国主义的概念"不涵盖整个资本主义秩序"⑥——这显然限制了他的研究课题。当垄断性上层建筑在资本主义竞争基础上成长起来时，研究人员最好从帝国主义作为资本主义发展最高阶段的分析，转向将其视为资本主义的组成部分进行研究。

К. Н. 塔尔诺夫斯基认为，有必要将俄国帝国主义的特点和帝国主义时期的俄国经济特点这两个概念区分开来。他解释说，"可以基于 В. И. 列宁关于俄国经济的多成分性，关于作为主导、决定性制度的资本主义与封建主义甚至是宗法制残余的结合，而在资本主义制度中——关于小手工业与高度集中并由垄断组织联合起来的大工业结合的立场"⑦ 展开第

---

① Ленин В. И. Полн. собр. соч.，т. 38，с. 155. 照录《列宁全集》第 36 卷，人民出版社，1985，第 140 页。——译者注
② Ленин В. И. Полн. собр. соч.，т. 32，с. 145. 照录《列宁全集》第 29 卷，人民出版社，1985，第 479 页。——译者注
③ Ленин В. И. Полн. собр. соч.，т. 32，с. 145. 照录《列宁全集》第 29 卷，人民出版社，1985，第 479 页。——译者注
④ Ленин В. И. Полн. собр. соч.，т. 38，с. 151. 照录《列宁全集》第 36 卷，人民出版社，1985，第 137 页。——译者注
⑤ 关于这一点参阅 Лаверычев В. Я. К вопросу об особенностях империализма в России // Истории СССР，1917，№ 1。
⑥ Тарновский К. Н. Советская историография российского империализма，с. 226-227.
⑦ Тарновский К. Н. Советская историография российского империализма，с. 226. 应该指出的是，В. И. 列宁从未用过"多成分"的概念。В. И. 列宁不止一次地关注 20 世纪初俄国社会经济结构的多样性，并教导人们要从中看到决定俄国资本主义基本特征的主要内容。注意到俄国地主经济结合了资本主义和农奴制的特征时，他写道："只有学究先生才能从这里作出结论说，我们的任务就是把每一单一个的情况下的每一个　（转下页注）

绪 论

二个概念。既然这里谈的是作为主导、决定性制度的资本主义,这就给人一种印象,即作者指的是资本主义经济。为什么他不更简单地表达自己的想法:作为部分的俄国帝国主义的特点不应该与作为整体的俄国资本主义的特点相混淆?К. Н. 塔尔诺夫斯基本人给出了这个问题的答案。一段时间后,针对20世纪60年代初对军事封建帝国主义问题的讨论结果,他指出,当时"区分了这两个概念——俄国帝国主义的特点和帝国主义时期的俄国经济特点",并解释道:"帝国主义只是资本主义制度的一部分;以最大规模的地主土地所有制为基础的封建农奴关系的巨大残余,不是俄国帝国主义时期的特点——它们构成了帝国主义时期俄国经济的特点。同时它们的存在很大程度上决定了资本主义在俄国发展的基本条件。"① 不难看出,如今К. Н. 塔尔诺夫斯基对自己结论的解释与之前已经有所不同。他不再提及资本主义制度主导、决定性的特征,而是特别强调了封建农奴关系。如果再考虑到他一年前(1917年)提出的观点——"没有必要讨论19世纪末20世纪初俄国土地制度中资本主义关系的主导地位"②,那么毫无疑问,К. Н. 塔尔诺夫斯基指的是一种经济,

---

(接上页注⑦)细小的特点都按它的某种社会性质加以衡量、计算并——记录下来。"(Ленин В. И. Полн. собр. соч., т. 12, с. 47. 照录《列宁全集》第12卷,人民出版社,1987,第44页。——译者注) В. И. 列宁的说法——"一方面是最落后的土地占有制和最野蛮的乡村,另一方面又是最先进的工业资本主义和金融资本主义!"(Ленин В. И. Полн. собр. соч., т. 16, с. 417. 照录《列宁全集》第16卷,人民出版社,1988,第400页。——译者注)——突出了国家社会经济结构中最重要的组成部分。他强调了这一点:"学过一点政治经济学的人都知道,俄国正在进行资本主义和农奴制的交替。俄国没有什么其他的、'第三种'国民经济结构。"(Ленин В. И. Полн. собр. соч., т. 25, с. 156. 照录《列宁全集》第25卷,人民出版社,1988,第162页。——译者注)

① Тарновский К. Н. Проблемы взаимодействия социально-экономических укладов империалистической России на современном этапе развития советской исторической науки //Вопросы истории капиталистической России: Проблема многоукладности. Свердловск,1972.

② Тарновский К. Н. Проблемы аграрной истории России периода империализма в советской историографии (дискуссии начала 1960-х годов), с. 296.

俄国金融资本的形成

其中资本主义只是众多成分之一。

上述演变反映了多成分性作为社会经济制度的一种特殊类型这一认识的形成过程,这种认识充分体现在《俄国资本主义历史问题——多成分问题》文集上发表的一系列文章中。支持者们宣称,这些认识是"革命前俄国社会经济制度"研究中的"新方向"。[1] 但是,正如上述汇刊的批评意见公正指出的那样,这些认识的新颖之处不在于发现俄国经济中不同成分的存在,而在于尝试"修正苏联史学中关于 19 世纪末 20 世纪初俄国社会经济制度的性质,关于俄国资本主义作为主导生产方式的既定立场"[2]。他们反对将资本主义视为不同于西方国家的俄国特有的多成分经济体系中的一种成分,这种经济体系的性质仍需要史学家们通过研究体系中共存成分的相互作用来弄清楚。

上述认识的支持者开始寻找俄国社会主义革命的先决条件,但他们的检索范围不是生产力和生产关系的冲突,也不是资本主义产生的矛盾的加剧,而是不同成分的冲突。因此,研究人员的注意力越来越集中在俄国社会经济体制中的各种残余现象上。同时,俄国帝国主义被贬低至仅作为资本主义经济一部分的级别,资本主义经济也不被视为主导的生产方式,而只是多成分经济中的成分之一,这促使人们对资本主义在其帝国主义阶段发展的关键过程的兴趣减弱了,这些过程为社会主义改造(生产集中、国民经济垄断化、金融资本的形成、国家垄断机构的产生)的实现提供了可能性。

20 世纪 70 年代发表的主要研究成果在消除"新方向"支持者们的错误认识上发挥了决定性作用。这些著作阐述了 19 世纪下半期俄国农业的

---

[1] Вопросы истории капиталистической России: Проблема многоукладности, c. 5.
[2] Левыкин К. Г., Сиволобов А. М., Шарапов Г. В. О книге 《Вопросы истории капиталистической России: Проблема многоукладности》//Вопр. Истории КПСС, 1973, № 11, c.115; 也可参阅 Кузнецов И. В. Об укладах и многоукладности капиталистической России //Вопр. истории, 1974, № 7.

资本主义演变过程。① 它们证明：基于这些认识的关于革命前俄国土地制度中前资本主义关系占主导地位的论断站不住脚。

同时借助这些著作，研究俄国帝国主义问题的史学家们获得了描述俄国垄断资本主义"本原"的更详细和更全面的资料。大量有关19世纪末20世纪初俄国一些地区（主要是工业落后地区）工业发展的专门研究对此也起到了促进作用。②

1973~1975年出版了一系列研究著作（早在20世纪50年代末60年代初就打算发表）③ 和汇编《1914~1917年俄国石油工业中的垄断资本主义》（列宁格勒：科学出版社，1973。相关资料的研究始于1961年），这开启了研究俄国垄断资本主义确立和发展过程的新阶段。这些作品的问世，证明了对研究俄国垄断资本主义历史问题兴趣的恢复，并鼓励新晋研究者转向这些问题。自20世纪70年代中期，学术刊物上开始出现代表

---

① Ковальченко И. Д., Милов Л. В. Всероссийский аграрный рынок XVIII – начала XX века. М., 1974; Нифонтов А. С. Зерновое производство в России во второй половине XIX в. М., 1974; Дружинин Н. М. Русская деревня на переломе, 1861 – 1880 гг. М., 1978; Рындзюнский П. Г. Утверждение капитализма в России, 1850 – 1880 гг. М., 1978; Анфимов А. М. Крестьянское хозяйство Европейской России, 1881 – 1904. М., 1980. 在这里提到的作品中，А. М. 安菲莫夫认为有必要指出："毫无疑问，土地制度的一般特征是由客观历史规律决定的。而后者是国内占主导地位的资本主义制度的规律。因此，应该指出1959年我们提出的关于半封建关系在俄国农村普遍占主导地位的论点的错误。" (Крестьянское хозяйство Европейской России, 1881-1904. М., 1980. с. 7)

② 西伯利亚的史学家们在这方面做了特别重要的工作。这反映在一些文章和著作中，从研究俄国国民经济垄断化进程角度来看，其中最有趣的是Г. А. 巴恰诺娃的作品《Обрабатывающая промышленность Западной Сибири. Конец XIX – начало XX в.》（Новосибирск, 1978）。出现了专门针对一些工业发达地区的新研究：Исмаилов М. А. Промышленность Баку в начале XX века. Баку, 1976; Нетесин Ю. Н. Промышленный капитал Латвии (1860-1917 гг.). Рига, 1980。

③ Шепелев Л. Е. Акционерные компании в России. Л., 1973; Нардова В. А. Начало монополизации нефтяной промышленности России, 1880—1890 - е годы. Л., 1974; Фридман Ц. Л. Банки и кредит в дореволюционном Казахстане (1900 - 1914 гг.). Алма-Ата, 1974; Рабинович Г. Х. Крупная буржуазия и монополистический капитал в экономике Сибири конца XIX — начала XX в. Томск, 1975.

新主题研究初步成果的文章和报告。

　　这一阶段俄国垄断史研究主要集中在垄断联盟上，这些垄断联盟要么被 50~60 年代的文献彻底"绕过"，要么被描述得不完整。研究的重点是诺贝尔石油公司、"蒸汽机车制造厂代表委员会"辛迪加、铜加工业、水泥业和烟草工业以及运输业的垄断联盟。[1]

　　重新分析俄国国家垄断资本主义形成问题的重要结果，[2] 是对 19 世纪末 20 世纪初俄国经济中国家垄断资本主义趋势产生和发展历史的研究。[3]

　　近年来，针对外国资本在俄国国民经济发展中的作用及俄国垄断资

---

[1] Дьяконова И. А. За кулисами нобелевской монополии //Вопр. истории, 1975, № 9; Дьяконова И. А. Нобелевская нефтяная монополия и аутсайдеры //История СССР, 1975, № 6; Дьяконова И. А. Нобелевская корпорация в России. М., 1980; Живцов Ю. Б. Из истории монополизации медеобрабатывающей промышленности России //Вестн. МГУ. Сер. 8, История, 1976, № 5; Эфендизаде Д. М. Формирование монополистического катитала в торговом судоходстве на Каспийском море //Материалы по истории СССР периода капитализма. М., 1976; Торпан Н. И. Акционерные коммерческие банки России и крупная промышленность Эстонии в конце XIX и начале XX в. //Учен. зап. Тарт. ун-та, вып. 386. Труды по политической экономии, IV. Тарту, 1976; Торпан Н. И. О новой роли банков в промышленности Эстонии в 90-е годы XIX века //Изв. АН ЭССР, Обществ. науки, 1978, т. 27. № 3; 1979, т. 28, № 1; Черников В. Н. Из истории монополизации цементной промышленности России накануне первой мировой войны: Синдикат "Цементкрут" //История СССР, 1980, № 1; Аракелов А. А. Монополизация табачной промышленности России //Вопр. истории, 1981, № 9; Кубицкая О. А. Становление паровозостроительной монополии в России (1900-1907) //Самодержавие и крупный капитал в России в конце XIX — начале XX в. М., 1982; и др.

[2] Лаверычев В. Я. Государственный капитализм в пореформенной России //История СССР, 1982, № 1; Лаверычев В. Я. К вопросу о вмешательстве царизма в экономическую жизнь России в начале XX в. //Самодержавие и крушный кашитал в России в конце XIX — начале XX в. М., 1982; Лаверычев В. Я. Государство и монополии в дореволюционной России. М., 1982; Лаверычев В. Я. Зарождение государственно-монополистических тенденций в российской экономике конца XIX в. //Ист. зап., 1983, т. 109.

[3] 参阅 Лаверычев В. Я. Объективные предпосылки Великой Октябрьской социалистической революции //История СССР, 1977, № 3; Лаверычев В. Я. В. И. Ленин об историческом значении государственно-монополистического капитализма //История СССР, 1978, № 1; Алияров С. С. Из истории государственно-монополистического капитализма в России //История СССР, 1977, № 6; и др.

本主义形成问题的研究活跃起来,并开始结出果实。① 20 世纪 70 年代初,这个问题的研究发生了明显的好转,当时,一些苏联和国外作者关于沙皇政权外债和 19 世纪末 20 世纪初在俄的外国企业历史的一系列专著出版。②

总体而言,多年研究俄国垄断资本主义历史的结果在于积累了大量文献资料。我们早就应当对其进行总结了。然而尽管这些资料很丰富,但仍存在许多空缺,如果不弥补这些空缺,就无法重建俄国资本主义垄断取代自由资本主义竞争的总体概况。在俄国垄断资本主义历史中,研究最少的是 20 世纪前 10 年,学界普遍认为这一时期是垄断组织在俄国国民经济中确立的时期。而在见证了资本主义进入垄断阶段的资本主义发展过程中,研究最少的是生产集中。众所周知,生产集中产生了垄断。

所有这些决定了本书的研究任务及时间框架。

本书将从研究金融资本形成的角度分析俄国垄断资本主义的形成过程。

在界定金融资本在自由竞争资本主义向垄断资本主义转变机制中的

---

① Лачаева М. Ю. Из истории проникновения иностранного капитала в цветную металургию Урала и Сибири начала XX в.//Вестн. МГУ. Сер. 8, История, 1975, № 3; Лачаева М. Ю. Английский капитал в меднорудной промышленности Урала и Сибири в начале XX в.//Ист, зап., 1982, т. 108; Абрамова Н. Г. Иностранные акционерные общества в России в 1905 – 1914 гг.//Вестн. МГУ. Сер. 8, История, 1980, № 4; Абрамова Н. Г. Из истории иностранных акционерных обществ в Росии (1905–1914 гг.))//Вестн. МГУ. Сер. 8, История, 1982, № 3; Наниташвили Н. Л. Германский капитал в Закавказье. Тбилиси, 1982; Шарохина М. П. Финансовые и структурные связи 《Компании Зингер》 с российским и иностранным капиталом //Самодержавие и крупный капитал в России в конце XIX – начале XX в. М., 1982.

② Ананьич Б. В. Россия и международный капитал, 1897–1914. Л., 1970; Дякин В. С. Германские капиталы в России; Лукин А. А. Американская монополия "Интернешнел Харвестер К°" в Сибири. //Из истории Сибири. Томск, 1971, вып. 3; Mai J. Das deutsche Kapital in Russland. 1850–1894. Berlin, 1970; McKay J. P. Pioneers for Profit. Foreign Entrepreneurship and Russian Industrialization. 1885–1913. Chicago; London, 1970; Girault R. Emprunts russes et investissements francais en Russie, 1887–1914. Paris, 1973.

地位时，В. И. 列宁写道：''生产的集中；从集中生长起来的垄断；银行和工业日益融合或者说长合在一起，——这就是金融资本产生的历史和这一概念的内容。''① 金融资本的出现融合了决定资本主义进入垄断阶段的所有发展过程。因此，研究金融资本形成的历史能够看到这些过程的统一。

本书是笔者《俄国金融资本的起源》一书的直接延续。《俄国金融资本的起源》阐述了俄国资本主义从自由竞争向垄断过渡的起始阶段。当时进行的研究表明，尽管在19世纪80~90年代，垄断联盟的发展进程及已经开始的工业与银行的融合过程获得了重大的发展，但仍未形成一个统一的整体——金融资本体系。而本书追溯了这一体系进一步发展的历史。它的时间框架是：1890年代末至1900年代末。这10年的前半段正赶上俄国19世纪90年代末开始的经济危机；后半段非常复杂，这一时期停滞和发展的因素非常紧密地交织在一起，以至于史学家们迄今仍在争论，这到底是一个萧条、复苏抑或是高涨的时期？无论如何，就其过程中发生的经济生活内容而言，这五年与危机年代有机地联系起来，并一起构成了俄国金融资本史的一个阶段。

由于反映垄断出现与发展、商业银行活动及其与工业相互关系具体情况的文件材料保存不善，这一阶段的研究存在很大的困难。历史学家在谈及1900~1908年俄国销售垄断组织确立时，通常用晚些时期的资料来描述其组织机构和市场垄断的方法，这绝非有意为之。② 事实上，俄国垄断联盟的现存公务文件本就不多，1900~1908年的资料质量往往不如

---

① Ленин В. И. Полн. Собр. соч. , т. 27, с. 344. 照录《列宁全集》第27卷，人民出版社，1990，第362页。——译者注
② 甚至像 А. Л. 楚克尔尼克这样孜孜不倦的研究人员，在研究''金属销售辛迪加''的历史时调查了中央和许多地方的档案馆，也不得不这样做。这不仅体现在其去世后出版的《Синдикат ''Продамет''》一书中，还体现在其为博士学位论文答辩准备的摘要中（《История синдиката ''Продамет''》. М. , 1957）。

后来的资料。此外，保存下来的垄断联盟相关文献也寥寥可数。

记录销售垄断联盟活动的文件通常被保存在联盟成员公司的公文处理部门中。然而，在苏联中央和地方档案馆中保存的那些企业资料库中，正如笔者了解的那样，所研究时期的材料比一战前和战争年代的材料更为匮乏。尽管如此，对它们的研究也并非徒劳无益。

研究20世纪前10年俄国商业银行的活动时，文献情况恐怕更糟。在此期间最大银行——彼得堡国际银行和俄国对外贸易银行的公文材料几乎完全丢失。大多数彼得堡其他银行的幸存材料也比较零碎。

法国资本在向沙皇政府提供贷款和俄国工业融资方面发挥的积极作用，促使笔者将目光转向法国档案馆：既有国家的（法国国家档案馆、经济金融档案馆、外交部档案馆），也有私人的（巴黎-荷兰银行、"总公司"银行、"里昂信贷"银行等其他银行档案馆）。但那里最有价值的发现也属于俄国金融资本史的下一阶段。

同时，我们掌握了所研究时期开始和结束时俄国工业生产和股份制企业创办的动态数据统计等高质量的资料以及必要的参考出版物，尽管这些出版物只提供了单独选取的每个俄国股份公司和工业企业的有限信息，但信息涵盖全面。这就决定了统计在这项研究中的重要作用，统计分析使我们看到我们所感兴趣的进程的主要方向和规律，也是具体史料研究的基础。

这项研究进行了很长时间，许多人通过不同的方式参与其中。笔者的同事们慷慨地分享了自己的想法，与学生一起工作使笔者获得了新的知识和有趣的点子，档案馆和图书馆工作人员也向笔者提供了宝贵的帮助。笔者向他们致以最深切的谢意。特别感谢 A. H. 博哈诺夫，档案和期刊的搜索工作离不开他的帮助。

第一章
19世纪末20世纪初工业生产的增长和集中

В.И.列宁在分析垄断的起源时指出,"资本主义最典型的特点之一,就是工业蓬勃发展,生产集中于愈来愈大的企业的过程进行得非常迅速"①。

因为资本主义垄断是在工业生产增长所产生的高度集中的基础上产生的,所以研究其在俄国确立的历史,应该从分析俄国工业增长和集中的过程开始。

首先,研究对象是19世纪和20世纪之交俄国工业生产的动态。В.И.列宁指出,"危机(各种各样的危机,最常见的是经济危机,但不是只有经济危机)大大加强了集中和垄断的趋势"②,他这里指的是"现代垄断组织史上的转折点"③的1900年西欧危机。完全有理由认为,20世纪前10年俄国垄断的确立也与危机有关。因此,分析的任务是确定危

---

① Ленин В. И. Полн. Собр. соч., т. 27, с. 310. 照录《列宁全集》第27卷,人民出版社,1990,第332页。——译者注
② Ленин В. И. Полн. Собр. соч., т. 27, с. 325. 照录《列宁全集》第27卷,人民出版社,1990,第344~345页。——译者注
③ Ленин В. И. Полн. Собр. соч., т. 27, с. 325. 照录《列宁全集》第27卷,人民出版社,1990,第345页。——译者注

机对俄国工业影响的性质及其体现在各工业部门的时间。

其次，有必要对所研究阶段初期和末期工业生产集中过程的指标与1890年的相应数据进行对比分析，这样能够看到这一过程在各工业部门的结果，并与其增长特点联系起来。

因此，我们将研究垄断在俄国确立的主要客观条件。

第一节　1896~1910年的工业生产动态

一　19世纪末20世纪初俄国工业生产动态

尽管学者们不止一次地探讨了20世纪最初10年袭击俄国工业的危机的历史，但这段历史仍未得到充分研究。危机的起源界限及其发展情况并不完全清楚。明确俄国工业摆脱危机的时间和方式问题很有必要。

只有在详细分析19世纪末20世纪初俄国工业生产动态的基础上，才能解决这些问题。然而，由于长期缺乏必要的数据，研究人员无法进行详细分析。

早在20世纪20年代中期，由 В. Е. 瓦尔扎尔和 Л. Б. 卡芬豪斯领导的苏联经济学家和统计学家小组进行了一项集体研究，以确定1887~1926年俄国和苏联工业的动态。

考虑到帝俄境内（芬兰除外）所有工业部门（包括采矿和应征消费税的部门）和在此基础上苏联领土的重新计算（1939年前在范围内），[①]1929~1930年，该小组重新出版了1900年、1908年和1910~1912年的工业普查数据，并辅以来自其他文献的信息。研究人员面临的下一个任务

[①] Динамика российской и советской промышленности в связи с развитием народного хозяйства за сорок лет（1887-1926 гг.）. М.；Л.，1929-1930. Т. 1. Свод статистических данных по фабрично-заводской промышленности с 1887 по 1926 год，ч. 1-3.

俄国金融资本的形成

是制作动态表格，其中包含工业机构数量、这些机构中的工人数量以及帝俄境内总体和各部门工业总产值与产品实物量的年度指标。С. Г. 斯特鲁米林1940年发表的文章《俄国的工业危机》(《经济问题》第2期）证明这一任务已接近尾声。С. Г. 斯特鲁米林援引《瓦尔扎尔—卡芬豪斯的汇报》，将1887~1913年工人数量和1939年以前苏联境内俄国工业生产总值的年度数据引入自己的文章，并划分为重工业和轻工业。① 现在清楚的是，他没有考虑到面粉生产和食品工业的其他一些分支。同时，С. Г. 斯特鲁米林发表的工业总产值年度指标成为 А. Ф. 雅科夫列夫研究俄国工业发展动态的基础。② Л. А. 门德尔松在其有关世界经济危机史的著作中也使用了这些数据。③ 遗憾的是，这两种情况都没有说明，这些指标指的是1939年以前苏联的情况。

1960年，С. Г. 斯特鲁米林将 В. Е. 瓦尔扎尔和 Л. Б. 卡芬豪斯领导下进行的（1939年前）苏联和1887~1913年帝俄境内（芬兰除外）俄国工业总产量的全部计算结果，作为其著作《俄国经济史概述》的附录发表。它们仍未被研究人员使用。

我们还掌握了这些数据的详细部门分析。事实上，卫国战争前夕准备出版的《1887~1926年俄国和苏联国民经济发展四十年间的工业动态》（以下简称《动态》）第一卷第四部分的样书，保存在苏联中央统计局图书馆，没有出版。④

---

① 这篇文章中还公布了两张表格，包含了1939年以前苏联境内1896~1904年和1903~1913年"最重要工业"的产值指数。但第一张表格中缺失了食品工业的所有部门和纺织业的最大部门——棉纺织部门。在第二张表格中，棉纺织生产被包括在内，但食品工业所有部门中，只有制糖业被包括在内。因此，第一张表（1896~1904年）中的年产值之和，平均不到俄国工业（提到的范围内）年总产值之和的一半，而第二张表格中的年均产值总和（1903~1913年），略超年均工业总产值（同一范围内）之和的2/3。

② Яковлев А. Ф. Энокомические кризисы в России. М., 1955, с. 169, 187, 199, 268, 353.

③ Мендельсон Л. А. Теория и история экономических кризисов и циклов. М., 1964, т. 3, с. 140.

④ И. Ф. 金丁告诉了笔者这份校样的存在。

第一章 19世纪末20世纪初工业生产的增长和集中

B. E. 瓦尔扎尔在该版第一卷绪论中解释了《动态》编者遵循的最重要的方法论原则。① 绪论中强调，只有无法从现有文献中获取"直接说明"时，编者才会"人为计算动态系列缺失的数字"。② 同时，B. E. 瓦尔扎尔确信，编纂《动态》的"技术人员的特殊训练"应该能确保"工作过程中所有可用文献的完整性、可靠性和正确使用，也能努力克服在选择所需数据、文献考订、必要计算、外推、系列修匀等方面的技术困难"。③

其主要文献是 1887~1897 年的年鉴《俄国工厂工业数据汇编》、1887~1911 年的《俄国采矿工业统计数据汇编》和 1899~1913 年的《应征消费税部门的统计》（早期的相应信息发表在《无定额税收部的报告》中），以及 1900 年、1908 年和 1910~1912 年工业普查发布的资料。

对于采矿业和需缴纳消费税的行业，编者掌握了企业及其工人数量、产品实物量的年度数据。他们需要确定这些产品的价值。对于无须缴纳消费税的制造工业，编者面临着更加艰巨的任务。由于文献仅包含这些行业个别年份的数据，因此必须对中间年份的缺失数据进行内插。此外，由于只有一次工业普查（1908 年）覆盖了帝俄的全部领土，所以任务是从其他文献或通过计算获得 1900 年和 1910~1912 年工业普查未覆盖的那些地区（西伯利亚、中亚和高加索的一些地区）的数据。最后，为了确保工业普查资料与《俄国工厂工业数据汇编》的可比性，鉴于编制时采用了与普查不同的计量标准，必须进行最后修订。

正如 B. E. 瓦尔扎尔在《动态》第一卷绪论中指出的那样，编者掌握了 1900~1908 年最完整、最可靠的资料。因此，下面使用的有关俄国工

---

① Динамика российской и советской промышленности в связи с развитием народного хозяйства за сорок лет (1887-1926 гг.). М.; Л., 1929-1930. т. 1, ч. 1, с. 5-30.
② Динамика российской и советской промышленности в связи с развитием народного хозяйства за сорок лет (1887-1926 гг.). М.; Л., 1929-1930. т. 1, ч. 1, с. 22.
③ Динамика российской и советской промышленности в связи с развитием народного хозяйства за сорок лет (1887-1926 гг.). М.; Л., 1929-1930. т. 1, ч. 1, с. 5.

业的数据，处于俄国金融资本形成史上所研究阶段的界限内，具有可靠的文献基础。而且《动态》的编者们有足够的能力确定中间年份的必要数据。笔者对这一时期的个别指标进行抽样计算，得出了近似的结果。

但是，在完成既定任务时，我们不能仅局限于研究1900~1908年的俄国工业生产动态，我们还需要在俄国工业过去和未来发展指标的背景下看待它。危机取代了19世纪90年代的工业高涨，但所有历史界定都是有条件的，危机史也不例外。文献中一致认为1900年是危机元年。同时，危机临近的各种迹象早些时候就开始出现了。为了确定高涨向危机的过渡时刻，比较危机前和危机时的工业生产水平，需要考虑前几年的工业指标。遗憾的是，缺少1898年和1899年许多无须缴纳消费税的制造业部门的直接信息，《动态》编者不得不插入相应的数据。这就是为什么从1896~1897年开始研究工业生产动态是合理的，因为这样能拥有更好的文献支持。

至于将我们所感兴趣的时期与战前工业高涨期分开的界线，既不可能是1908年，因为当时出现了经济衰退，也不可能是1910年，那时的繁荣已经过了起始阶段。因此，转折发生在1909年。但是这一年的数据不完整。《动态》中许多这一年的数字都是编者通过计算得出的。因此，1910年的指标也应该考虑在内。

表1呈现了摘自《动态》未发表部分的1896~1910年俄国各工业部门的产值情况。由于本研究的特殊需要，我们首先希望尽可能多地考虑20世纪初俄国工业中真实存在的生产和商业联系，因此它们的部门分类[①]有些变化。

---

① 《动态》未发表部分数据的部门分组基于其前三部分已经采用的方案。参阅 Динамика российской и советской промышленности в связи с развитием народного хозяйства за сорок лет (1887-1926 гг.). М.; Л., 1929-1930. ч. 1, с. 96; ч. 2, с. 106-107; ч. 3, с. 10. В. Е. 瓦尔扎尔在《动态》第一卷绪论中描述了其原理。除了按照该方案分别显示三个主要指标——工业企业数量、工人数量、总产值数额的表格外，《动态》未发表部分还有一个汇总表，包含了详细部门分组的大量指标数据分析。

第一章 19世纪末20世纪初工业生产的增长和集中

表1　1896~1910年俄国各工业部门的产值

单位：百万卢布

年份	I 煤炭 煤炭开采	I 煤炭 焦炭生产	总计	II 石油 石油开采	II 石油 石油精炼	总计	III 金属 黑色冶金	铁矿开采	有色冶金	金属加工	总计
	1	2		3	4		5	5-a	6	7	
1896	32.5	5.2	37.7	33.8	40.3	74.1	152.4	10.0	5.1	304.1	461.6
1897	40.5	6.5	47.0	36.8	37.8	74.6	178.2	11.8	6.5	350.4	535.1
1898	44.6	9.9	54.5	53.9	51.3	105.2	207.6	13.8	7.0	408.3	622.9
1899	54.4	14.9	69.3	83.8	75.6	159.4	224.7	16.6	8.5	403.4	636.6
1900	63.7	21.1	84.8	99.5	97.5	197.0	269.4	20.3	8.7	402.7	680.8
1901	66.8	16.5	83.3	57.9	58.5	116.5	233.5	14.0	8.6	449.8	691.9
1902	67.7	13.7	81.4	45.4	54.8	100.2	197.7	11.9	9.7	414.0	621.4
1903	73.4	11.7	85.1	52.1	71.2	123.3	187.3	12.0	9.9	443.0	640.2
1904	81.1	17.3	98.4	88.4	105.2	193.6	216.4	14.4	10.6	461.5	688.4
1905	86.6	18.0	104.6	78.8	98.0	176.8	200.3	13.4	9.8	496.0	706.1
1906	100.2	19.1	119.3	127.2	112.9	240.1	177.8	15.4	12.6	473.6	664.0
1907	119.4	24.1	143.5	146.0	132.4	278.4	218.4	17.5	15.7	491.7	725.6
1908	122.5	23.2	145.7	119.0	105.0	224.0	205.4	17.6	17.2	439.0	662.0
1909	130.0	23.1	153.1	123.3	108.1	231.4	218.6	16.8	12.9	454.9	686.4
1910	124.5	25.1	149.6	91.0	91.2	182.2	233.9	18.7	24.0	493.1	751.0

年份	IV 其他矿产开采 总计	采金	V 硅酸盐 建筑材料	陶瓷	总计	VI 木材加工 木胶板	木材加工	制纸	总计	VII 化学 基础化学	油漆
	8	8-a	9	10		11	12	13		14	15
1896	55.8	44.8	61.4	8.6	70.0	65.3	26.7	44.2	136.2	17.6	32.0
1897	59.9	46.2	73.5	9.3	82.8	69.5	32.5	45.1	147.1	18.4	33.9
1898	61.1	46.7	72.6	9.1	81.7	70.1	31.3	48.4	149.8	19.0	35.4
1899	64.8	47.9	71.5	9.0	80.5	70.6	30.1	51.8	152.5	19.5	37.3
1900	66.8	48.0	72.1	8.6	80.7	71.1	26.8	55.4	153.3	21.6	39.5
1901	65.5	50.1	87.4	9.4	96.8	79.6	28.6	58.7	166.9	27.1	45.6

俄国金融资本的形成

续表

年份	IV 其他矿产开采 总计	采金	V 硅酸盐 建筑材料	陶瓷	总计	VI 木材加工 木胶板	木材加工	制纸	总计	VII 化学 基础化学	油漆
	8	8-a	9	10		11	12	13		14	15
1902	60.7	44.2	85.9	9.7	95.6	79.7	29.0	62.6	171.3	29.1	49.0
1903	60.5	44.5	88.5	10.3	98.8	88.8	31.8	66.5	187.1	28.8	48.9
1904	71.6	53.1	84.7	10.9	95.6	91.9	25.5	70.4	187.8	29.6	50.5
1905	69.3	50.2	79.8	10.9	90.7	91.5	25.1	73.9	190.5	30.1	51.8
1906	77.1	56.1	74.8	11.0	85.8	93.0	26.7	78.1	197.8	32.0	55.0
1907	77.8	56.4	80.0	11.6	91.6	98.3	28.4	83.1	209.8	34.2	58.7
1908	84.8	61.9	86.0	11.8	97.8	92.3	31.2	90.3	213.8	35.3	58.0
1909	99.7	70.4	97.5	14.7	112.2	115.4	30.8	90.3	236.5	43.9	67.2
1910	105.7	79.2	124.4	18.2	142.6	162.7	44.2	118.2	325.1	52.4	78.0

年份	VII 化学(继续) 香料油脂	火柴	橡胶	总计	VIII 纺织 棉纺	毛纺	麻纺	丝织	总计	IX 混合物质和动物产品的加工 混合物质	动物产品	总计
	16	17	18		19	20	21	22		23	24	
1896	35.3	6.8	22.0	113.7	462.4	187.5	57.3	25.3	732.5	21.4	87.7	109.1
1897	38.7	7.4	22.9	121.3	486.8	189.3	63.8	29.6	769.5	25.7	96.4	122.1
1898	39.3	7.5	25.1	126.3	500.4	187.1	65.2	30.3	783.0	28.2	92.7	120.9
1899	38.5	7.6	27.1	130.0	513.5	184.1	66.5	30.8	794.9	30.8	89.0	119.8
1900	32.9	8.5	28.7	131.2	526.0	180.3	67.9	31.0	805.2	33.5	85.3	118.8
1901	39.2	9.4	37.7	159.0	555.0	208.6	76.2	27.7	867.5	39.4	106.4	145.8
1902	41.8	9.5	40.5	169.9	594.8	216.4	67.6	27.1	905.9	42.3	101.6	143.9
1903	40.9	11.6	40.0	170.2	681.3	223.7	66.5	31.4	1002.9	40.5	102.9	143.4
1904	41.9	9.6	41.1	172.7	765.5	225.0	77.9	30.7	1099.1	39.8	99.3	139.1
1905	42.3	9.2	41.9	175.3	623.0	221.4	90.0	26.1	960.5	37.4	106.2	143.6
1906	44.8	10.0	44.5	186.3	792.4	226.8	93.6	25.5	1138.3	38.5	104.0	142.5

第一章 19世纪末20世纪初工业生产的增长和集中

续表

年份	VII 化学（继续）				VIII 纺织					IX 混合物质和动物产品的加工		
	香料油脂	火柴	橡胶	总计	棉纺	毛纺	麻纺	丝织	总计	加工 混合物质	加工 动物产品	总计
	16	17	18		19	20	21	22		23	24	
1907	47.9	10.2	47.5	198.5	952.5	247.8	93.6	27.6	1321.5	40.7	105.4	146.1
1908	47.8	11.2	64.8	217.1	886.2	241.8	94.3	37.5	1259.8	52.5	124.1	176.6
1909	57.1	11.1	70.6	249.9	888.5	241.8	123.3	34.0	1287.6	49.5	121.3	170.8
1910	68.7	10.1	76.5	285.7	1180.1	306.7	154.1	42.0	1682.9	62.8	141.7	204.5

年份	X 食品								总计			
	面粉	甜菜制糖	酿酒 非官营酒库	酿酒 官营酒库	烟草	榨油	啤酒酿造	其他	总计 包含27-b	总计 除去27-b	包含27-b	除去27-b
	25	26	27-a	27-b	28	29	30	31				
1896	202.7	195.7	64.7	31.5	63.6	29.0	39.8	39.6	666.6	635.1	2457.3	2425.8
1897	255.5	202.6	63.2	54.9	63.3	30.3	41.9	45.9	757.6	702.7	2717.0	2662.1
1898	254.5	213.2	67.5	101.5	65.5	36.6	34.7	48.6	822.1	720.6	2927.5	2826.0
1899	247.6	216.3	70.4	109.5	69.5	43.1	43.0	51.0	849.9	740.9	3057.7	2948.7
1900	234.9	234.0	81.0	119.5	72.8	49.7	41.9	53.1	886.9	767.4	3205.5	3086.0
1901	253.2	243.6	83.2	166.0	77.1	52.7	41.3	57.3	974.4	808.4	3368.6①	3202.6②
1902	271.5	277.0	74.2	201.8	74.9	55.9	41.3	61.3	1057.2	856.8	3408.1	3207.1
1903	289.7	281.5	75.8	223.1	84.1	59.1	48.2	65.8	1126.8	903.7	3638.3	3415.2
1904	307.9	275.5	87.3	222.2	85.3	62.4	47.8	70.2	1158.6	936.4	3905.1	3682.7
1905	319.2	261.5	89.2	265.7	80.2	65.7	53.6	74.9	1210.6	944.9	3828.0	3562.3
1906	333.6	269.4	101.3	310.5	97.2	69.2	66.4	79.3	1326.9	1016.4	4178.1	3867.6
1907	361.6	313.7	114.5	311.6	87.8	72.7	73.0	84.4	1419.3	1107.7	4612.1	4300.5

① 经译者核实，此处计算有误，但原文如此，出于对原著的尊重不予修改。——译者注
② 经译者核实，此处计算有误，但原文如此，出于对原著的尊重不予修改。——译者注

续表

年份	部门分组 X 食品								合计		总计	
	面粉	甜菜制糖	酿酒		烟草	榨油	啤酒酿造	其他	包含 27-b	除去 27-b	包含 27-b	除去 27-b
			非官营酒库	官营酒库								
	25	26	27-a	27-b	28	29	30	31				
1908	479.6	286.4	125.2	308.7	91.8	76.3	67.2	89.2	1524.4	1215.7	4606.0	4297.3
1909	443.1	306.2	125.8	334.3	87.0	95.1	68.4	90.2	1550.1	1215.8	4777.7	4443.4
1910	450.8	315.6	109.3	356.3	88.0	112.6	75.7	106.7	1615.0	1258.7	5444.3	5088.0

对于相对独立的工业生产部门，笔者已经尽可能合理地分成单独的表格。但并非在所有情况下，我们都可以这样处理《动态》的资料。特别是，缺乏1900~1907年和1909年有关水泥、制砖、玻璃和陶瓷等相当独立的工业部门的总产值数据。其编者只在整体上确定了硅酸盐工业的相应指标。笔者不得不受限于此。另外，笔者只计算了陶瓷业的缺失数据，以便将其与主要生产建筑材料的部门分开。①

同时，我们也把研究任务之外的一些小行业的生产整合起来，尽管它们还没有形成一个统一的整体。因此，第8栏中汇总了前几栏未计入的采掘工业的所有部门——金矿、锰矿和铬矿②、岩盐、石棉、泥炭等部门的数据。而第31栏涵盖了第25~30栏未包含的各种食品生产部门：糖

---

① 这样做是因为，需要至少大致确定属于消费品生产那部分的硅酸盐工业的产值。陶瓷业的生产总值是按照《动态》编者采用的方法计算的，即根据当年工人数量，对上一年和下一年一名工人的年均产量进行估算。为了确定1901~1907年的相应指数，选取了1900年和1908年的产量数据，并认为这七年间其每年稳定增长，参阅 Динамика российской и советской промышленности в связи с развитием народного хозяйства за сорок лет (1887-1926 гг.). М.; Л., 1929-1930. т. 1, ч. 1, с. 23。

② 《动态》中没有关于有色金属——铜、银、铅和锌等矿产开采的产值数据。它包含矿石及从中冶炼出的金属的基本产值指数。整个有色冶金业的这些指数显示在表1第6栏中。为了保持一致性，笔者将铁矿开采的价值包含在黑色冶金业总产值中（见第5栏）。

果、通心粉、淀粉糖浆、奶酪、黄油、罐头等。

第23栏列出了一个非常多样化的产业集合体，传统上俄国的统计资料将其归为一组——"混合材料和纤维物质的加工"。它包括服装、盥洗用品、针织品、薄纱、钩花织品、地毯、橡皮布、油布、雨伞、纽扣、玩具等的生产。

一些制造行业的特点是用同样的原材料制成各种各样的最终产品，这决定了其内部结构的多项性。它们"被分立"为一些多多少少有些自主权利、专门从事各种用途产品生产的分支部门。但是这种专业化作为逐步分工过程的一种体现，是与这个行业内生产关系的发展相结合的。金属加工业是一个特别复杂、相互关联、同时逐渐专业化的行业综合体，涵盖了各种金属产品、仪器、工具、机器的生产和维修。①

代表生产过程连续阶段的产业和产品性质、功能相近的相关产业合并于表1的部门分组中。第一组包括煤炭开采和焦炭生产；第二组为石油开采与石油精炼；第三组为黑色冶金和有色冶金生产的全部阶段，包括铁矿开采和各种类型的金属加工；第四组为除煤炭、石油、铁矿和有色金属矿以外的采掘业；第五组是各种建筑材料，以及陶器、瓷器的生产；第六组是各种木材加工的所有阶段，包括纸张和纸制品生产；第七组是化学工业，不包括石油化工；第八组是纺织品生产，棉、毛、麻（亚麻和黄麻）、丝；第九组是各种日用品的生产，如衣服、鞋、盥洗用品和日常用品；第十组是所有食品生产部门。

С.Г.斯特鲁米林于1960年发表的关于1887～1913年俄国工业生产总产值的数据，包含官酒仓库中40°粮食酒的"产值"。同时，对这种国家酒垄断特殊产物的"价值"的核算，扭曲了酒厂生产的实际规模及其

---

① 1900年和1908年工业普查的组织者区分了金属加工业的三类企业：（1）从事金属加工和机械制造的工厂企业；（2）修理厂；（3）生产各种金属产品的企业。第一类企业是铁和铜铸造厂、轧管厂、拉丝厂与各种机械制造企业的联合。第二类企业往往也从事铸件制造。第三类企业很复杂。《动态》编者试图仅提供关于金属加工两个最专业化的分支部门——农业机械制造业和电气工业的一些信息。但多年来他们未能成功做到这一点。

动态变化。由于官营酒库将精馏酒精转化成了 40°的粮食酒①，原料的"成本"急剧增加。而且其增长率不断提高：1896 年约为 50%，一年后暴涨至 150%，1901 年达到 200%，随后几年在 200% 和 300% 之间波动，1910 年则超过了 325%。因此表 1 中酿酒业产值指数分为官营酒库和非官营酒库两列。相应地，整体上食品工业和俄国工业生产各部门的总指标也以两种方式计算（见表 2 和图 1 至图 2，在后续所有的计算中都不计入官营酒库）。

二 20世纪初俄国经济危机的出现与发展

笔者将从俄国何时出现危机以及危机如何发展的问题开始论述。

表 1 的数据似乎与同时代人对 20 世纪前 10 年经济形势的评估相矛盾：虽然媒体指出俄国工业面临严重危机，但其总产值继续增长。只是增长速度有所下降。

俄国工业总产值年增长率的下降始于 1897 年②，1900 年暂停，随后又开始下降。1902 年增长率降至最低（0.1%），但次年再次大幅上升，超过 1898 年的水平。

危机年代的俄国工业总产值没有下降，С. Г. 斯特鲁米林将这一事实解释为"不同行业危机高潮"的时间不同。他十分确信，"当研究行业产量动态时"，将会出现"完全不同"的图景。③

表 1、图 1 的数据反映了我们感兴趣时期俄国各工业部门在总产值中所占的份额，这些数据使我们对动态变化有了一个总体认识。不难看出，1900~1903 年工业总产值整体上稳定增长，这主要是由于这几年纺织工

---

① 酒精提纯仅在少数官营酒库进行，而且数量不多。
② 1896 年俄国工业总产值年增长率猛升至 23.9%。
③ Струмилин С. Г. Промышленные кризисы в России.//Пробл. Экономики，1940，№ 2，с. 130；Очерки экономической истории России. М.，1960，с. 510.

业和食品工业产值的增长率急剧上升，而石油和金属工业产值明显下降，其他一些行业也出现了停滞。

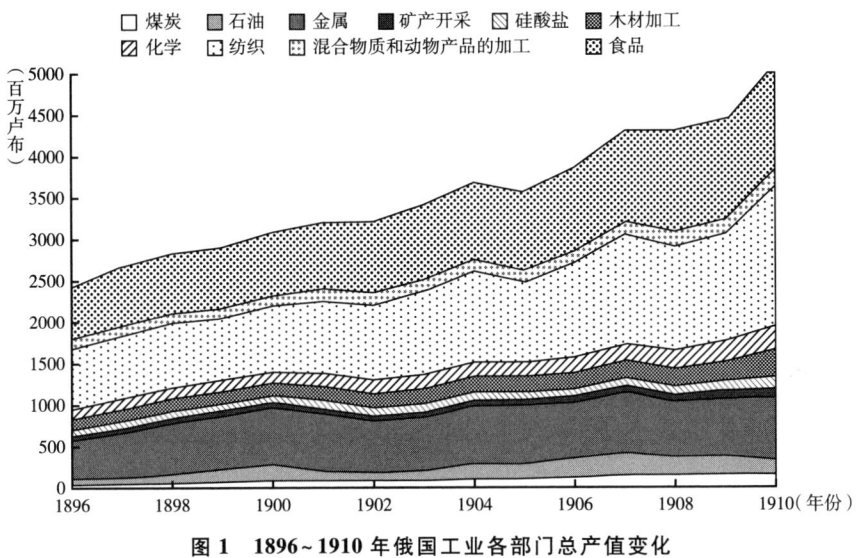

图1　1896~1910年俄国工业各部门总产值变化

С.Г.斯特鲁米林还表示，俄国工业的一些部门早在19世纪90年代末就经历了危机。表1的数据可以证明这一点。早在1897年就发现3个行业的产值在减少（占俄国工业总产值的6.2%），1898年有7个行业的产值减少了（占工业总产值的24.1%），1899年有8个行业的产值减少了（占工业总产值的36.4%），1900年有8个行业的产值减少了（占工业总产值的32.8%）。两年甚至三年内，面粉业（1898~1900年）、毛纺织业（1898~1900年）、皮革制鞋业①（1898~1900年）、香料油脂业（1899~1900年）、木材加工业（1899~1900年）、陶瓷业（1898~1900年）、建筑材料业（1898~1899年）和金属加工业（1899~1900年）均出现产值减少的情况。除皮革制鞋业外，所有这些行业自1901年起都进入了高涨

---

①　对应表1第24栏的"动物产品"。——译者注

期,至少持续至1904年。其中只有几个行业因短期产量下降而中断增长。

俄国工业最大的两个部门是纺织业和食品业,如果我们对其中每个部门都进行考察的话,那么19世纪90年代末它们就都经历了产值增长率的下降。这在纺织业更为明显,食品业不明显。但在1901~1903年,这两类行业(尽管当时它们中一些部门生产减少)都出现了产值高增长:纺织业年均增长7.6%,食品业年均增长5.6%。

1901年,产值减少波及8个部门。但它们仅占俄国工业总产值的15.9%。其中只有两个部门(石油精炼和啤酒酿造)之前发生过产值减少,其余部门在我们所研究时间内均是首次被提及。其中以矿产的开采和加工部门为主,包括焦炭生产、黑色冶金和有色冶金、石油开采与石油精炼、其他矿产开采等。波及的部门中仅有啤酒酿造业和丝织业两个部门代表消费品生产。

1902年,产值减少波及的行业有12个,达到最大值。它们在总产值中的占比达到38.0%。除了连续两年产值减少的6个部门(焦炭生产、黑色冶金、石油开采与石油精炼、其他矿产开采、丝织),又增加了6个新部门(金属加工、建筑材料、麻纺、皮革制鞋、酿酒、烟草)。占总产值4.1%的3个部门(木胶板、火柴和啤酒酿造)的产值指数基本保持不变。

1903年,产值减少的行业数量降至9个,其在总产值中的份额降至15.4%。其中4个部门(焦炭生产、黑色冶金、其他矿产开采、麻纺工业)的产值前几年就开始减少,1个部门(香料油脂业)的产值在停止减少两年后再次开始减少,还有4个部门(基础化学、油漆、橡胶工业、混合物质和动物产品加工)首次出现产值减少。

因此,1897年俄国工业3个部门(石油精炼、酿酒、烟草)的产值出现了短暂而小幅的下降,这是俄国工业开始衰退的最初迹象;次年产值减少已经波及了占俄国工业总产值1/4的部门;1899年,产值减少行业所占份额超过了1/3,包括金属加工、面粉和毛纺织业等大型行业。然而，直到1899年夏，轰动一时的破产事件后，同时代人才开始意识到经济形势的变化。

同时，到1901年，经历过19世纪90年代末危机的大多数行业已经度过了最糟糕的时期。其他行业似乎接过了危机的"接力棒"。1903年，一些行业开始摆脱危机，它们再次被尚未经历过困境的行业所取代。俄国工业部门发生危机的时间不同，其起伏性表现在，危机在一些部门短暂消退后又卷土重来——所有这些在一定程度上解释了19世纪90年代末至20世纪初俄国工业生产动态的一般指标与同时代人对当时经济形势评估之间的差异。

为了理解为什么同时代人在19世纪90年代末没注意到俄国工业中的危机现象，而在20世纪初却夸大危机（从工业生产动态一般指标来看），需要考虑这一事实：1901~1903年产值下降幅度比1898~1900年大得多。总体而言，所有经历过危机的行业，1898年产值减少2.3%，1899年产值减少1.9%，1900年产值减少3.0%，1901年产值减少19.9%，1902年产值减少9.1%，1903年产值减少3.2%。其中最大的行业——金属加工业，1899~1900年产值总共减少了1.4%，而在1902年一年内就减少了8.0%。

如果对那些我们所研究三年中的第一或第二年出现产值下降的行业进行比较，上述这种下降幅度的差异就会特别明显。1898~1900年，面粉加工业产值下降8.1%，毛纺织业产值下降4.7%，木材加工业产值下降17.5%。1901~1903年，黑色冶金业产值下降30.5%，焦炭生产产值下降44.5%，石油开采产值下降54.4%，石油精炼产值下降43.8%，丝织业产值下降12.6%，亚麻工业产值下降12.7%。而且后四个行业中只在两年出现产值下降。

现在让我们来看看表2。它给出了进行生产资料（"A"类）和消费品（"B"类）生产的俄国工业部门生产总值。"A"类包括表1中第1~8、9、11、14和15栏的部门。其余的在"B"类中。应该特别强调，这种统计比较粗略。每年的绝对指标转化为基于起始年份的增长指数，如图2所示。

俄国金融资本的形成

表2 1896～1910年"A"类和"B"类俄国工业部门产值

单位：百万卢布，%

年份	"A"类工业产值	占比	"B"类工业产值	占比	产值总计	"A"类工业年产值增加或减少量	占比	"B"类工业年产值增加或减少量	占比	年产值增加或减少量总计	占比	"A"类工业产值增长指数	"B"类工业产值增长指数	产值增长指数总计
1896	805.5	33.2	1620.3	66.8	2425.8	—	—	—	—	—	—	100.0	100.0	100.0
1897	912.0①	34.3	1750.1	65.7	2662.1	106.5	13.2	129.8	8.0	236.3	9.7	113.2	108.0	109.7
1898	1040.8	36.8	1785.2	63.2	2826.0	128.8	14.1	35.1	2.0	163.9	6.2	129.2	110.2	116.5
1899	1129.0	38.3	1819.7	61.7	2948.7	88.2	8.5	34.5	1.9	122.7	4.3	140.2	112.3	121.6
1900	1233.7	40.0	1852.3	60.0	3086.0	104.7	9.3	32.6	1.8	137.3	4.7	153.2	114.3	127.2
1901	1198.2②	37.4	2004.4	62.6	3202.6	-35.5	-2.9	152.1	8.2	116.6	3.8	148.8	123.7	132.0
1902	1107.4	34.5	2099.7	65.5	3207.1	-90.8	-7.6	95.3	4.8	4.5	0.1	137.5	129.6	132.2
1903	1164.1	34.1	2251.1	65.9	3415.2	56.7	5.1	151.4	7.2	208.1	6.5	144.5	138.9	140.8
1904	1308.7	35.5	2374.0	64.5	3682.7	144.6	12.4	122.9	5.5	267.5	7.8	162.5	146.5	151.8
1905	1310.0	36.8	2252.3	63.2	3562.3	1.3	0.1	-121.7	-5.1	-120.4	-3.3	162.6	139.0	146.9
1906	1355.3	35.0	2512.3	65.0	3867.6	45.3	3.5	260.0	11.5	305.3	8.6	168.3	155.0	159.4
1907	1496.5	34.8	2804.0	65.2	4300.5	141.2	10.4	291.7	11.6	432.9	11.2	185.8	173.0	177.3

① 经译者核实，此处计算有误，但原文如此，出于对原著的尊重不予修改。——译者注
② 经译者核实，此处计算有误，但原文如此，出于对原著的尊重不予修改。——译者注

第一章 19世纪末20世纪初工业生产的增长和集中

续表

年份	"A"类工业产值	占比	"B"类工业产值	占比	产值总计	"A"类年工业产值增加或减少量	占比	"B"类工业年产值增加或减少量	占比	年产值增加或减少量总计	占比	"A"类产值增长指数	"B"类工业产值增长指数	产值增长指数总计
1908	1388.1	32.3	2909.2	67.7	4297.3	−108.4	−7.2	105.2	3.8	−3.2	−0.1	172.3	179.5	177.1
1909	1494.7①	33.6	2948.7	66.4	4443.4	106.6	7.7	39.5	1.4	146.1	3.4	185.6	182.0	183.2
1910	1606.1②	31.6	3481.9	68.4	5088.0	111.4	7.5	533.2	18.1	644.6	14.5	199.4	214.9	209.7

---

① 经译者核实,此处计算有误,但原文著如此,出于对原著的尊重不予修改。——译者注
② 经译者核实,此处计算有误,但原文著如此,出于对原著的尊重不予修改。——译者注

·39·

俄国金融资本的形成

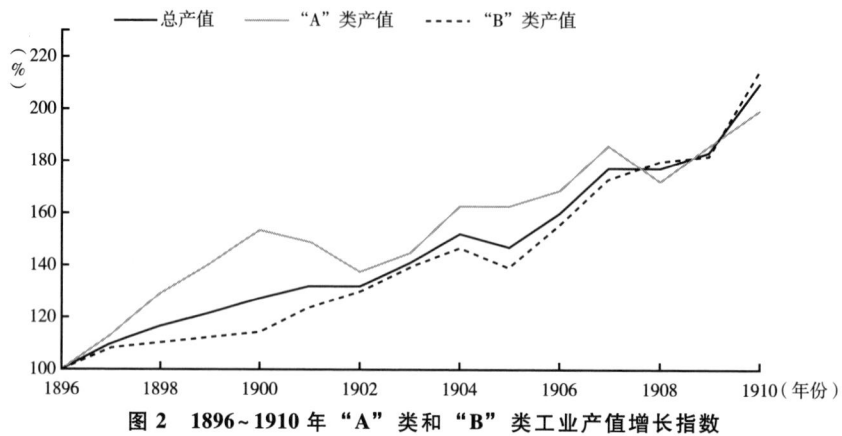

图 2　1896~1910 年 "A" 类和 "B" 类工业产值增长指数

从图 2 中可以看出，部门 "A" 类和 "B" 类工业的产值增长曲线明显不同。1896~1900 年，"A" 类工业产值高速度增长，"B" 类工业产值增速则持续下降。1901 年，情况发生了巨大的变化。"A" 类工业产值开始下降，而 "B" 类工业产值增长指数开始上升。在经过 1902 年的大幅下降后，"A" 类工业产值在接下来的两年急速上升。1902~1904 年，尽管 "B" 类工业的产值增长率在相当高的水平波动（年均 6% 左右），但 1904 年后仍呈现下降的趋势。

因此，俄国危机的发展始于 19 世纪 90 年代末的消费品生产行业。此时从全俄数据来看，危机主要表现为产值增长速度下降。一些行业的产值下降并不明显。1901 年，当 "B" 类工业基本摆脱危机时，危机进入了新阶段，主要席卷生产资料生产行业。而且这些行业对危机的反应更敏感，通常表现为产值的大幅下降。虽然总体上 "B" 类工业产值的持续增加弥补了这种下降，但它恰恰决定了危机的面貌。

众所周知，特定时间段内的产值数据是可用于分析工业生产动态的唯一综合标准。实物量指标仅适用于工业个别行业的研究，而且只适用于生产同质产品的部门。但即使对于这些行业而言，价值指标也能更好地反映我们所感兴趣问题的经济方面，因为资本主义生产的目的不是生产商品本身，而是生产剩余价值。

第一章　19世纪末20世纪初工业生产的增长和集中

由于价格在工业高涨期（对工业产品的需求增加）往往会上升，而在危机时期（生产过剩）则会下降，因此有充分理由认为，反映实物量及其价值的曲线通常应朝一个方向运动。显然，只有在资本主义周期的转折点才允许有例外。同时由此可知，这些曲线往往会或多或少地相互偏离，特别是在上升或下降的临界点。

这就是为什么基于价值指标分析工业生产动态时，最好知道它们反映的是实际生产量的变化还是价格的波动。《动态》中的数据在一定程度上使研究这个与许多行业有关的问题成为可能。

让我们从俄国工业最大的部门——棉纺织业开始。《动态》中有每年生产的主要半成品——纱线和坯布的实际数量数据。① 当然，这些数据仅直接描述了纺纱和织布业。但是，由于绝大部分坯布用于精加工和染色，其数据也可以用来判断精加工和染色的产量。②

为了将上述数据与表1中整体的棉纺织业产值指数进行比较，二者都转换成了以1896年为初始年份的增长指数（见表3和图3）。我们看到，1898年俄国棉纺织业总产值增长率明显下降，同时纱线和坯布的实物量增长率仍在扩大。显然，这是价格下跌引起的。③ 这意味着，企业家们的利润减少了。也许，坯布（1899年起）和纱线（1900年起）实物量增长速度开始放缓，是对利润减少的反应。

因此，棉纺织业也受到了即将来临的俄国经济危机的影响，表现为1898年棉纺织品生产和需求之间的增长速度不协调。但后来，由于1899~1901年生产增长速度放缓，这种不协调很快就消失了。

---

① 坯布——取自织布机的粗布。
② 由于在我们感兴趣的时间段内棉纺织业技术没有实质的变化，精加工和染色操作在成品织物制造中的比重可以视为相对恒定的数值。
③ 价格信息证实了这一推断。1897~1898年棉花和印花布的价格出现了明显的下跌。一些类型的纱线价格也下降了。参阅 Свод товарных цен на главных русских и иностранных рынках за 1890-1899 гг.（далее: Свод товарных цен...）. СПБ., 1900, с.12-14.

表3　1897~1910年俄国工业部门产值和实物量增长指数（Ⅰ）
1896年=100

单位：%

年份	棉纺织 产值	棉纺织 实物量 纱线	棉纺织 实物量 坯布	甜菜制糖 产值	甜菜制糖 实物量 砂糖	甜菜制糖 实物量 方糖	啤酒酿造 产值	啤酒酿造 实物量
1897	105.3	100.4	105.6	103.5	94.7	104.3	105.3	105.5
1898	108.2	104.7	117.2	108.9	96.6	117.2	87.1	100.0
1899	111.0	119.5	126.2	110.5	101.6	122.8	107.9	110.2
1900	113.8	124.2	131.2	119.6	120.2	129.0	105.4	109.5
1901	120.0	121.5	133.4	124.5	121.3	137.0	103.7	107.1
1902	128.6	130.9	142.3	141.6	144.3	159.5	103.8	106.4
1903	147.3	134.2	145.8	143.6	162.7	151.5	121.2	124.6
1904	165.6	137.9	147.6	140.8	161.8	151.9	120.1	123.8
1905	134.7	125.5	136.2	133.6	130.6	167.3	134.8	135.9
1906	171.4	134.6	149.9	137.6	130.2	177.9	166.8	164.0
1907	206.0	146.4	157.1	160.3	195.8	189.8	183.4	173.4
1908	191.6	158.5	174.8	146.4	192.7	180.2	168.8	163.3
1909	192.2	160.2	172.8	156.5	172.0	193.3	171.8	172.5
1910	227.3	158.7	180.2	161.3	154.0	225.6	190.2	190.1

　　1901年，坯布的实物量增长率低于上一年棉纺织业总产值增长率，纱线的实物量甚至有所减少。有趣的是，这一年的总产值猛增。1902年，坯布和纱线实物量增长率也在上升。接下来的两年里，总产值急剧增加，但坯布和纱线的实物量增长率并没有相应上升，由此可以得出结论，这是以价格上涨为代价的。① 大体上，1903年之前坯布和纱线实物量增长率超过了总产值的增长率。从1903年起，情况正好相反。

---

① 从商品价格汇编数据来看，1900年棉花、纱线和印花布价格急剧上升，此后棉花和纱线的价格小幅下降，而印花布价格略微上升。1903年它们的价格再次明显上升。参阅 Свод товарных цен...за 1890 - 1899 гг., с.12 - 14；и Свод товарных цен...за 1903 г. СПБ., 1904, с.42 - 44。

第一章 19世纪末20世纪初工业生产的增长和集中

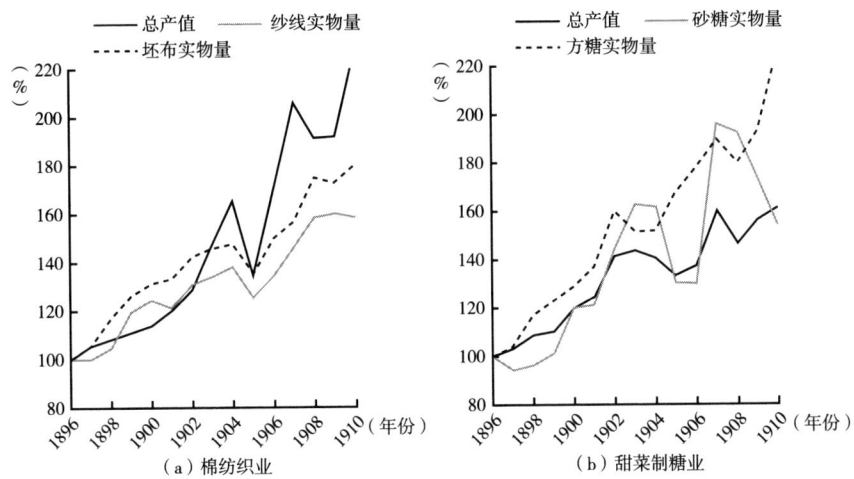

图3 1897~1910年棉纺织业和甜菜制糖业总产值和实物量增长指数

《动态》还包含了甜菜制糖业主要产品的实物量数据，包括方糖和砂糖。将它们与甜菜制糖业总产值的动态变化进行比较很复杂（见表3和图3），因为砂糖和方糖实物量的起伏在某些情况下并不一致。1897~1898年，砂糖实物量下降，方糖实物量则上升。1901年，砂糖实物量增长速度急剧下降，方糖则相反。一年后，方糖实物量减少，砂糖实物量则持续增加。因此，1897~1898年和1901年总产值的增加，显然是靠方糖实物量增加维持的，而1903年砂糖实物量的增加则起了相似的作用。不管怎样，19世纪90年代末甜菜制糖业总产值的稳步增长，发生在砂糖实物量下降时期。1897年砂糖实物量减少了5%以上之后，仅在1899年略微超过了1896年的水平。1897~1898年，由于方糖实物量急剧增加，糖价略有下降，[①] 可以得出结论，当时甜菜制糖业总产值增加是砂糖精炼比重增加所致。

1899年，甜菜制糖业总产值的增长远低于砂糖和方糖实物量的增长，这只能是甜菜制糖业产品价格下降的结果。随后几年，砂糖实物量的增

---

① Свод товарных цен... за 1890-1899 гг., с. 20-21. 价格下降的主要是方糖。

· 43 ·

长速度超过了方糖,而总产值的增长开始落后于砂糖和方糖实物量的增长。1899~1902年,砂糖实物量增长了49.4%,方糖实物量增长了36.1%,而总产值增加了30.0%。相应地,糖价持续下跌。这一结论与现有价格信息完全一致。①

1900~1902年这三年,是所研究时期内俄国甜菜制糖业最繁荣的时间段。制糖成本指标和砂糖、方糖实物量数据都证明了这一点。1903年发生了转折。尽管砂糖实物量仍在继续增加,但方糖实物量减少。甜菜制糖业总产值增幅也降至最低。而1904年,总产值开始减少,危机的所有迹象都在甜菜制糖业中出现。

我们再来关注一个生产消费品的俄国工业部门——啤酒酿造业。如果就棉纺织业和甜菜制糖业而言,我们必须将总产值指标与其各个组成部分的实物量指标进行比较,那么这种情况下,我们实际上掌握了总产值实际数额信息(见表3),② 这使我们能够从对比中得出更明确的结论。

这些信息表明,1898年啤酒酿造业的实物量确实减少。同时,与实物量的下降相比,总产值的下降更为明显,从而得出结论,即生产缩减是在价格下降的条件下发生的。很可能,生产减少导致了新的供需不平衡。无论如何,第二年情况发生了根本性的变化:啤酒酿造业总产值的增长是其实物量增长的两倍多。结果,啤酒价格再次跃升,这显然刺激了其实物量的重新增长。但结果证明增长是短暂的。1900年,啤酒酿造业进入持续衰退期。第一阶段,总产值的下降幅度超过了实物量的下降。随后,实物量的下降开始超过总产值的下降。1902年,实物量持续减少的同时,总产值有所提高,表明需求回升。1903年啤酒酿造业的蓬勃发展显然是对需求回升的反应。但从这一过程中产值增加稍滞后于实物量

---

① 也可参阅 Свод товарных цен...за 1903 г., с.16-18。1899年俄国各地砂糖价格明显下降,方糖价格也有所下降。接下来的两年价格持续下降。1903年仅华沙的糖价提高了。
② 除啤酒外,啤酒酿造业还生产蜂蜜。然而无论实物量(以百升表示)上,还是产值上,它都只占总实物量的1%左右。

增长来看，其结果是供大于求。1904年啤酒酿造业实物量的下降也证实了这一点，尽管此次下降并不明显。

因此，啤酒酿造业实物量下降与上升交替出现。因产品用于直接消费且无须长期储存，啤酒酿造业对需求波动非常敏感。供需之间产生的不平衡会立即导致实物量减少或增加。

现在让我们将目光转向生产生产资料的工业部门。在观察煤炭开采和焦炭生产的动态指数时（见表4和图4），显而易见，每年煤炭开采产值增加的速度远高于其实物量增加的速度。但应该注意到，就1901~1904年而言，这一观察结果并没有被《商品价格汇编》中的价格数据证实。[①] 但这些数据只描述了几类煤炭的价格，主要是进口煤，没有充分说明国内开采的煤炭的价格。《动态》编者在确定煤炭工业产值时，可能使用了其他更详细的有关国内各类煤炭价格的数据。

表4　1897~1910年俄国工业部门产值和实物量增长指数（Ⅱ）
1896年=100

单位：%

年份	煤炭开采 产值	煤炭开采 实物量	焦炭生产 产值	焦炭生产 实物量	石油开采 产值	石油开采 实物量	石油产品生产 产值	石油产品生产 实物量
1897	124.5	119.5	126.8	138.2	108.8	110.2	93.8	113.7
1898	137.1	131.2	193.2	213.9	159.2	126.7	127.6	123.6
1899	167.2	149.0	291.3	295.7	247.8	138.0	187.8	129.4
1900	195.8	172.3	411.8	388.5	294.0	146.0	242.3	145.5
1901	205.2	176.2	322.4	331.8	171.0	162.7	145.7	159.6
1902	208.0	175.6	267.8	320.5	134.3	156.3	136.2	172.8
1903	225.6	190.5	227.7	284.8	154.1	146.6	176.9	170.6
1904	249.3	209.1	338.3	416.0	261.3	153.2	261.5	174.4

---

① 根据《商品价格汇编》，1899~1900年煤炭价格暴涨，随后两年下跌至1898年前的水平，并一直保持到1905年前，1905年重新开始上涨。参阅Свод товарных цен... за 1890-1899 гг.（с.22-23）；Свод товарных цен... за 1905 г. СПБ., 1906, с.48-50。

俄国金融资本的形成

续表

年份	工业部门							
	煤炭开采		焦炭生产		石油开采		石油产品生产	
	产值	实物量	产值	实物量	产值	实物量	产值	实物量
1905	266.2	199.1	351.2	398.3	233.0	106.3	243.4	131.8
1906	307.8	231.7	372.7	392.1	375.8	115.0	280.6	114.1
1907	366.9	277.3	469.4	460.6	431.4	107.4	329.1	129.1
1908	376.4	276.2	453.5	445.1	351.5	124.0	261.0	123.5
1909	399.4	277.3	451.6	458.8	364.5	131.7	268.7	129.3
1910	382.6	266.3	490.8	481.8	269.0	136.2	226.5	137.3

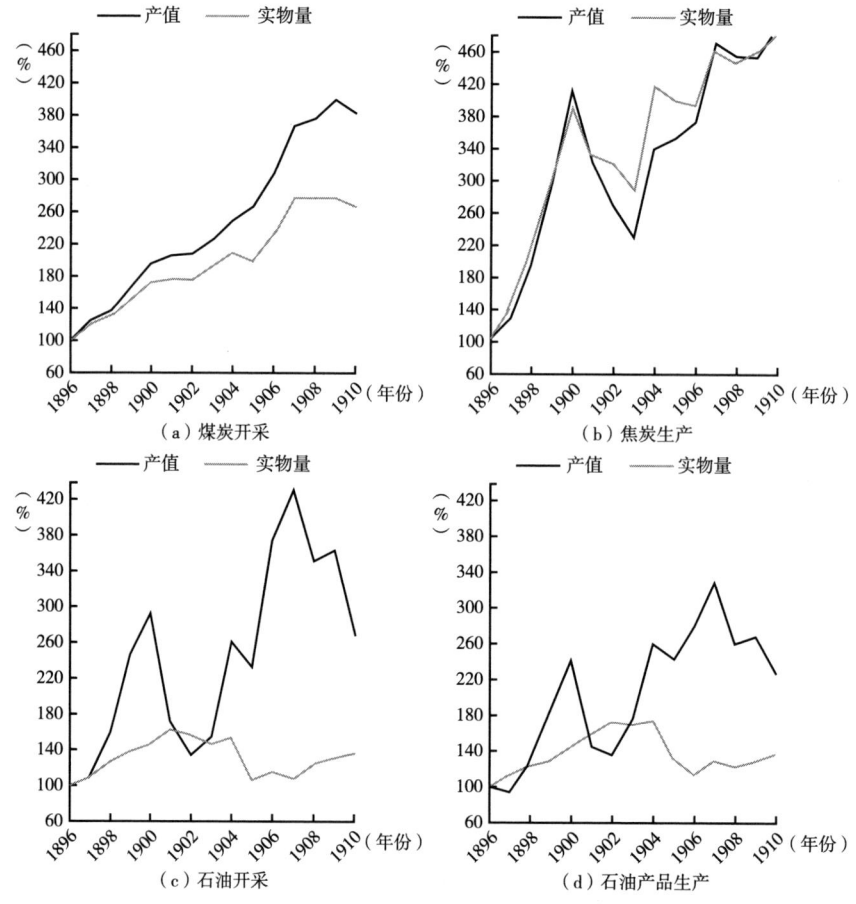

图4 1897~1910年煤炭和石油工业产值和实物量增长指数

第一章 19世纪末20世纪初工业生产的增长和集中

由于煤炭开采产值增长比其实物量增长更快，价值指标消除了危机对煤炭行业影响的表现。特别是，它们没有反映1902年煤炭产量的轻微下降，只表明1901~1902年产量增速放缓。

焦炭生产的发展速度甚至高于煤炭开采。1896~1900年，焦炭产量几乎增加了两倍。危机在这里的影响也更强。1901~1903年三年的生产下降导致焦炭实物量削减了1/4以上。如果高涨期最后几年总产值的增长幅度明显超过实物量的增长幅度，那么1901~1903年总产值的年均下降幅度远大于焦炭实物量的年均下降幅度。①

这种趋势在石油工业中形成了强烈的反差（见表4和图4）。1896~1900年，石油开采实物量增加了46%，产值增加了194%。1901年起，产值开始下降，产值下降幅度比实物量下降幅度大得多。1903年恢复生产后，石油开采的产值增长再次远超实物量的增加。值得注意的是，1901年石油开采业总产值急剧下降时，开采量却继续增加，而1903年总产值新的增长开始时，开采量仍在减少。因此，1902年石油开采量减少是由价格下跌造成的，而1903~1904年石油价格的猛涨，重新刺激了开采量的小幅增加。②

我们以采矿冶金业作为概述的结尾（见表5和图5）。铁矿和生铁的产值与实物量指标之间的相互关系说明了同样的趋势：总产值增加（繁荣期）或减少（衰退期）的速度比其实物量快。

然而，在钢铁行业中这种趋势发生了扭转：1898年以来，总产出实物量的增长已经超过了其产值的增长。1900年它们增长率的差异变得尤为明显，这标志着该行业高涨期结束。还要注意的是，1903年钢铁业总产出实物量恢复时，其产值仍在下降。

---

① 这几年焦炭的价格确实下降了。参阅 Свод товарных цен... за 1890—1899 гг.（с. 22-23）；Свод товарных цен... за 1905 г. СПБ., 1906, с. 48-50。
② 有关价格的数据也证明了这一点。参阅 Свод товарных цен... за 1890—1899 гг.（с. 22-23）；Свод товарных цен... за 1905 г. СПБ., 1906, с. 48-50。

表5 1897~1910年俄国工业个别部门产值和实物量增长指数（Ⅲ）
1896年=100

单位：%

年份	工业部门					
	铁矿开采		生铁生产		炼钢	
	产值	实物量	产值	实物量	产值	实物量
1897	117.1	123.5	124.8	115.8	115.8	114.2
1898	137.8	136.5	160.5	138.8	134.2	135.2
1899	164.7	177.3	191.6	168.0	139.8	142.9
1900	202.4	184.0	198.8	181.8	164.0	172.6
1901	139.0	142.2	169.3	177.6	147.6	172.1
1902	118.9	114.8	135.7	160.8	129.9	162.4
1903	119.9	126.9	115.6	154.2	127.0	169.4
1904	143.4	155.4	135.6	184.7	143.3	193.0
1905	133.1	148.8	119.4	169.9	130.1	175.1
1906	153.1	158.6	123.7	168.5	109.3	172.0
1907	174.4	162.7	146.1	176.5	129.0	180.7
1908	174.9	162.4	145.4	175.5	121.1	182.4
1909	166.9	156.1	154.6	179.9	131.1	199.4
1910	186.1	173.8	163.7	190.4	145.0	225.6

因此，我们可以确定的是，总产值和实物量指标波动通常是同向、同步的。但产值的波动幅度往往更大。虽然有夸大生产增加和减少界限的倾向，但这些指标更好地反映了经济形势，因为它们体现了产品实物量和价格变化的总体情况。

然而，正如我们所见，现有的数据并不能全然反映这一趋势。比如，与甜菜制糖业和棉纺织业等多阶段产业有关的价值指标，多以总值形式呈现。对于这类产业，其半成品和成品的实物量变动常常不一致，所以，总值必然掩盖了某些阶段的波动。因此，这类指标往往弱

第一章 19世纪末20世纪初工业生产的增长和集中

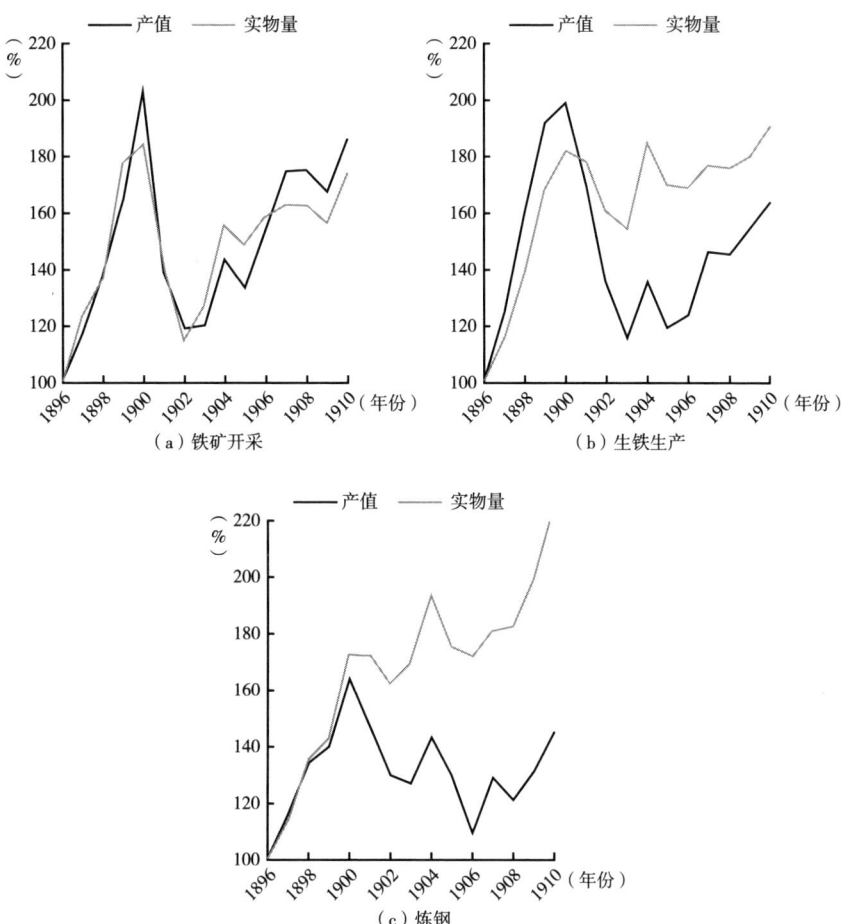

图5　1897~1910年铁矿和冶金业产值和实物量增长指数

化了危机的影响。

在某些俄国工业部门中，危机影响的表现不是产值减少，而是产值增长率下降，如棉纺织业（1897~1900年）和煤炭开采业（1902年）。在研究这些部门产值和实物量指标的相互关系时，我们观察到了类似的情况。第一种情况下，总产值增长率的下降伴随着其实物量增长的加速，

俄国金融资本的形成

这意味着价格下跌和利润减少。第二种情况则是产值增长率下降掩盖了产出实物量的减少。产出的实物量减少则造成生产能力利用不足和固定资本贬值等相关损失。

对工业生产产值和实物量之间相互关系的概念有所了解后，我们可以利用后者阐明危机对俄国工业影响的地区差异。遗憾的是，《动态》中包含的俄国工业总产值指数并未按照区域原则进行细分。不过，我们掌握了按产地分组的一些工业产品的实物量年度数据。

采矿和冶金行业的相应数据最为完整。① 让我们来看看在此基础上计算出的煤炭开采、生铁冶炼和型材生产的地区增长指数（见表6和图6）。它们表明，危机没有同时席卷煤炭开采和冶金生产的主要地区。因此，全俄数据形成时，一些地区已经开始的衰退和另一些地区仍在继续上升的数据相互抵消，没有全面反映危机的真实表现。

因此，根据全俄数据，仅在1902年观察到了煤炭开采量的减少且只为0.3%。同时地区数据表明，危机的影响更为明显。特别是在主要煤炭产区——顿巴斯，连续两年开采量减少（1901~1902年）且达到2.5%。但正如我们所见，这对整体结果几乎没有影响，因为在另一个主要地区——东布罗夫（波兰），这几年产量在增加。应该考虑到，现实生活中不同地区同时出现的生产下降和增长之间的相互补偿并不像统计中那么容易实现，因为每个工业区有自己的销售市场。

1900年，冶铁生产衰退从波兰和中部两个地区开始。第二年，波及乌拉尔地区。此时南部生铁冶炼保持着先前的水平，波兰的产量则开始上升。只有1902年所有地区的产量都无一例外地减少。但第二年，波兰地区的产量又开始增加。1904年，南部的冶铁量增加。与此同时，

---

① 主要借助了年鉴《俄国采矿工业统计数据汇编》。

第一章 19世纪末20世纪初工业生产的增长和集中

表6 1896~1910年俄国煤炭和冶金工业主要产区的产品实物量增长指数
1896年=100

单位：%

年份	煤炭开采					生铁冶炼					型材生产				
	顿巴斯	波兰	乌拉尔	莫斯科近郊	全俄	南部	乌拉尔	中部	波兰	全俄	南部	乌拉尔	中部和伏尔加河地区	北部和波罗的海沿岸	波兰	全俄
1897	133.0	102.8	97.5	128.2	119.5	118.1	113.8	129.8	103.0	115.5	119.0	105.7	124.4	111.6	108.7	113.2
1898	148.1	111.6	105.6	102.3	131.2	156.9	123.2	134.5	118.8	137.6	165.8	124.4	143.2	98.5	133.2	137.1
1899	180.5	108.4	99.1	142.1	149.0	210.7	126.0	177.4	140.6	168.4	216.4	130.3	150.1	121.7	137.3	159.3
1900	215.4	112.6	101.8	182.8	172.3	234.4	139.5	170.2	136.1	182.1	265.2	136.1	199.1	86.9	150.1	178.5
1901	213.2	114.8	144.6	161.7	176.2	234.7	135.9	130.9	147.4	178.1	262.7	143.7	181.7	49.4	152.4	172.9
1902	210.1	115.9	149.9	133.9	175.6	215.0	123.8	101.2	128.6	161.3	241.2	155.3	166.0	56.7	137.8	166.3
1903	226.8	130.7	134.5	138.0	190.5	212.5	113.5	67.9	139.8	154.7	223.7	114.2	140.3	70.2	133.7	148.2
1904	256.1	128.8	141.4	136.4	209.1	282.1	110.8	67.9	171.4	185.4	254.7	118.7	171.5	91.9	142.9	167.1
1905	251.9	124.6	134.8	135.7	199.1	263.0	113.5	61.9	115.0	170.4	238.8	131.7	164.1	76.8	111.5	157.5
1906	278.9	126.2	191.0	202.9	231.7	260.2	105.5	63.1	138.3	169.1	221.2	124.1	158.4	82.0	128.2	152.8
1907	356.1	147.6	191.4	220.5	277.3	283.4	106.3	57.1	130.8	177.1	255.9	122.2	156.0	75.0	130.6	162.3
1908	350.7	151.5	205.1	208.1	276.2	299.5	98.9	58.3	96.2	176.2	263.4	127.5	140.8	73.1	114.4	161.6
1909	347.3	153.8	222.5	160.5	277.3	313.5	96.4	50.0	99.2	180.5	311.3	135.4	140.4	71.9	113.9	178.3
1910	327.1	152.5	213.7	144.4	266.3	322.4	108.0	55.9	115.0	191.1	346.0	149.0	178.3	80.2	135.3	201.7

俄国金融资本的形成

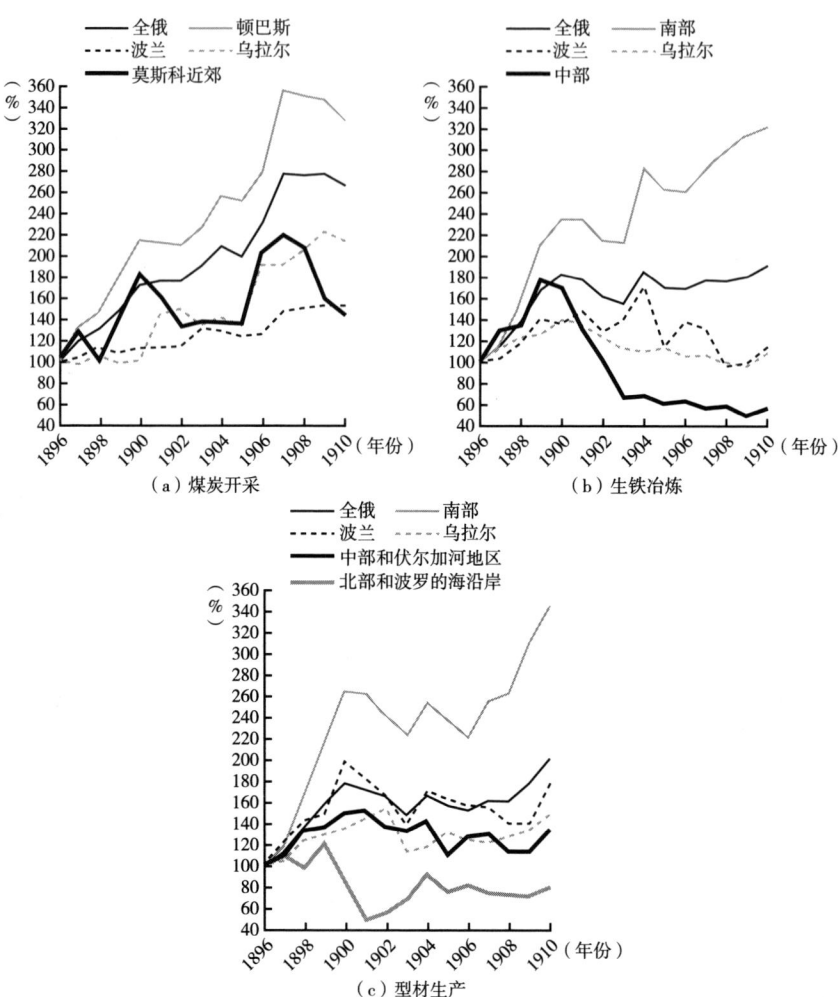

图 6　1897~1910 年俄国煤炭和冶金工业主要产区的产品实物量增长指数

乌拉尔地区的冶铁量继续减少，而中部则处于停滞状态。

型材生产中也出现了类似的情况，唯一的区别是这里的衰退从未席卷过全部地区。

棉纺织生产也有地区数据。笔者提醒一下，全俄棉纺织生产的总产

第一章 19世纪末20世纪初工业生产的增长和集中

值指标及其最重要半成品——纱线和坯布生产的实物量表明,危机对该部门的影响非常微弱。地区数据则形成了其他印象（见表7和图7）。①它们表明,1897~1904年,纱线生产经历两次衰退：第一次于1897年出现在中部和西北部地区；第二次于1900~1901年出现在西北部和波兰地区。坯布产量也不止一次地减少：1900年涉及中部和西北部地区；1903年也在西北部地区,1904年则在波兰地区。

表7 1897~1910年俄国棉纺织业主要产区的产品实物量增长指数
1896年 = 100

单位：%

年份	生产部门							
	纱线				坯布			
	中部	西北部	波兰	全俄	中部	西北部	波兰	全俄
1897	99.5	98.3	105.8	100.4	105.8	103.4	106.2	105.6
1898	102.4	102.6	116.1	104.7	118.8	109.8	114.2	117.2
1899	116.9	116.7	132.6	119.5	125.5	120.1	133.5	126.2
1900	123.1	103.2	133.2	124.2	122.4	112.0	163.8	131.2
1901	125.3	102.3	127.9	121.5	129.5	115.8	165.1	133.4
1902	132.2	109.7	146.8	130.9	137.3	124.9	177.4	142.3
1903	135.0	112.3	152.3	134.2	141.3	119.1	183.5	145.8
1904	141.6	120.0	139.2	137.9	146.2	126.2	166.0	147.6
1905	131.1	101.8	125.7	125.5	137.8	104.1	146.7	136.2
1906	142.6	108.4	127.7	134.6	150.7	117.3	165.7	149.9
1907	148.8	129.0	150.4	146.4	158.7	134.1	159.6	157.1

---

① 表7根据下面的著作中公布的数据绘制而成：Материалы для статистики хлопчатобумажного производства в России. СПБ., 1901; Статистика бумагопрядильного и ткацкого производства за 1900-1910 гг. СПБ., 1911. 这两部著作中列出了省份数据。笔者按地区将它们分组。中部地区包括莫斯科、弗拉基米尔、雅罗斯拉夫尔、科斯特罗马、特维尔、卡卢加、梁赞、斯摩棱斯克和图拉省；西北部地区包括彼得堡、爱斯特兰和利沃尼亚省；波兰地区包括彼得罗夫斯基、华沙和卡利省。

续表

年份	生产部门								
	纱线				坯布			
	中部	西北部	波兰	全俄	中部	西北部	波兰	全俄
1908	156.3	140.3	174.4	158.5	165.3	149.2	193.2	174.8
1909	161.7	132.3	179.8	160.2	170.6	143.6	198.6	172.8
1910	169.0	136.2	190.9	158.7	184.0	145.9	215.8	180.2

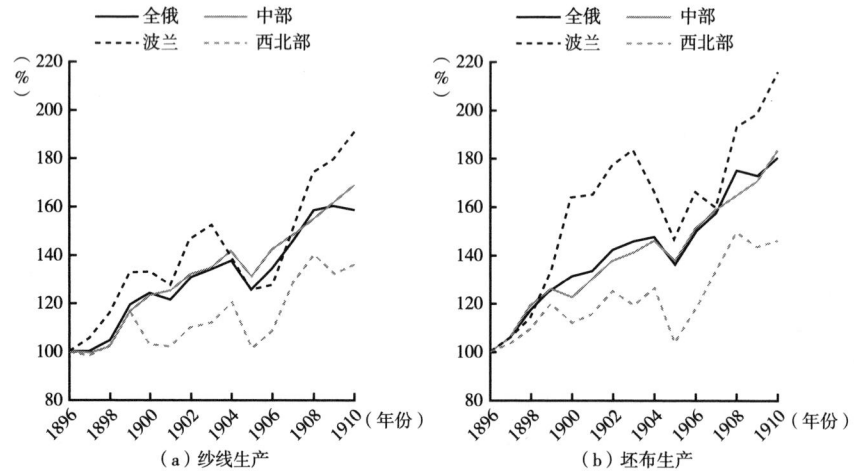

图7 1897~1910年俄国棉纺织业主要产区的产品实物量增长指数

由于大约65%的纱线和超过70%的坯布都在中部地区生产，因此了解该地区各省份的生产增长动态是有意义的（见表8和图8）。① 正如我们所见，在中部地区的纺纱行业中，所有省份都出现了生产衰退，而织布行业中，只有莫斯科省避开了生产衰退，危机在莫斯科省的影响表现为增长率的急速下降（1897年、1899年和1903年）。

因此，除了危机波及各个行业的时间不同外，还应该注意到危机蔓延到各个工业地区的时间也不同。

---

① Материалы для статистики хлопчатобумажного производства в России. СПБ., 1901; Статистика бумагопрядильного и ткацкого производства за 1900–1910 гг. СПБ., 1911. 表格中包括1900~1908年生产超过50万吨纱线或坯布的省份。

第一章 19世纪末20世纪初工业生产的增长和集中

表8　1897~1910年俄国中部地区各省棉纺织业产品实物量增长指数

1896年=100

单位：%

年份	生产部门									
	纱线						坯布				
	莫斯科省	弗拉基米尔省	雅罗斯拉夫尔省	科斯特罗马省	特维尔省	整个中部	莫斯科省	弗拉基米尔省	科斯特罗马省	特维尔省	整个中部
1897	99.8	100.1	104.0	94.7	96.6	99.5	100.8	106.0	103.0	135.6	105.8
1898	104.3	104.9	102.0	98.1	95.5	102.4	125.4	113.8	115.0	143.3	118.8
1899	118.2	119.8	119.4	116.2	110.3	116.9	126.1	119.9	130.2	165.4	125.5
1900	128.9	123.2	129.7	117.9	101.9	123.1	131.1	113.7	121.8	143.8	122.4
1901	134.4	116.7	128.0	135.4	111.9	125.3	137.6	118.2	132.3	167.0	129.5
1902	136.4	125.5	129.0	158.4	125.0	132.2	143.3	126.5	143.4	174.7	137.3
1903	139.5	125.0	127.6	173.0	129.5	135.0	143.6	130.7	153.7	179.4	141.3
1904	151.1	125.6	132.9	189.3	136.9	141.6	150.2	133.0	163.7	184.4	146.2
1905	141.8	117.6	112.1	188.3	108.5	131.5	145.2	124.0	158.2	166.0	137.8
1906	161.3	124.2	129.7	194.6	115.2	142.6	160.8	138.3	168.0	162.3	150.7
1907	167.9	125.9	131.0	201.9	135.0	148.8	167.4	145.9	174.1	192.3	158.7
1908	174.8	133.5	136.8	216.0	144.0	156.3	168.4	154.1	183.7	206.6	165.3
1909	181.3	135.6	132.7	253.1	146.1	161.7	180.5	155.3	187.5	218.5	170.6
1910	179.4	144.5	135.0	282.1	163.2	169.0	184.6	174.0	200.4	239.8	184.0

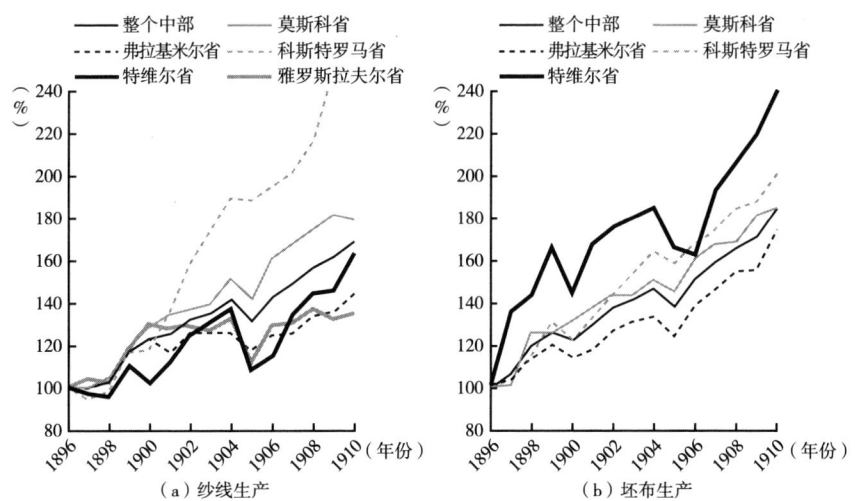

图8　1897~1910年俄国中部地区各省棉纺织业产品实物量增长指数

· 55 ·

三　俄国工业摆脱1899~1903年危机的方式

现在让我们将目光转向俄国工业摆脱1899~1903年危机的方式上。由于这个问题一直是研究者们激烈争论的对象，笔者必须首先分析文献中表达的观点。

自十月革命前就存在一个传统，即把1904~1909年视为危机后的萧条期。1940年，该传统遭到了С. Г. 斯特鲁米林的批评。他在《俄国的工业危机》一文中写道："……20世纪前10年的俄国形势根本没有偏离西方模式。无论如何，1900~1903年危机之后，西方和俄国都经历了非常明显的复苏期和1907~1908年新的危机。"正如С. Г. 斯特鲁米林认为的那样，1904~1905年的日俄战争"没有推迟1903年开始的俄国工业复苏和高涨"。他强调，"在此期间完全没有感受到'任何抑制作用'，因为工业产品价格和市场情况一直在上涨"。在他看来，拖延工业生产增长的更重要的因素是1905年的革命事件，"特别是一月和十月的政治总罢工"。结果，1905年，"产量直接下降，尽管在接下来的两年持续上升，并延续到整个危机后时期。1904~1907年，我国工业产量仅增长了16%。这种低增长之后，还出现了不太严重的1908年危机性下降和1909年的萧条……"[①]

А. Ф. 雅科夫列夫也持相近的立场。他也从"没有理由把对国家经济的萧条影响归因于战争"这一点出发。因此"1904年应被视为一个周期性的复苏阶段，尽管由于战争及由此引起的经济改革而有些变形"[②]。然而，与С. Г. 斯特鲁米林不同的是，А. Ф. 雅科夫列夫认为，俄国的革命事件不仅妨碍了俄国工业的复苏进程，而且使进程中断，造成国家经济生活的萧条。"革命事件，"他写道，"导致1905年所有行业的产量大幅

---

① Проблемы экономики, 1940, № 2, с.133; Очерки экономической истории России, с. 513.
② Яковлев А. Ф. Экономические кризисы в России, с. 311-312.

第一章 19世纪末20世纪初工业生产的增长和集中

减少。国家政治和经济生活中的事件也限制了经济整顿的支出，更不用说新的建设了。在这些条件下，工业生产和商品交易额的下降不可避免，先前已经开始的复苏也就此中断。但这绝不是危机后价格降低，未售商品库存大形成的生产规模缩减的周期性萧条。相反，1905年的特点是价格普遍上涨，没有出现生产过剩；因战争结束相关军事订单的减少还未能影响1905年的结果。这里发生的是政治局势引起的萧条。"①

Л. А. 门德尔松也反对"20世纪初俄国长达8~10年萧条期"的论点。但是他不赞同 А. Ф. 雅科夫列夫关于日俄战争没有对俄国经济产生抑制作用的论断："1904年工业生产的普遍增长，还不能说明战争有利于那些从军事订单获利更多的行业复苏发展，更不用说那些明显遭战争之灾的行业了。因为目前仍不清楚，战争是抑制还是加速产量增长的因素。而事实表明，战争对各个工业部门的影响不同，总体上不仅阻碍了周期性复苏进展及其向高涨的转变，而且在国家经济中引发了重大危机现象"。Л. А. 门德尔松所指的危机现象包括战争爆发引起的货币危机、外资外流、运输困难、建设收缩、居民收入下降。②

同时，Л. А. 门德尔松对1905~1907年革命影响的评价与 А. Ф. 雅科夫列夫不同。在他看来，革命事件不是1905年生产下降的主要原因。"1905年的革命高潮，"他写道，"只是加剧了战争所导致的生产衰退……大资产阶级的政策也造成生产缩减。受到革命的惊吓，大资产阶级从工业和商业中抽出资本，将部分资本转移到国外，把新投资降至最低限度，限制银行信贷，有时还利用直接经济破坏来对抗革命。除此之外，歉收进一步降低了广大城乡群众的购买力。"与 С. Г. 斯特鲁米林和 А. Ф. 雅科夫列夫不同，Л. А. 门德尔松注意到，"1905年许多重要工业部门也出现了价格下跌"。他指出，商品产地价格下跌，消费地价格则上

---

① Яковлев А. Ф. Экономические кризисы в России, с. 314.
② Мендельсон Л. А. Теория и история экономических кризисов и циклов, с. 130-137.

俄国金融资本的形成

涨，他认为这是"因经济普遍混乱，包括运输困难造成的"① 销售脱节。

最终，Л. А. 门德尔松得出了以下结论："战争破坏了1903年底开始并于1904年在一些工业部门继续发展的俄国经济周期性复苏。战争引发了1904年的危机现象，这些现象在1905年继续扩大和深化。1905年的革命事件和大资产阶级的反革命行为，反过来又成为生产下降和再生产过程中断的另一个重要因素。所有这一切导致了这样的事实：1904年，特别是1905年，已成为一个特殊的局部危机过渡时期。其主要特点是，它产生于经济秩序外的因素——战争和某种程度上的革命。在一些工业部门，首先是那些90年代因铁路订单而膨胀的部门，周期性危机不可避免的后果也推波助澜。"②

因此，尽管1905年生产下降，С. Г. 斯特鲁米林仍将1904~1907年视为单一的复苏期，甚至是"小幅上升期"。在А. Ф. 雅科夫列夫看来，工业复苏过程被打断，1905年出现萧条。但他强调，这是一次非常特殊的萧条，它由政治事件引起，发生在价格普遍上涨且没有生产过剩的良好经济形势下。Л. А. 门德尔松认为，俄国1904~1905年的经济困难甚至不是萧条，而是局部的、过渡的危机，他认为，它基于政治原因，最终导致资本主义再生产机制的混乱，这是过渡危机的典型表现。

А. Ф. 雅科夫列夫驳斥了"文献中常见的关于1904~1907年萧条时期的观点"，他认为，"这些年显示出复苏局面，局部转为高涨"。③ 但在他对俄国工业生产动态的描述中，甚至看不到"向高涨"的部分转变。他在描述1905年后的俄国工业情况时，指出一些促进工业商品需求上升的有利因素，写道："但是如果没有重工业的复苏……部分重工业部门继

---

① Мендельсон Л. А. Теория и история экономических кризисов и циклов, с. 137-138.
② Мендельсон Л. А. Теория и история экономических кризисов и циклов, с. 138.
③ Яковлев А. Ф. Экономические кризисы в России, с. 325.

续处于萧条状态，这次的国民经济复苏就不会形成规模。"① А.Ф. 雅科夫列夫的总结性描述也不能为关于即使部分复苏"向高涨"过渡的结论提供证据："1903年底轻工业出现了一些复苏迹象，1904年重工业也出现了。然而，1906~1907年出现在这些部门新的全面复苏没有转变为高涨，很快就被新的危机所取代。"② 在谈到他的分析时，А.Ф. 雅科夫列夫指出，这次危机"最主要的特点是，在此之前并未出现生产的普遍高涨"。③

Л.А. 门德尔松对那些年的经济形势做出了更严谨的评估："总体上，1906~1907年的俄国经济状况，更准确的说法不是真正的周期性高涨，而是逐渐发展的复苏，而且这种复苏远非普遍性的。"④ 进一步分析"1907年俄国危机的表现特点"时，他写道："俄国最重要的局势特点是，危机前没有出现普遍的周期性高涨，而只是相对微弱、短暂和不普遍的复苏……"⑤

当时 П.И. 梁士琴科在作品《苏联国民经济史》中注意到，1904~1906年，"西方是在复苏和高涨的迹象下度过的，俄国经济生活中却出现了极其不稳定的局势"。他不否认1903~1904年俄国工业"个别部门"的"稳定和改善"迹象，指出"日俄战争和革命的发展，扑灭了已经开始的经济形势高涨势头"，其结果是"到1906年底，当西方资本主义国家正处于工业复苏和纷纷开设投机企业的最高点时，俄国国民经济还没走出萧条"。正如 П.И. 梁士琴科所认为的，1907年出现的"高涨"，"在很大程度上没有涵盖重工业，特别是通常走在资本主义周期性高涨前列的黑色冶金业"。⑥

---

① Яковлев А.Ф. Экономические кризисы в России, с. 328.
② Яковлев А.Ф. Экономические кризисы в России, с. 339.
③ Яковлев А.Ф. Экономические кризисы в России, с. 348.
④ Мендельсон Л.А. Теория и история экономических кризисов и циклов, с. 141.
⑤ Мендельсон Л.А. Теория и история экономических кризисов и циклов, с. 145.
⑥ Лященко П.И. История народного хозяйства. М., 1952, т. 2, с. 398-399.

俄国金融资本的形成

这些判断遭到 А.Ф. 雅科夫列夫和 Л.А. 门德尔松的批评。批评 П.И. 梁士琴科，是因为他"实质上，否认 1907 年的复苏和 1908 年的危机，即否认 1905 年革命引发周期变形之后的工业周期性发展的恢复"①，还因为，他坚持 20 世纪前 10 年俄国长期萧条的论断，这"意味着不仅否认俄国参与世界周期性崛起，也否认俄国经历了 1907 年的世界危机"②，反对者实际上并没有对 П.И. 梁士琴科做出的基本观察结果提出异议：当时 1904~1906 年西方国家再次经历了工业增长阶段，而俄国没有出现这样的阶段。我们认为，他们仅指出了 1904 年和 1906~1907 年俄国工业的复苏及其局限性。

奇怪的是，《苏联从古至今的历史》（А.М. 安菲莫夫、П.В. 沃洛布耶夫、И.Ф. 金丁）第六卷中"20 世纪初俄国的社会经济发展"一章的作者也反对将 1904~1908 年俄国工业的总体状态定义为停滞或萧条，同时认为，与西方国家不同，俄国"漏掉了经济周期上升阶段"。他们写道："对于西方发达资本主义国家来说，1904~1907 年是工业增长期，1907 年底新的经济危机取代了工业增长。如果说后者对俄国的影响表现得相当明显，那么 1904~1907 年的世界经济上升对俄国的触动则是微弱和单方面的。"然而该章注意到，1900~1908 年"工业继续发展"，"生产技术基础"加强，工人数量增加，产出增长。同时可以看出，这种发展是"特殊且矛盾的"，随着"В"类工业生产的大幅增长，"重工业部门（冶金业、建筑材料生产业、运输机器制造业）经历了萧条，这些部门的产品大多在新资本主义建设热潮中被消费掉"。③

然而，文献中的主流观点仍认为，确定复苏的个别时间、1904~1908 年俄国工业发展的有限表现与承认这五年是萧条期并不矛盾。除 П.И.

---

① Яковлев А. Ф. Экономические кризисы в России，с. 388.
② Мендельсон Л. А. Теория и история экономических кризисов и циклов，с. 127.
③ История СССР с древнейших времен до наших дней. Первая серия. М.，1968，т. 6，с. 257-258.

第一章 19世纪末20世纪初工业生产的增长和集中

梁士琴科外,专门研究革命前俄国国民经济史、各个工业部门和工业地区发展一般问题的系列著作的作者——И. Ф. 金丁、П. А. 赫罗莫夫、Г. Д. 巴库列夫、А. А. 涅斯捷连科、Р. С. 利夫希茨、Я. С. 罗森菲尔德都支持这一观点。① 值得注意的是,1967年 П. А. 赫罗莫夫再版了《俄国的经济发展》一书,即在上述引用的 А. Ф. 雅科夫列夫和 Л. А. 门德尔松的作品问世后,书中以更明确的措辞重复了第一版中的说法:"1903年底工业开始走出危机,但周期被已经开始的日俄战争破坏了。1905~1908年——这是近似危机的萧条期。"② 接着,И. Ф. 金丁也证实了自己先前的观点。在一篇描述20世纪初俄国社会经济结构的文章中,他写道:"1900~1903年国家经历了深重的危机,随后是长期的萧条,1909年新的工业增长才取而代之。"③ 多卷本《乌克兰苏维埃社会主义共和国历史》的第四卷中也提到了同样的观点。④

现在让我们来看看表1的数据。如上所述,数据显示,1903年危机开始消退。尽管9个俄国工业部门的年产值仍在减少,但工业总产值增加了6.5%。同时,"А"类工业的产值增长率为5.1%,"В"类工业的产值增长率为7.2%。

1904年俄国工业总产值增长7.8%,一半以上的增长来自"А"类工

---

① Гиндин И. Ф. Русские коммерческие банки. М., 1948, с. 111 и сл.; Хромов П. А. Экономическое развитие России в XIX-XX веках. М., 1950, с. 312; Бакулев Г. Д. Черная металлургия Юга России. М., 1953, с. 104; Нестеренко А. А. Очерки истории промышленности и положения пролетариата Украины в конце XIX и начале XX в. М., 1954, с. 107 - 117; Лившиц Р. С. Размещение промышленности в дореволюционной России. М., 1955, с. 198; Розенфельд Я. С., Клименко К. И. История машиностроения СССР. М., 1961, с. 76.
② Хромов П. А. Экономическое развитие России. М., 1967, с. 406.
③ Гиндин И. Ф. В. И. Ленин об общественно-экономической структуре и политическом строе капиталической России //В. И. Ленин о социальной структуре и политическом строе капиталической России. М., 1970, с. 257.
④ Історія Української РСР. Україна в період імперіалізму (1900-1917), Київ, 1978, т. 4, с. 204.

业。"A"类工业的产值一年内增长了12.4%，而"B"类工业的产值增长了5.5%。①

然而，应该考虑到，由于一些商品价格急剧上升，而另一些则下降，这些价值指标大大扭曲了1904年工业生产的真实增长情况。这一年，"A"类工业几乎一半的产值增长是石油工业贡献的。1904年开采的石油价值比上一年增长69.7%，而石油加工产品的产值增长了47.7%。它们的实物量增长则少得多：石油实物量增长4.5%，石油产品实物量增长2.2%。

棉纺织业也出现了类似的情况，它占"B"类所有工业部门产值增长的70%左右。1904年，纱线实物量增长2.8%，坯布实物量增长1.2%，棉纺织业产值增长12.4%。

煤炭开采业的产值增长也明显超过其实物量增长。

但还有一些行业，其实物量增长快于产值增长。这在黑色冶金业中表现得最为明显。1904年铁和钢的实物量大幅增加，超过了危机前的水平。同时，其价值指标虽然也在上升，但铁的价值指标仅为危机前水平的68.2%，钢的价值指标为危机前的87.4%。铁矿开采和焦炭生产方面，产值增长也落后于其实物量增加。因此，价值指标很大程度上夸大了石油开采、石油精炼、煤炭开采等行业的生产增长，同时也明显低估了黑色冶金业及与其密不可分的焦炭生产的增长。

看来，价值指标整体上正确反映了1904年"A"类工业呈现的加速发展趋势。毕竟它们明显高估了"B"类工业生产的真实增长，因为这一年这些部门中最大的棉纺织业的产值增长远远超过了其实物量。

尽管1904年总产值出现了1898年以来从未有过的高增长，但相当一部分俄国工业部门仍处于危机状态。1904年，产值下降的部门数量从9

---

① 这里和下面给出的俄国工业发展的量化指标，如果没有附上参考来源，都是基于表1和表3至表8计算得来的。关于这些数据的图形表示，请参阅书中相应的图。

个减少到 8 个，但它们在总产值中的份额甚至上升了：从 15.4% 提高到 16.6%。所列各部门的产值下降幅度也大于上一年——达到 3.6%。

如果说 1903 年产值下降的行业中以生产资料生产行业为主，那么现在 7 个行业（木材加工、火柴生产、丝织、混合材料加工和服装生产、皮革制鞋、制糖、啤酒酿造）代表 "B" 类工业，而只有一个行业（建筑材料）代表 "A" 类工业。危机从 "B" 类工业开始，然后蔓延到 "A" 类工业，在最后阶段又出现在主要生产直接面向消费者的成品的 "B" 类工业。资本家希望以牺牲劳动者的利益来寻找摆脱危机的途径，1901~1904 年全国最大工业中心工人的实际工资和名义工资的下降证明了这一点①，这导致消费品需求下降，反过来又为摆脱危机制造了障碍。

需要补充的是，即使在 1904 年俄国整体出现生产增长的那些工业部门中，增长也没有覆盖所有工业区。相反，其中一些部门出现了产量减少。东布罗夫和莫斯科近郊的煤矿区产量下降。乌拉尔地区冶铁量减少，而莫斯科近郊则停留在之前的水平。波兰纺织地区纱线和坯布的产量急剧下降。

因此，1904 年俄国工业的明显复苏没有波及所有行业和地区。危机现象随之出现反复。不过这也表明俄国开始走出危机。

1905 年打断了这一进程。俄国发生了甚至不久前危机最糟糕时期都不曾见到的事情：该年的工业总产值减少。减少幅度不大于（3.3%），但覆盖的行业数量创了纪录（15 个），占工业总产值的 53.7%。其中 7 个——石油开采与石油精炼、黑色冶金和有色金属冶炼、其他矿产开采、建筑材料、木胶板生产代表 "A" 类工业。但它们展现的生产减少（以价值表示）被该类其他行业的生产增长抵消了。因此，整体上俄国工业产值减少是 "B" 类工业产值下降引起的。木材加工、火柴生产、棉纺

---

① Крузе Э. Э. Положение рабочего класса России в 1900–1914 гг. Л., 1976, с. 169, 178–179, 183, 215.

织、毛纺织、丝织、混合材料和服装、制糖和烟草行业产值下降。产值下降最多的是最大的行业——棉纺织业，下降了18.6%。其产值下降额（14.25万卢布）是其余行业下降额的两倍。在所有产值减少的行业中占10.1%。

1905年，一些商品的产量下降伴随着价格上涨。石油工业产量下降比产值减少更为明显。1905年，石油开采产值总共减少了10.8%，石油产品的产值减少了6.9%。同时实物量分别减少30.6%和24.4%。出于同样的原因，尽管减产，煤炭行业的产值却增加了。这一年煤炭开采的实物量减少了4.8%，产值增加了6.8%。

相反，黑色冶金业和棉纺织业的产值比实物量下降得多。

上文已经详细分析了文献中关于1905年俄国工业生产减少的原因和性质的观点。当然，其最重要的直接原因是政治事件，特别是国内阶级矛盾的急剧恶化。然而，史料研究中盛行的关于1905年工业衰退的非经济根源及其与1899~1903年危机缺乏关联的观点遭到了反对。国民经济将以什么为代价走出危机，这是已经展开的阶级斗争要解决的一个重要问题。统治阶级企图将全部负担转移到劳动人民身上，这促成了国内革命的爆发。尽管革命没有取得胜利，但众所周知，它迫使统治阶级在经济上向劳动者做出很大让步：取消了向农民征收的赎金，并提高了工厂工人的工资。

至于1905年价格普遍上涨和经济形势良好的说法，首先与已知事实相矛盾。至少两大俄国工业行业（黑色冶金业和棉纺织业）的产品价格没有上涨，反而下跌了。[①] 此外，很难想象在激烈的阶级斗争和与此相关的资本主义再生产体系紊乱的条件下，存在良好的经济形势。

1906年俄国工业总产值上升8.6%。同时，"A"类工业产值增幅为

---

① Свод товарных цен... за 1905 г. СПБ., 1906, с. 42, 52-56.

3.5%，"B"类工业产值增幅为11.5%。1905年中断的俄国工业复苏又开始了。现在生产消费品的行业发挥主导作用。由于革命的胜利，劳动者的物质状况有所改善，这无疑加速了这些行业的增长。

消费品生产行业占1906年总产值增幅的3/4以上。此外增幅最大的是棉纺织业（27.2%）和甜菜制糖业（15.8%）。然而，棉纺织业中这种增长不是产量增加，而是价格上涨的结果。①

产值下降的行业不多。但其中除了相对次要的行业（丝织和皮革制鞋）外，我们还看到金属加工、黑色冶金和建筑材料生产等重要行业。这些行业在俄国工业总产值中所占份额非常大——达22.1%，产值下降幅度为5.8%。

因此，1906年重新开始的俄国工业复苏并没有覆盖保障固定资本修复的"A"类工业。但已经影响到煤炭和石油行业，它们对1906年"A"类工业产值增长贡献了4/5以上。只有在煤炭开采行业中，这一增长反映了产量的相应增加。这一年石油产值上升了61.3%，尽管其实物量仅增加了8.2%。石油加工产品产值增长（15.3%）的同时，产量却在下降（13.4%）。尽管如此，燃料以及焦炭、铁矿石和生铁的需求上升（这些商品价值的增速高于产量的增速证明了这一点），无疑是主要重工业部门复苏的先兆。

事实上，1907年俄国工业普遍复苏。只有烟草生产一个行业的产值在这一年下降了。

整体上工业年产值增长了11.2%，"A"类工业产值增长10.4%，"B"类工业增长11.6%，即"B"类工业产值增长速度保持不变，而"A"类工业产值增长则加速了。

从产值增长率来看，"B"类工业中的棉纺织业（20.2%）和制糖业

---

① Свод товарных цен... за 1906 г. СПБ., 1907, с.38-40.

(16.4%)继续领先。棉纺织业中,和 1906 年一样,产值增长超过了产量的增加。甜菜制糖业中,产值增长是在 1906 年以来砂糖和方糖价格再次下跌的条件下发生的。①

"A"类工业中,以下几个行业的年产值增幅非常高:焦炭生产(26.2%)、有色冶金(24.6%)、黑色冶金(22.7%)、煤炭开采(19.2%)、石油精炼(17.3%)和石油开采(14.8%)。就煤炭开采和有色金属生产而言,这些数据符合产量的实际增加②,其余行业中这些数据或多或少超过了产量的实际增加。因此,焦炭实际产量增加 17.5% 的同时,产值增加了 25.9%。铁矿石的对应数据分别是 3.8% 和 15.0%,生铁的对应数据分别是 4.7% 和 18.1%,钢的对应数据分别是 4.8% 和 15.3%。

但需要注意的是,1907 年钢铁冶炼的实际增长被夸大,同时由于钢铁产值在 1901~1903 年和 1905~1906 年大幅下降,1908 年前夕达到的钢铁生产水平降至 1900 年的水平。1907 年生铁和钢的产值分别为 1900 年的 73.5% 和 78.7%,实物量分别为 1900 年的 97.1% 和 104.6%。

因此,到 1908 年,就钢铁的实际产量而言,黑色冶金业保持在危机前的水平。生铁冶炼勉强达到这个水平,钢的产量略微超过这个水平,继续低于 1904 年显示的最高成绩。尽管 1906~1907 年铁矿石开采量高速增长,但仅达到危机前水平的 88.4%,且只有焦炭生产明显超过了这一水平(18.5%)。

如果说黑色冶金业实物量大约是 1900 年的水平,尽管其价值指标明显低于这个水平,那么石油工业中的情况正好相反:尽管 1906 年石油产品产量和 1907 年石油开采量都有所下降,1906~1907 年的年产值却以异常高的速度增长。结果,1907 年的石油开采产值为 1900 年的 146.7%,

---

① Свод товарных цен…за 1908 г. СПБ., 1909, с. 28-32.
② 铜冶炼的产值占有色金属冶炼产值的 4/5 以上,这一年增加了 36.5%,产量增加了 42.3%。

而生产实物量为1900年的66.0%。石油产品生产的相应数据为：产值为1900年的135.8%、实物量为1900年的77.7%。

在最大的"A"类工业——金属加工业中，年产值增长率相对较小——仅为3.8%。但是，对其进行评估时，需要考虑到，1907年俄国蒸汽机车和车厢的产量急剧减少——与上一年相比几乎减少了1/3。[①]

与1905年一样，1908年工业总产值再次下降。下降率仅为0.1%，因为大部分行业中产值都在增长，而且一些行业增长显著。但产值下降的12个行业占工业总产值的59.8%。与1905年相比，1908年产值下降的行业主要是"A"类工业，包括焦炭生产、黑色冶金、金属加工、石油开采、石油精炼、木胶板制造、油漆生产。"B"类工业包括香料油脂、棉纺织、毛纺织、制糖和啤酒酿造业。总体上，"A"类工业产值下降了7.2%，"B"类工业则上升了3.7%。

产值下降幅度大的分别是石油精炼（20.7%）、石油开采（18.5%）、金属加工（10.7%）、制糖（8.7%）、啤酒酿造（7.9%）和棉纺织业（7.0%）。总的来说，这些行业的产值下降在所有产值下降的行业中占8.3%。

同时，一些行业出现前所未有的高产值增长率：橡胶——36.4%，丝织——35.9%，面粉——32.6%，混合材料加工——29.0%，皮革制鞋——17.7%。总体上，上述行业的产值增长在所有产值增长的行业中占15.3%。这只是1908年工业生产动态中的反常现象之一。

1908年俄国工业衰退的本质尚不清楚。根据 С. Г. 斯特鲁米林、А. Ф. 雅科夫列夫、Л. А. 门德尔松和《苏联从古至今的历史》第六卷作者们的说法，这次衰退结束了紧随1900~1903年危机而来的新经济周期。但这一观点的支持者中，只有 С. Г. 斯特鲁米林认为，俄国经济生活新周期中存在"小幅上升"。在 А. Ф. 雅科夫列夫和 Л. А. 门德尔松的阐述中，

[①] 参阅 Ильинский Д. П.，Иваницкий В. П. Очерк истории русской паровозостроительной и вагоностроительной промышленности. М.，1929，с. 79，90，93。

俄国金融资本的形成

1908年衰退之前或多或少出现了有限的复苏，而上述第六卷的作者们甚至断定俄国1904~1908年经济周期中"遗漏了上升阶段"。在有限复苏的条件下，尤其在周期"上升阶段"遗漏的情况下，新工业衰退的前提是如何出现的，这个问题没有人研究过。А. Ф. 雅科夫列夫只谈了自1907年末俄国工商业形势的恶化。尽管 Л. А. 门德尔松也注意到，"俄国的危机是在资本主义内部矛盾积累的基础上产生和发展起来"①，但在分析这些矛盾时，他主要关注的是阻碍1906~1907年复苏转变为普遍周期性高涨的情况，而不是导致复苏转为衰退的原因。② 这或许可以解释为，他仍然认为造成这种情况的主要原因是1907年世界经济危机对俄国的影响。而《苏联从古至今的历史》第六卷的作者们将这种影响视为俄国出现危机现象的唯一原因。

原则上，世界经济形势对俄国工商业的影响是无可争议的。但指出它作为特定历史局势下发挥或多或少重要作用的因素需要证据，而且应该基于阐明这种影响的机制。在我们不清楚俄国经济生活中事件的内部根源时，不能把它用作一种救命稻草。遗憾的是，1907年席卷美国和西欧国家的经济危机如何、通过哪些商业和金融联系渠道对俄国国民经济产生影响的问题，尚未成为研究对象。同时，只有这样的研究，才能查明俄国1908年工业衰退内因和外因之间的关系并解释一些无法理解的经济衰退特征。

很自然地假设，经历生产下降的是那些前一时期发展最强劲的行业。1908年，石油开采、石油精炼和棉纺织业的产值急剧下降，而这些行业在1904~1907年和最后两年（1909~1910年）里产值都出现了极高的增长，似乎证实了这一假设。

然而，如上所述，石油工业的产值增长完全与其生产动态不符。可以

---

① Мендельсон Л. А. Теория и история экономических кризисов и циклов, с. 145.
② Мендельсон Л. А. Теория и история экономических кризисов и циклов, с. 139-144.

· 68 ·

第一章 19世纪末20世纪初工业生产的增长和集中

看到，1904~1907年石油产值每年增长180.0%，而实物量减少26.7%，每年加工的石油产品价值增加86.0%，而其实物量减少24.3%；① 因此，不存在石油和石油产品生产过剩的问题。这意味着，导致石油工业产值急剧减少的价格下跌只能是外部因素引起的。

棉纺织业中，1904~1907年纱线和坯布的实物量有所增加（9.1%和7.7%），但实物量的增加明显落后于产值的增加（39.8%）。② 1908年，棉花和棉织品的价格下跌并没有导致纱线和坯布产量减少，相反，它们的实物量甚至增加了（纱线实物量增加8.3%，坯布实物量增加10.1%），③从这一点来看，俄国没有出现纱线和坯布的销售危机。或许，这种价格下跌不是由国内生产过剩造成的，而是由世界市场形势的变化造成的。

这样一来，在石油和棉纺织业中我们没有看到生产过剩周期性危机的先决条件。让我们来看看另一个在1908年经历产值大幅下降的大行业——金属加工业。与上面刚刚讨论的那些行业不同，在这个行业中，1908年产值下降之前没有出现1906~1907年的增长。其年产值的增加（12.0%）发生在1904~1905年。而在接下来的两年（1906~1907年）里，产值非但没有上升，反而有所下降，因为1907年产值的小幅增加不能弥补其1906年的减少。然而，正是在1908年的金属加工业中销售困难才表现出来。但销售困难的起源与1904~1907年无关，而与这之前的时期有关。生产蒸汽机车、车厢及其备件、铁路信号装置等的运输机器制造业在俄国金属加工业中发挥着重要作用。根据1900年的工业普查数据，仅蒸汽机车和车厢制造的产品就达到了金属加工总产量的32.6%。④ 1901~1903

---

① 1906~1907年的相应数据分别为：石油为+85.1%和+1.0%；石油产品为+35.2%和−2.1%。
② 1906~1907年棉纺织业产值上升52.9%，纱线和坯布的实际产量上升16.6%和15.3%。
③ 奇怪的是，这一年没有一个地区的棉纺织业显示生产下降。下一年棉纺织业才对价格下跌做出了反应，坯布产量略微减少（1.1%），纱线产量增长率下降。
④ Статистические сведения о фабриках и заводах по производствам, не обложенным акцизом, за 1900 г. СПБ., 1903.

俄国金融资本的形成

年危机导致铁路建设放缓,由于钢轨需求下降,冶金生产形势变得非常困难,但这没有立即影响运输机器制造业,因为新的铁路仍需要机车车厢和车站设备。此外,日俄战争时期,由于运输增加和铁路建设有所活跃,蒸汽机车和车厢的订单再次增加。因此,直到1907年,危机才开始影响运输机器制造业,当时蒸汽机车和车厢的产量开始减少。而且根据工业普查资料,1908年蒸汽机车的生产成本大约保持在1900年的水平,但出售车厢的进款减少了一半。[①]

对比1900年和1908年的工业普查数据(见表9和表10),可以看出,这一时期机械制造业和整个金属加工业的结构发生了显著变化。

机械制造业中,除蒸汽机车和车厢制造的份额减少外,锅炉制造的比重也急剧下降。这是危机年代基本建设缩减以及随后复苏与衰退交替的自然结果。另外,农业机械和农具的产量显著增加。在整个金属加工业中,机械制造业的作用削弱。

我们研究了最突出反映1908年工业衰退特征的俄国工业部门。这些特征表明,工业衰退不是一些研究者所认为的普遍生产过剩的常见周期性危机的表现。相反,它展现了由1907年世界经济危机和一些内部因素的复杂相互作用引起的局部、过渡危机,这些内部因素有19世纪90年代后半期工业高潮引起的生产过剩的延迟表现或复发,还有20世纪初俄国国民经济失调致使摆脱危机的时间延后。

为了完成对新工业高潮前即20世纪前10年俄国工业生产动态的分析,只差对1909年的研究。笔者注意到,文献中对这一年有不同的评价。根据 А. Ф. 雅科夫列夫和 Л. А. 门德尔松的说法,这一年俄国的危机仍在继续。С. Г. 斯特鲁米林认为,萧条取代了危机。而 П. И. 梁士

[①] 除了上面提到的刊物《Статистические сведения о фабриках и заводах... за 1900 год》,还可参阅《Статистические сведения по обрабатывающей фабрично - заводской промышленности Российской империи за 1908 год》(СПБ.,1912)。

琴科和《苏联从古至今的历史》第六卷的作者们将这一年归纳为新工业高涨期。

表9 1900年和1908年俄国金属加工业结构

子行业	1900年 工厂数量（家）	1900年 生产总额（千卢布）	1900年 占比（%）	1908年 工厂数量（家）	1908年 生产总额（千卢布）	1908年 占比（%）	生产总额增长率（%）
金属精炼	287	114473.0	30.6	380	142229.0	33.3	24.2
金属制品生产	690	50064.2	13.4	673	59772.3	14.0	19.4
金属制品维修	288	7140.6	1.9	315	14038.2	3.3	96.6
机械制造	539	201916.0	54.1	552	211481.8	49.4	4.7
总计	1804	373593.8	100.0	1920	427521.3	100.0	14.4

表10 1900年和1908年俄国机械制造业结构

生产	1900年 工厂数量（家）	1900年 生产总额（千卢布）	1900年 占比（%）	1908年 工厂数量（家）	1908年 生产总额（千卢布）	1908年 占比（%）	生产总额增长或减少率（%）
蒸汽机车和车厢	14	91959.8	45.5	18	85306.2	40.7	-7.2
船舶	32	6080.2	3.0	18	4641.9	2.2	-23.6
锅炉	52	24600.4	12.2	56	11733.0	5.4	-52.3
农业机械和农具	162	12131.9	6.0	216	26510.0	12.6	118.5
其他机械装置	279	67143.7	33.3	244	83289.8	39.1	24.0
总计	539	201916.0	100.0	552	211481.8[①]	100.0	4.7

---

① 经译者核实，此处计算有误，但出于对原著的尊重不予修改。——译者注

俄国金融资本的形成

1909年俄国工业总产值增加了，但只增加3.4%，即比危机年份1899~1901年增加得还少。此时，"A"类工业产值增长了7.7%，而"B"类工业产值仅增长了1.4%。1899年和1900年"A"类、"B"类工业的产值增长率大致相同。1899年，8个行业经历了产值下降，1900年9个行业经历了产值下降（焦炭生产、有色冶金、木材加工、火柴生产、丝织、混合材料加工、皮革制鞋、面粉、烟草业），还有两个行业（造纸和毛纺织）的产值保持不变。如果说1899年8个产值下降行业占俄国工业总产值的1/3左右，那么1909年，11个产值下降行业只占工业总产值的不到1/5。然而，经历过产值下降的那些行业的下降幅度，比1899年和1900年的下降幅度大。

应当指出，这次下降的总额中面粉行业占65.8%，这不是生产减少的结果，而是由于1909年创纪录收成导致粮食价格下跌。① 一般来说，与1908年产值下降主要发生在"A"类工业中不同，1909年产值下降几乎只发生在"B"类工业中。"B"类工业在1909年产值下降中所占份额为92.1%。这一点清楚地说明，由于1908年大部分"A"类工业以及"B"类工业的棉纺织业和甜菜制糖业等一些大行业产值减少，消费需求下降了。值得注意的是，除面粉业外，产值下降的行业中，主要是那些在自己的行业分组中不起主导作用的行业（焦炭——第一组，有色冶金——第三组，木材加工——第六组，火柴——第七组，丝织——第八组，烟草——第十组）。

与1908年工业衰退有关的俄国工业中这些危机现象衍生和明显消退的性质，证明了它们在工业衰退史上的后卫作用。

1909年大部分俄国工业部门都出现了产值增长。增长率最高的是麻纺（30.7%）、木胶板（25.0%）、榨油（24.6%）、陶瓷（24.6%）、基

---

① Свод товарных цен... за 1909 г. СПБ., 1910, с. 2 - 6, 16 - 24; 还可参阅 Лященко П. И. Зерновое хозяйство и хлеботорговые отношения России и Германии в связи с таможенным обложением. Пг., 1915. 遗憾的是，我们没有1909年面粉实际产量的数据。但该年面粉铁路运输量的大幅增加证明了面粉生产的增长（Свод товарных цен... за 1909 г. СПБ., 1910, с. 237）。

础化学（24.4%）、香料油脂（19.5%）、油漆（15.9%）、建筑材料（13.4%）的生产部门。俄国工业主要部门增长率相对较低：棉纺织业——0.3%，金属加工——3.6%，石油（开采与精炼）——3.3%，甜菜制糖业、煤炭开采和黑色冶金——6%~7%。

根据列出的价值指标，棉纺织业在1909年停滞不前。纱线和坯布的产出实物量证实了这一点。但各地区的数据表明，总体上这一年整个帝国的棉纺织业产量增长率下降，主要是由于西北部地区产量减少。

可以假设，最大的"A"类工业——金属加工业所表现出的较低的产值增长率，也证明了其正在进行的内部重组，而非萧条状态，因为蒸汽机车生产继续减少，而车厢的产量尽管比上一年（1908年）增加，但由于订单的急剧减少而没有进一步增长的前景。

黑色冶金业的发展趋势表现得相当清晰。产值和实物量的增加大致相符。此时，钢和轧材的生产出现了大幅增长。生铁冶炼量的增长率较低。1909年黑色冶金业所有类型的半成品和成品产量大大超过了先前达到的最高水平，而生铁冶炼量非常接近1900年的水平。

建筑材料和木胶板等行业的加速增长也引起了人们的关注，和黑色冶金业一样，这些行业的发展是扩大基础建设的必要条件。生产生产资料的化学工业部门的崛起也有迹可循。

所列数据证明了1909年俄国工业发展的过渡性。由此，史学家对其评价存在分歧。这一年中危机、萧条、复苏和高涨依次接替。某些行业和工业区从一种状态向另一种状态的过渡绝不是同时进行的，这使整体情况变得极为复杂。但到1910年，情况变得清晰了。这一年工业总产值增长率为14.5%，无疑进入了新的产值高涨期。①

因此，笔者认为，将1899~1903年危机与战前工业高涨隔开的五年，

---

① 尽管在一些行业——煤炭开采、石油开采、石油精炼、火柴和酿酒业，该年的产值出现了下降。

并不是一个独立的经济周期，而是一个克服危机的漫长阶段，正是这一时期为新的高涨创造了条件。这一阶段的特殊性在于，1904~1907年曾出现过两次工业复苏迹象，每次却都因工业生产的衰退而中断。这种回落使复苏形式出现倒退，即使未令其退至危机爆发前的境况，也至少倒退了一大截。因此，摆脱危机的过程不得不从头再来。直至1909年，第三次复苏终于完成了使命，质变为工业高涨。这就解释了为什么1904~1908年这五年本质上是1899~1903年危机的一种延续。

不承认这五年是萧条期的作者们注意到，这五年期间出现了生产增长。事实上，在此期间俄国工业总产值增加1/4。但即使在1899~1903年这种增长也没有停止：那时增长了1/5。1904~1908年年均总产值增长率为3.7%，而上一个五年，即危机五年为3.9%。顺便说一下，上面提到的一个作者，Л. А. 门德尔松在研究资本主义周期不同阶段的界限的确定标准时指出，如果生产增长"持续数年"的话，它不仅可以"在萧条期和复苏期"，也可以"在危机时期""以一定规模"出现。①

1904~1908年俄国工业生产的增长，从价值指标来看，具有极强的不平衡性和间歇性：某些行业的产值突然急剧上升，然后又跌落。1904~1908年大部分行业都经历了类似的衰退。五年期间经历三次衰退的行业有黑色冶金业（1905年、1906年和1908年）、硅酸盐工业（1904年、1905年、1906年）、丝织业（1904年、1905年和1906年）和甜菜制糖业（1904年、1905年和1908年）；经历两次衰退的行业有金属加工业（1906年和1908年）、石油开采业（1905年和1908年）、石油精炼业（1905年和1908年）、木胶板制造业（1905年和1908年）、木材加工业（1904年和1905年）、火柴（1904年和1905年）、棉纺织业（1905年和1908年）、毛纺织业（1905年和1908年）、混合材料加工业（1904年和1905年）、皮革

---

① Мендельсон Л. А. Теория и история экономических кризисов и циклов. М., 1959, т. 1, с. 63.

制鞋（1904年和1906年）、烟草（1905年和1907年）和啤酒酿造业（1904年和1908年）；经历一次衰退的行业有焦炭生产（1908年）、有色冶金（1905年）、油漆（1908年）和香料油脂业（1908年）。

五年内"A"类工业的年产值增长率为19.2%，"B"类工业为29.2%。"A"类工业中增长率最大的是石油加工与石油精炼、煤炭开采、焦炭生产、有色冶金。然而"A"类工业中最重要的行业——金属加工和黑色冶金业，以及建筑材料生产的年产量保持在之前的水平。

"B"类主要行业中最大年产值增长额出现在面粉、酿酒、麻纺织和棉纺织部门。只有甜菜制糖业的年产值增长额几乎没有变化。

依靠"B"类工业，1904~1908年俄国工业总产值增加了1/4。其中仅棉纺织业、面粉业和酿酒业三个行业就占了增加额的一半以上。但如果前两个行业的增长符合俄国国民经济发展的客观需要，那么酿酒生产的高涨绝不意味着国家经济潜力的增强。

至于"A"类工业对1904~1908年俄国工业生产增加的贡献，则远远小于价值指标的显示。提醒大家，石油工业年产值的增长（占五年内工业生产总值增长的10%以上）掩盖了其实物量的实际减少。而煤炭开采年产值的增长几乎是实际开采量的两倍。

那些能够保障固定资本恢复的行业停滞不前；"B"类工业在1904~1908年俄国工业总产值增长中发挥巨大作用；工业产值增长因多次被衰退打断而具有急剧性和跳跃性；一些工业部门的产值增长与产量的实际增加严重不协调——所有这一切都表明，这五年间出现的零星复苏时刻，并不能够给工商业形势带来重大的质变。В.И.列宁在描述1907年初国家情况时指出，"俄国目前所经历的经济危机看不出有近期消除的迹象，在危机延续的时间里，还要照旧产生大量的城市失业现象和农村饥饿现象"①。1908

---

① Ленин В. И. Полн. собр. соч., т. 15, с. 3. 照录《列宁全集》第15卷，人民出版社，1988，第1页。——译者注

年末，他又写道："……我国工业在短时期的稍微复苏之后，又被近似危机的严重的萧条所笼罩。"① 直到1909年才迎来转折。

第二节 19世纪末20世纪初的生产集中化进程

一 19世纪80年代末俄国工业生产集中的特征

工业生产的集中是资本主义发展的主要过程之一。它构成了垄断取代自由竞争的必要的、决定性条件。В.И.列宁在著作《帝国主义是资本主义的最高阶段》中描述了自由竞争资本主义向垄断资本主义转变的机制，提醒道，早在自由竞争在绝大多数经济学家看来是"自然规律"的时候，"马克思对资本主义所作的理论和历史的分析，证明了自由竞争产生生产集中，而生产集中发展到一定阶段就导致垄断"。现在，"垄断已经成了事实，"В.И.列宁继续说，显然，"某些资本主义国家之间的差别……只能在垄断组织的形式上或产生的时间上引起一些非本质的差别，而生产集中产生垄断，则是现阶段资本主义发展的一般的和基本的规律。"②

这一规律的作用在俄国是如何显现的呢？20世纪初俄国工业生产的高度集中在苏联历史文献中是公认的。而且普遍的观点是，尽管生产集中具有某些特定历史特征，但在垄断形成中，其起源、性质和作用与其他更发达资本主义国家的工业生产集中并没有根本的区别。但也有另一种观点。俄国经济史最权威的研究者之一，И.Ф.金丁认为，这里的工业生产集中与西方有着不同的起源。他写道，"……伴随着纺织业的高度集中，俄国进入了资本主义时期，而当时在西方这一行业的集中完全属于

---

① Ленин В. И. Полн. собр. соч., т. 17, с. 282. 照录《列宁全集》第17卷，人民出版社，1988，第257页。——译者注

② Ленин В. И. Полн. собр. соч., т. 27, с. 315. 照录《列宁全集》第27卷，人民出版社，1990，第336页。——译者注

资本主义时期"。同时，在他看来，"前垄断时期和帝国主义时期俄国工业的高度集中——这在很大程度上是纺织业的过度集中"。最后，"俄国资本主义形成和发展的巨大特殊性导致，在前垄断时期俄国工业就形成了高度集中"，而"这种集中不一定会导致（或很小程度上会导致）工业垄断及其与银行的融合，即引起另一个新时代的现象"。①

这些观点为 И. Ф. 金丁后续作品中更广泛概括俄国工业集中的性质及其垄断的特征奠定了基础。根据其中的观点，俄国的垄断不是出现在那些"更大程度上""在自由竞争条件下"发展的行业，而是在那些由于政府"从上面推行资本主义"和从西方移植最新的工厂生产组织形式而形成有限数量大型企业的行业。"一些重工业行业中少数大型和特大型企业的存在，"И. Ф. 金丁写道，"在这些行业发展还非常不足的时候特别有助于垄断组织的出现。"②

К. Н. 塔尔诺夫斯基在其史学著作中支持 И. Ф. 金丁的观点。他把"众所周知的大资本主义生产体系积累的经典连续性在俄国断裂"的观点归入"研究者们所做工作的非常重要的具体历史总结"。③ 对 И. Ф. 金丁有关俄国纺织业集中化过程具有特殊性的观点表达赞同后，К. Н. 塔尔诺夫斯基提议更进一步："这种观点不仅仅适用于纺织业。其他俄国工业部门的生产集中也很特殊。因此，值得讨论的是，具有严格明确含义的生产集中这一概念，是否适用于这种企业。在我们看来，生产的普遍化一

---

① Гиндин И. Ф. О некоторых особенностях экономической и социальной структуры российского капитализма в начале XX в.//История СССР, 1966, № 3, с. 51, 56-57.

② Гиндин И. Ф. Социально‐экономические итоги развития российского капитализма и предпосылки революции в нашей стране.//Свержение самодержавия. М., 1970, с. 42-54.

③ Тарновский К. Н. Проблема взаимодействия социально‐экономических укладов империалистической России на современном этапе развития советской исторической науки.//Вопросы истории капиталической России. Проблема многоукладности. Свердловск, 1972, с. 17.

俄国金融资本的形成

词在这里更合适。"①

应该指出的是，关于19世纪末20世纪初俄国工业生产集中过程的现代认识，不是基于对它们的系统研究，而是基于不同行业的大型企业在总产量中所占份额和不同日期的选择性计算。这就为各种先验判断拓展了空间。同时，我们掌握的资料能够充分全面地揭示俄国经济发展最重要时刻工业生产集中的详细情况，从而看到生产集中的过程及其结果。

当时笔者试图处理了1884年和1890年俄国工业生产集中的统计资料，这些资料划定了垄断组织在俄国历史上出现的第一个时期。② 本书中介绍了对1900年和1908年进行的类似研究的成果，这些成果成为确定俄国工业垄断期的年代界限。

新获数据描述的是工业生产集中过程，而为了弄清楚这一过程的初始边界，笔者将首先简述自己之前的主要研究成果。③

到19世纪80年代中期，在1861年废除农奴制之前就建立的"老"俄国工业部门中，甜菜制糖业、酿酒业和棉纺织业的大型企业（年产出不少于10万卢布）占比高。在甜菜制糖业中，几乎100%都是这类企业，在酿酒业和棉纺织业中这类企业超过1/3。

这些行业的发展道路各不相同。甜菜制糖业和酿酒业是贵族工业经营的主要类型，最初以使用农奴的强迫劳动为基础，1861年农民改革后被迫转为资本主义组织的生产过程。

这种转变在甜菜制糖业中显得更快、更彻底，正如 В. И. 列宁所说，

---

① Тарновский К. Н. Проблема взаимодействия социально - экономических укладов империалистической России на современном этапе развития советской исторической науки. //Вопросы истории капиталической России. Проблема многоукладности. Свердловск, 1972, с. 28.

② 当时获得的结果呈现在笔者《俄国金融资本的起源》（М., 1967）一书中，用专门的一章进行了阐述：《Концентрация производства в России к концу XIX века》。И. Ф. 金丁在书评中对该章的某些情况表达了反对意见。参阅 Вопр. истории, 1968, № 9.

③ 相应的统计指数参考笔者的作品《俄国金融资本的起源》（М., 1967, табл. 1-13）。

尽管它仍"是地主（主要是贵族）田庄的组成部分"①。甜菜制糖业的技术革命促使工业企业规模急剧扩大。以体力劳动和马力牵引为基础的小工厂，无法与使用新技术建造的大型机械化企业竞争。到19世纪70年代末，后者已经占到总产值的85%以上。大规模制糖的高利润率和沙皇政府的庇护，吸引大量资本涌入该行业。1884年甜菜制糖业有25家年产出100万卢布的巨型工厂，且其中5家年产出超过500万卢布。

酿酒业的改革进行得更缓慢和痛苦。到80年代初，酿酒业中的大型企业占40%左右。其中，产出超过100万卢布的工厂有31家。但从后来这类企业数量减少来看，它们更可能是改革前大地主作坊的残余，而非资本主义生产集中的结果。

与前两者不同，棉纺织业最初就以自由雇佣劳动为基础，是俄国在封建农奴制危机下发展起来的一种特殊的资本主义企业形式。俄国的工业改革正是从这里开始并初见成效，催生了大型机械化企业。在棉纺织业中，改革前大企业就占据了主导地位。同时，在棉纺织业形成和发展过程中，"农民"的小规模生产也发挥了重要作用。结果，到80年代中期该行业一端集中了大量小企业，几乎占总数的2/3，另一端——49家大工厂，产出100万卢布及以上的产品（其中3家工厂的产出达500万卢布）。

至于60~80年代出现的"年轻的"俄国工业部门，像蒸汽机车制造、车厢制造、桥梁建设、钢轨、轧铜、水泥和橡胶业根本没有出现过小企业。这些部门中只有几个大型工厂在运行。而且，在那些存在小企业的"年轻"部门，如石油开采与石油精炼、线材制钉等，主导地位也立即被大型企业占据。

应该指出的是，这一点上没有任何俄国特色。因工业革命而产生的新工业部门，到处都与国民经济其他领域的资本外溢有关。新工业部门也引

---

① Ленин В. И. Полн. собр. соч., т. 3, с. 288. 照录《列宁全集》第3卷，人民出版社，1984，第258页。——译者注

俄国金融资本的形成

入了当时发展起来的大型资本主义生产的最新组织形式,对其需求是由生产过程规模本身决定的。这种情况下,通常既利用了其他国家的经验,也利用了外国资本。即使是机械工业的发源地英国,也不回避对国外技术成果的借鉴。当然,像俄国这样的国家,当工业革命在先进资本主义国家接近尾声时,它们刚走上工业发展道路,受外部因素的影响更强。

沙皇政府积极推动运输机器制造和钢轨生产等一些新行业的建立。但总的来说,沙皇的经济政策力图使资本主义的发展过程服从于维护地主的政治统治和经济特权,这阻碍国家的经济进步,从而也阻碍国家工业的增长。尤其是,很大一部分国内储蓄转用于保障过时的政治上层建筑和地主土地所有制存在的非生产性开支,延迟了工业资本的调用。沙皇政府对无法生存、实际上已经破产的大企业的赞助和直接援助,阻碍了工业生产集中的自然进程。尽管如此,这种集中还是发生了,而且不仅发生在沙皇制度扶植的行业中。

到19世纪80年代初,在一些工业部门,主要是"年轻"部门,少数超大型企业的特殊寡头垄断形成,为垄断联盟的出现奠定了基础。在一些部门,甚至出现了一家大企业垄断一个行业的情况:诺贝尔兄弟公司垄断80年代巴库地区石油工业,俄美制造厂垄断70~80年代的橡胶工业。然而,无论是在各自行业占据垄断地位的联合公司还是个别大型工业企业,通常都无法保持这一地位。

1890年的数据表明,在80年代后半期长期萧条的条件下,大多数制造业部门中小企业的数量增加幅度大于大企业,结果后者的比重下降,尽管降幅微不足道。这也是棉纺织业的特点,唯一不同的是,产出超过100万卢布的大型工厂数量(达68家)也显著增加。机械制造业中,企业数量普遍增加的同时,大型企业比重下降,包括一些在个别类型产品生产中占据了一段时间的垄断地位的大企业(例如,蒸汽机车制造业中的科洛姆纳工厂)。酿酒、烟草、化学和玻璃工业中大型企业数量减少。年产出在 10 万到 100 万卢布之间的企业在这些部门中的作用加强。而在甜菜制糖业中，企业总体数量减少的同时，小工厂实际上已经消失，产出在 10 万到 50 万卢布之间的工厂数量减少，更大型工厂的数量，相反，则增加了。

轧铜生产的集中度急剧上升，其中三大企业的产出现在超过总产值的 3/5。由于矿山产量的增加，特别是它们集中在少数大公司手中，俄国南部和波兰地区煤炭工业的生产和资本集中发生了重大进展。在黑色冶金和煤炭工业中，生产的逐步集中伴随着生产分区的显著变化。此时，超大型工厂数量的增加提高了它们在总产值中的总份额，同时导致每个此类工厂的比重下降。石油工业也出现了类似的情况。这里大型企业的作用也大大增加。但因为大型企业数量的增加，诺贝尔兄弟公司的产量尽管有所增长，仍丧失了之前的地位。

正如我们所见，生产集中是一个复杂而矛盾的过程，它在俄国各个工业部门进行的方式也各不相同。

生产集中在更大企业的客观需要是由生产力发展本身决定的。但这种需求是在资本主义条件下通过竞争达到的。只有竞争产生的生产集中才足够稳定。改革后俄国的大规模生产，无论是封建垄断的残余，还是人为限制竞争（例如国家向企业提供特权）的结果，在大多数情况下都是行不通的。

资本主义的生产集中与生产增长有机地联系起来。但在工业生产"巨幅增长"与生产向更大企业集中的结合中隐藏着一种矛盾，这种矛盾在不同具体条件下以不同方式表现出来。这一矛盾的实质在于，生产增长不能仅通过现有大企业产量的增加来实现。其最重要的表现是新工厂和工场的建立、新工业部门和工业区的出现。尽管如此，生产集中水平还是随生产增长而不断得到提高。大型企业被更大的企业所取代。但由于资本主义生产发展极不平衡，而且其水平在俄国不同工业部门和经济地区差异很大，即使同时存在的生产集中水平也不相同。

俄国金融资本的形成

资本主义生产集中过程的矛盾性也受制于其与资本的积聚和集中不可分割的联系。矛盾尤其体现在，在投资资本和生产资本逐步分离的条件下，生产集中不仅日益体现在工业企业规模的增长上，还体现在资本积聚和集中的各种组织形式的出现和发展上，包括一些股份公司，它们是几个，有时甚至是代表统一生产过程各个阶段或协作生产的许多工业企业的所有者。

这就是笔者为什么不能赞同 И.Ф. 金丁表达的观点，即由于俄国资本主义形成和发展的"主要特点"，俄国工业生产的高度集中几乎是其与生俱来的属性。一些俄国工业部门的高度生产集中，沿袭自农民改革前的时代，属于原始生产组织的残余，正如统计数据显示，这种生产组织建立在使用农奴的强迫劳动之上，没有经受住资本主义竞争的考验。俄国纺织业的两个部门——毛纺织业和麻纺织业也是如此。只有在棉纺织业中，1861年前出现的大型机械化企业基于自由雇佣劳动，它们才保住自己的地位。至于棉织业和丝织业，改革前以小规模生产为主。总的来说，纺织业中资本主义生产集中的过程与世袭使用农奴的大型工场的衰落和小型企业的蓬勃发展同时存在并相互交织。

正如 В.И. 列宁所指出的，反映出俄国资本主义发展的两种"相反的趋向"——"一方面是世袭占有性质的地主企业的衰落，另一方面是商人作坊向纯粹的资本主义工厂的发展"[1]——给俄国"老"工业部门——甜菜制糖、酿酒、玻璃、采矿冶金业的生产集中过程打上了自己的烙印。而在发源于几家（或甚至一家）超大型企业的"年轻"部门中，后者的增长伴随着新企业的建立，这些新企业展开了与现有企业的竞争。结果，大多数新部门或分部门所特有的极高的初始集中度，后来随着它们的增长，进入了一种符合资本主义发展水平和生产力性质的"常态"。И.Ф. 金丁是

---

[1] Ленин В. И. Полн. собр. соч., т. 3, с. 470. 照录《列宁全集》第3卷，人民出版社，1984，第430页。——译者注

不对的,他断言,"В.И.列宁在俄国确立的规律性似乎被破坏了,垄断再次引发竞争,而且在更高的垄断水平上再现"。① 相反,在俄国早期垄断史中这种规律性表现得相当明显,甚至在80年代后半期有限的工业增长期也是如此。同时,俄国工业面临的仍是前所未有快速发展的10年,在此期间,工业总产量增加一倍,生产资料的产量增加两倍。

80年代的垄断联盟无疑证明了俄国资本主义开始从自由竞争向垄断转变。但它们都没有消灭竞争。因此,我们断定俄国在19世纪80年代就存在工业生产的高度集中,足以令相对稳定的早期垄断组织出现,但这也无法避开生产集中进程如何进行和确定俄国垄断资本主义处于哪个阶段的问题。

二 俄国主要工业部门的生产集中化进程

让我们从可以得出《动态》资料的最一般观察开始。我们来比较一下1890年、1900年和1908年俄国工业整体及其各个行业分类的企业数量、总产值和各企业的产值指标(见表11)。可以看到,19世纪最后10年中,俄国工业企业数量减少1/4,产值却翻了一番。因此,各企业的产值增加了1.5倍以上。然而,并非所有的行业分类中企业数量都减少了。采矿、金属和木材加工业经历了粗放发展的过程。但即使在这里,除了联合开采"其他"矿产的企业分组外,企业的平均生产率也明显提高了。化学、混合物质和动物产品的加工、食品和硅酸盐业等行业分类中企业数量的急剧减少,似乎可以解释为它们经历了迟来的技术革命。

与为19世纪90年代工业增长提供能源基础的石油和煤炭工业一样,这些行业各企业的生产值增长率最高。

---

① Свержение самодержавия, с. 47.

俄国金融资本的形成

表11 1890~1908年俄国工业各行业的生产集中情况

行业分类	1890年 企业数量（家）	1890年 产出总额（百万卢布）	1890年 企业平均产出额（千卢布）	1900年 企业数量（家）	1900年 产出总额（百万卢布）	1900年 企业平均产出额（千卢布）	1900年 企业平均产出额增长率（%）	1908年 企业数量（家）	1908年 产出总额（百万卢布）	1908年 企业平均产出额（千卢布）	1908年 企业平均产出额增长率（%）
I 煤炭	336	23.3	69.3	399	84.8	212.5	206.6	472	145.7	308.7	45.3
II 石油	327	29.9	91.4	369	197.0	533.9	484.1	361	224.0	620.5	16.2
III 金属	2474	260.7	105.4	3110	680.8	218.9	107.7	2633	662.0	251.4	14.8
IV 其他矿物开采	2349	57.3	24.4	2706	66.8	24.7	1.2	2213	84.8	38.3	55.1
V 硅酸盐	2385	32.6	13.7	1591	80.7	50.7	270.1	1521	97.8	64.3	26.8
VI 木材加工	1268	58.1	45.8	1881	153.3	81.5	77.9	2373	213.8	90.1	10.5
VII 化学	1821	67.7	37.2	653	131.2	200.9	440.0	655	217.1	331.4	65.0
VIII 纺织	2616	497.4	190.1	2192	805.2	367.3	93.2	2250	1259.8	559.9	52.4
IX 混合物质和动物产品加工	3234	60.8	18.8	1569	118.8	75.7	302.7	1367	176.6	129.2	70.7
X 食品	15169	494.7	32.6	9018	767.4	85.1	161.0	10727	1215.7	113.3	33.1
总计	31979	1582.5	49.5	23488	3086.0	131.4	165.4	24572	4297.3	174.9	33.1

· 84 ·

第一章 19世纪末20世纪初工业生产的增长和集中

1900~1908年工业企业总数略有增加（4.6%），总产值增加2/5，即远远少于前10年。但是各企业的平均生产率提高1/3。煤炭开采（18.3%）和木材加工业（26.2%）的企业数量继续增加。纺织业（2.6%）和食品工业（19.0%）中企业增加的情况也是如此。

企业数量减少最明显的是金属工业（15.3%）、其他矿物开采（18.2%）以及混合物质和动物产品加工（12.9%）。后两类行业，与纺织业和化学工业一样，各企业的平均产出额增长率最大。

了解过19世纪末20世纪初俄国工业生产集中过程的最基本表现后，我们来看看这一过程在行业分类内部各行业中是如何进行的（见表12）。

煤炭工业的数据不仅包括煤炭开采，还包括煤炭加工——焦炭生产。但不可能将二者分开，因为焦炭是直接在煤炭开采企业或其中的一些企业中生产的。

石油工业中，石油开采与石油精炼在生产总值中比例的显著变化引人关注。原油在石油工业总产值中的份额从1890年的13.7%增加到1900年的50.5%和1908年的53.1%，这很有可能是石油开采成本上涨，而石油精炼成本下降的结果。无论如何，1890~1900年各石油开采企业的产值增加了近11倍，各石油精炼企业的产值增加4倍。同时，前者数量增加一倍，后者数量减少1/3。炼油企业数量明显减少，产值却增加了3倍，这一事实表明炼油技术发生了一些重大变化。事实上，由于石油连续蒸馏的实现，90年代成为炼油工业技术改造期。①

在接下来的八年里呈现出同样的趋势，但要弱得多。因此，如果1890年炼油企业的平均生产率几乎是采油企业的3倍，那么20世纪前10年这种差距则相对较小。

金属工业中，平均生产率最高的是黑色冶金企业。1890~1900年其

---

① 参阅 Лисичкин С. М. Очерки истории развития отечественной промышленности. М., 1954, с. 232; Очерки истории техники в России, 1861-1917. М., 1973, с. 121.

俄国金融资本的形成

数量仅增加 2.7%，总产值却几乎增加两倍。至于金属加工企业，到1908年几乎占金属工业总产值的2/3，在平均生产率上，不仅落后于大部分重工业企业，而且落后于许多轻工业企业。然而，这些平均数据掩盖了金属加工企业构成的极不均衡性，其中有大量小工厂，也有不少巨型工厂。

1900~1908年，黑色冶金企业的数量减少1/3，总产值减少1/4。金属加工业中企业数量和总产值的增加比例大致相同。

铁矿工业中，尽管1890~1908年各企业的产值增加两倍多，但总产值仍非常小，几乎是煤炭工业的1/10。1900~1908年，铁矿企业数量减少了一半以上，而生产总值下降幅度却明显较小，可能是由于铁矿开采方法从地上向地下过渡。①

在有色冶金行业，1890~1900年，显然，生产技术发生了重大变化，当时该行业企业数量减少1/3以上。特别说明，正是在19世纪90年代有色冶金企业平均生产率大幅提高后，该行业才出现了生产的急剧上升。

硅酸盐工业各部门中，早在1890年水泥生产就以企业的高平均生产率而突出。但其进一步的增长速度低于其他许多部门。19世纪90年代水泥水产就实现了产量的上升，很大程度上是由于企业数量的增加。这很可能表明，产量的增加是在以前的技术基础上，没有任何根本性技术变革。

硅酸盐工业其他部门中，1890~1900年企业数量有所减少，尽管产量增长势头强劲。而且其中两个部门，即小企业仍占主导地位的制砖和陶器生产行业中，这种减少继续存在。而在陶瓷和玻璃生产部门，企业数量再次增加。

在木材加工业最重要的部门——木胶板生产中，存在一个独一无二的事实，即1900~1908年企业平均生产率下降。因为这里产出总额的1/4左右是通过企业数量几乎增加一半实现的。其他两个木材加工业部门中，

---

① 参阅 Очерки истории техники в России，с.45。

第一章 19世纪末20世纪初工业生产的增长和集中

企业数量在整个研究期间都有所增加，同时其平均生产率也提高了。

整体上化学工业各企业相对较高的总产值背后，掩盖了其各个部门平均生产率水平的参差不齐。橡胶工业是一个极其特殊的案例。早在1890年，按各企业的产值计算，它在俄国工业部门中就已占据首位。18年来，这一数额增加了11倍多，到1908年达到1080万卢布。与之相反的是火柴行业，小企业在其中发挥重要作用。其他行业——基础化学、油漆、香料油脂中，90年代明显发生了向大规模生产占主导地位的质变，当时企业生产相对大幅提升的同时，企业数量急剧减少。

在纺织工业所有部门中，1890~1900年生产的增长伴随着企业数量的减少。1900~1908年生产进一步增长的同时，棉纺织业和毛纺织业的企业数量再次增加，而麻纺织和丝织业的企业数量继续减少。

尽管1890~1900年发生在棉纺织业和其他纺织业部门的变化具有外在相似性，但它们的内容明显不同，因为这一时期初期，棉纺织业生产以超大型企业为主，其他部门中小企业占多数。与俄国许多其他工业行业不同，这些行业向大型企业占主导地位的转变速度缓慢。然而1900~1908年，当这种转变已经过去时，麻纺织业的企业数量急剧减少（几乎减少了1/3），且其平均生产率提高了（一倍多）。

同样值得注意的是，棉纺织业企业数量在第一个阶段大幅减少（1890~1900年），第二个阶段有所增加（1900~1908年）。很可能在19世纪90年代工业高涨的条件下，这里也发生过组织上的质变，但是在生产集中水平更高的情况下，后来企业数量复又增加。

在混合物质和动物产品加工的行业分类中，1900~1908年才出现向大型企业占主导地位的转变。但这一行业分类中两个部分的路径明显不同，因为一个部分伴随着企业数量的增加，而另一个部分——企业数量减少。

食品工业中，面粉和甜菜制糖两个行业在总产值方面占主导地位。1890年前者由小企业主导，后者则以超大型企业为主。但1890~1908年间

俄国金融资本的形成

面粉企业的平均生产率提高了近11倍，而甜菜制糖企业的平均生产率提高了不到一半。1890~1900年面粉生产增长42.5%的同时，该行业的企业数量减少了4/5，这明显表明生产过程本身发生了质的变化。1900~1908年，面粉企业数量又增加了约1/4。但在此期间它们的总产值增加了一倍。给人的印象是，现在的生产增长是建立在前10年奠定的新技术基础上的。在甜菜制糖生产中，显然在1890年前就经历了这样的转折。在随后的发展过程中，企业数量和平均生产率都有所增加，但这一进程相对缓慢。

到1890年，烟草业由大型企业主导，但1890~1900年烟草企业的数量明显减少（1/4以上），显然，表明组织生产方面发生了进步。

榨油工业的生产集中化过程大致与面粉业一样，唯一的区别是，这里的总产值与企业数量都少得多。

啤酒酿造业中，尽管企业数量逐渐减少且总产值增加，但直到1908年，小企业仍占主导地位。

至于酿酒业，除了描述整个行业的一般指标外，《动态》未发表部分也只提供了关于"酿酒厂和酵母厂"的数据。这些工厂的数量指标与消费税统计中包含的"酵母酿酒厂和伏特加酒厂"以及精馏厂的数量指标相近。通常，《动态》未发表部分有关酿酒业企业数量及"酿酒厂和酵母厂"数量的数据与消费税统计中的"果酒、葡萄酒厂"数量数据相差不大。因此，表12划分了两组工厂：（a）酿酒厂和酵母厂；（b）果酒、葡萄酒厂。同时假设，《动态》编者把精馏厂也包括在了第一组中。大部分精馏厂不仅负责提纯，还负责酒精蒸馏。官营酒库不计入表12。①

---

① 《动态》的编者单独列出了官营葡萄酒仓库的数据，没有将其纳入酿酒业总体指标的计算。应该指出的是，1908年《动态》已公布和未公布部分所载的关于酿酒业生产量，特别是关于工厂数量的数据之间有很大的差异。表12列举了《动态》未公布部分的数据，这些数据与消费税统计的指标更为一致。《1908年帝俄制造工厂工业的统计信息》只考虑了酿酒厂、酵母厂、酒精提纯工厂以及葡萄酒-白兰地工厂。然而，根据消费税部门的数据，上面也有"果酒、葡萄酒厂"。

第一章　19世纪末20世纪初工业生产的增长和集中

表12　1890～1908年俄国主要工业行业的生产集中情况

行业	1890年 企业数量（家）	1890年 产出总额（百万卢布）	1890年 企业平均产出额（千卢布）	1900年 企业数量（家）	1900年 产出总额（百万卢布）	1900年 企业平均产出额（千卢布）	1900年 企业平均产出额增长率（%）	1908年 企业数量（家）	1908年 产出总额（百万卢布）	1908年 企业平均产出额（千卢布）	1908年 企业平均产出额增长率（%）
石油开采	104	4.1	39.4	213	99.5	467.1	1085.5	215	119.0	553.5	18.5
精炼	223	25.8	115.7	156	97.5	625.0	440.2	146	105.0	719.2	15.1
金属 黑色冶金（不含铁矿开采）	221	88.0	398.2	227	249.1	1097.4	175.6	155	188.2	1214.2	10.6
铁矿开采	536	5.3	9.9	1051	20.3	19.3	94.9	490	17.6	35.9	86.0
有色冶金	49	6.1	124.5	31	8.7	280.6	125.4	37	17.2	464.9	65.7
金属加工	1668	161.3	96.7	1801	402.7	223.6	131.2	1951	439.0	225.0	0.6
硅酸盐 水泥	20	4.0	200.0	46	13.0	282.6	41.3	39	16.5	423.1	49.7
陶器	197	1.4	7.1	166	6.0	36.1	408.4	138	7.0	50.7	40.4
制砖	1626	9.4	5.8	949	20.8	21.9	277.6	890	19.8	22.2	1.4
玻璃	255	11.5	45.1	212	25.4	119.8	165.6	226	34.1	150.9	26.0
陶瓷	47	4.1	87.2	40	8.6	215.0	146.6	43	11.8	274.4	27.6
木材加工 木胶板	980	22.0	22.4	956	71.1	74.4	232.1	1411	92.3	65.4	-12.1
木材加工	320	11.6	36.2	474	26.8	56.5	56.1	491	31.2	63.5	12.4

·89·

俄国金融资本的形成

续表

行业	1890年 企业数量（家）	1890年 产出总额（百万卢布）	1890年 企业平均产出额（千卢布）	1900年 企业数量（家）	1900年 产出总额（百万卢布）	1900年 企业平均产出额（千卢布）	1900年 企业平均产出额增长率（%）	1908年 企业数量（家）	1908年 产出总额（百万卢布）	1908年 企业平均产出额（千卢布）	1908年 企业平均产出额增长率（%）
造纸	288	24.5	85.1	451	55.4	122.8	44.3	471	90.3	191.7	56.1
化学											
基础化学,油漆	616	23.8	38.6	327	61.1	186.8	383.9	324	93.3	288.0	54.2
香料油脂	903	27.5	30.4	193	32.9	170.5	460.9	207	47.8	230.9	35.4
火柴	290	5.8	20.0	127	8.5	66.9	234.5	118	11.2	94.9	41.8
橡胶	12	10.6	883.3	6	28.7	4783.3	441.5	6	64.8	10800.0	125.8
纺织											
棉纺织	674	325.7	483.2	564	526.0	932.6	93.0	661	886.2	1340.7	43.8
毛纺织	1173	117.2	99.9	916	180.3	196.8	97.0	1037	241.8	233.2	18.5
麻纺织	447	38.6	86.4	403	67.9	168.5	95.0	275	94.3	342.9	103.5
丝织	322	15.9	49.4	309	31.0	100.3	103.0	277	37.5	135.4	35.0
混合物质和动物产品加工											
混合物质	305	11.2	36.7	340	33.5	98.5	168.4	384	52.5	136.7	38.8
动物产品	2929	49.6	16.9	1229	85.3	69.4	310.6	983	124.1	126.2	81.8
食品											
面粉	7307	164.8	22.6	1465	234.9	160.3	609.3	1802	479.6	266.1	66.0
甜菜制糖	237	156.5	660.3	291	234.0	804.1	21.8	300	286.4	954.7	18.7

· 90 ·

第一章 19世纪末20世纪初工业生产的增长和集中

续表

行业	1890年 企业数量（家）	1890年 产出总额（百万卢布）	1890年 企业平均产出额（千卢布）	1900年 企业数量（家）	1900年 产出总额（百万卢布）	1900年 企业平均产出额（千卢布）	1900年 企业平均产出额增长率（%）	1908年 企业数量（家）	1908年 产出总额（百万卢布）	1908年 企业平均产出额（千卢布）	1908年 企业平均产出额增长率（%）
酿酒	4704	59.0	12.5	4835	81.0	16.8	34.4	6071	125.2	20.6	22.6
包括酵母酿酒	2162	52.8	24.4	2190	64.8	29.6	21.3	2722	113.4	41.7	40.9
果酒、葡萄酒厂	2542	1.6	0.6	2645	16.2	6.1	916.7	3349	11.8	3.5	-42.6
烟草	340	54.4	160.0	248	72.8	293.5	83.4	248	91.8	370.2	26.1
榨油	478	12.4	25.9	294	49.7	169.0	552.5	295	76.3	258.6	53.0
啤酒酿造	1449	29.5	20.4	1227	41.9	34.1	67.2	1166	67.2	57.6	68.9

俄国金融资本的形成

酿酒业中小企业占主导地位，而"果酒、葡萄酒厂"组中甚至是最小的企业居多。但这里，各企业产值增加的趋势也明显地表现了出来，尽管 1900~1908 年"果酒、葡萄酒厂"组中这一数额下降了。

因此，根据企业平均生产率可以判断，在整个所研究时期，无论是 1890~1900 年的工业增长期，还是 1900~1908 年，在危机和随之而来的复苏与衰退交替的条件下，俄国工业生产的集中化过程都未中断。

但集中化过程的性质并非保持不变。首先引人注目的是 1890~1900 年和 1900~1908 年企业平均生产率增长速度的显著差异。就整个俄国工业而言，第一阶段企业平均生产率年增长率为 16.5%[1]，第二阶段为 4.1%[2]。对于一些行业（石油开采与石油精炼、黑色冶金、金属加工、基础化学、油漆、香料油脂、面粉和榨油业）来说，差异要大得多。

19 世纪 90 年代俄国工业企业平均生产率的空前快速增长，体现了高涨背景下发生在俄国工业中的重大质变。1890 年，大型企业（年产出额为 10 万卢布以上）只在 8 个行业中占主导地位，这些行业占俄国工业总产值的 42.4%。10 年后，这样的行业有 21 个，占工业总产值的 83.1%。这意味着，90 年代俄国工业由小规模生产向大规模生产主导的转变，即工业生产集中上升到了更高的水平。

1900~1908 年，俄国工业中大规模和小规模生产的比例变化较小：大企业占主导的行业数量增加到了 23 个，它们在生产总值中的占比增加到了 87.1%。这些行业中各企业的产值增长率为 40% 左右，而小企业继续主导的其余行业，产值增长 30% 左右。因此，这一阶段生产集中过程在大企业主导的领域进行得更深入，特别是在那些各企业产值处于平均水平的行业。如果说 1900 年，各企业年产值超过 50 万卢布的行业分组与其余行业存在明显的差距，那么到 1908 年此差距就消失了，因为各企业

---

[1] 此处计算疑有误，但原文如此。——译者注
[2] 此处计算疑有误，但原文如此。——译者注

产值在30万到50万卢布之间的行业数量增加。同时，产值在10万到20万卢布之间的行业数量减少。

20世纪初，俄国哪些工业部门的企业平均生产率最高？（见表13）表13中这些行业按1908年各企业的产值降序排列。排在第一位的是橡胶生产行业，它与其余行业有较大差距，属于相对次要且在某种程度上并不典型的俄国工业行业。但后面五个行业——棉纺织、黑色冶金、甜菜制糖、石油开采与石油精炼部门的企业平均产值超过50万卢布，它们代表最大规模的生产，反映了俄国工业发展的主要方向。

表13 1890~1908年俄国各工业企业的产出总额

单位：千卢布

生产部门	1890年	1900年	1908年
橡胶	883.3	4783.3	10800.0
棉纺织	483.2	932.6	1340.7
黑色冶金	398.2	1097.4	1214.2
甜菜制糖	660.3	804.1	954.7
石油精炼	115.7	625.0	719.2
石油开采	39.4	467.1	553.5
有色冶金	124.5	280.6	464.9
水泥	200.0	282.6	423.1
烟草	160.0	293.5	370.2
麻纺织	86.3	168.5	342.9
煤炭开采和焦炭生产	69.3	212.5	308.7
基础化学、油漆	38.6	186.8	288.0
陶瓷	87.2	215.0	274.4
面粉	22.6	160.3	266.1
榨油	25.9	169.0	258.6
毛纺织	99.9	196.8	233.2
香料油脂	30.4	170.5	230.9
金属加工	96.7	223.6	225.0
造纸	85.1	122.8	191.7
玻璃	45.1	119.8	150.9
混合物质加工	36.7	98.5	136.7
丝织	49.4	100.3	135.4

俄国金融资本的形成

续表

生产部门	1890 年	1900 年	1908 年
动物产品加工	16.9	69.4	126.2
火柴	20.0	66.9	94.9
木胶板	22.4	74.4	65.4
木材加工	36.2	56.5	63.5
啤酒酿造	20.4	34.1	57.6
陶器	7.1	36.1	50.7
酵母酿酒	24.4	29.6	41.7
铁矿开采	9.9	19.3	35.9
制砖	5.8	21.9	22.2

早就注意到，"在那些大企业明显比小企业更具优势的行业"，一些工业企业的规模增长最大。[①] 从俄国最高水平的工业生产形式所处的行业构成来看，虽然俄国工业行业发展各具特性，但无一例外适用这一普遍规律。在这些行业中，我们既看到了诞生于工业革命的"年轻"产业，其发展始于相对较高的生产技术水平，也看到了那些技术革命最彻底的"老"行业。

1908 年各企业产值指标最高的行业分组到 1900 年才确定下来。接下来的八年里，该组和以小企业为主的组群没有发生重大变化。

19 世纪 90 年代俄国工业生产集中过程中的根本性质变也证明了这一事实，即工业增长的同时，企业数量大幅减少。只有 10 个行业的企业数量有所增长。这些主要是早就过渡到大规模生产的行业（黑色冶金、甜菜制糖和水泥工业），或将要进行这种过渡的行业（铁矿开采、木材加工和造纸、混合物质加工），以及超大型企业与小企业并存的金属加工业，最后是煤炭和石油开采，其快速增长显然不能仅由质变来保障。

1900~1908 年，生产增长大幅减少的同时，企业总数和大部分行业中的企业数量都有所增加。只有一个行业的各企业产值因此而减少。其

[①] Гобсон ДЖ. Эволюция современного капитализма. СПБ., 1898, с. 93.

他行业中，各企业产值继续增加，但如上所述，其速度比前 10 年低得多。1900~1908 年，企业数量不再减少，甚至有所增长，这也表明，20 世纪初俄国工业生产集中过程的内容发生了变化。

我们研究的数据很重要，因为只有这些数据才能让我们在整个俄国工业框架内从整体上看到工业生产集中的过程，而不是在其个别片段中。然而，这些数据只允许我们确定 19 世纪与 20 世纪之交俄国工业生产集中过程的最一般特征、主要方向和趋势。因为它们只描述了俄国工业个别部门生产集中的平均水平，而没有揭示其具体情况。为了更进一步确定生产集中的过程在多大程度上为俄国工业一些部门的垄断创造了条件，还需要参考其他文献资料。

三 俄国生产集中化进程的两个阶段

为解决上述问题，只有根据企业生产规模对其进行分组的资料才是合适的。这就要求它们必须包含所选取的每个工业企业的信息。这样的资料不多，但确实存在。最主要的是《工厂一览表》，这是 1900 年和 1908 年公布的工业普查结果。① 它们由相似的大纲编制而成，根据 1900~1908 年欧俄加工制造业企业的产值进行分组。《工厂一览表》的最大优势是其与 1900 年和 1908 年工业普查结果统计刊物的结构联系。尽管这些出版物和《工厂一览表》中，企业数量和分组的产值并不总是一致的，但它们的差异不大，可以忽略不计。

遗憾的是，上述《工厂一览表》以及 1900 年和 1908 年工业普查的统计刊物都不涵盖采矿和冶金业企业。因此，需要参考另一个文献《俄国采矿工业统计数据汇编》（以下简称《统计数据汇编》），查阅 1900 年和 1908 年的对应数据。但是，应该注意到，《工厂一览表》与《统计数据

---

① Список фабрик и заводов Европейской России. СПБ．，1903；Список фабрик и заводов Российской империи. СПБ．，1912.

汇编》中的数据在性质上有很大不同。第一个文献包含关于产值的数据，而第二个文献包含关于实物量的数据。《工厂一览表》中，数据以工业企业为基础进行分组。根据主要产品对各部门分组中的工业企业排列后，《工厂一览表》的编者给出了各企业的产值。《统计数据汇编》的分类基础是产品。描述俄国采矿业最重要产品（煤炭、石油、生铁、钢）的生产情况时，《统计数据汇编》的编者提供了各个企业生产这些产品的数据。

1900 年和 1908 年工业普查的统计结果，以及发表在《统计数据汇编》中的数据为《动态》的编制奠定了基础，所以上面讨论的指标与表 15 至表 19 中的数字具有可比性。只需注意，《动态》的编者在使用工业普查数据时，对其进行了调整。特别是，他们补充了 1900 年工业普查关于未登记企业的数据，与 1908 年普查不同，1900 年的工业普查没有覆盖帝俄的全部领土。他们还考虑了那些未进入工业普查结果和 1900 年《工厂一览表》中的企业（铁路车间、军事部门的企业等）。因此，上文中所使用的《动态》数据，特别是 1900 年的数据（仅涵盖刊物中的企业），通常高于表 15 至表 19 中的指标，因为这些表格根据工业普查统计刊物中 1900 年和 1908 年的数据绘制而成。①

对包含各工业企业信息的文献进行处理，为广泛研究创造了机会。但是，由于存在成千上万个这样的企业，工作量非常大，目前仍然很少有人愿意做这件事。② 然而，如果我们想了解的不是俄国工业生产集中的个别事实，而是想从整体上看到其过程，这是唯一可能的研究办法。

---

① 1900 年普查不包括北高加索和外高加索的一些领土（斯塔夫罗波尔、捷列克、达吉斯坦和卡尔斯省）以及西伯利亚，而 1908 年普查已经延伸到这些地区。表 15 至表 19 中不包括 1908 年这些地区的数据，也不包括铁路车间和轧棉企业的数据（不管其地理位置如何），因为 1900 年的普查不计入这些部门。

② 据笔者所知，整理 1900 年和 1908 年《工厂一览表》的唯一尝试是 И. Ф. 乌加洛夫进行的，目的是查明俄国工人阶级的集中过程。参阅 Вопросы источниковедения истории первой русской революции. М., 1977。Б. Н. 瓦西里耶夫在确定 19 世纪末 20 世纪初欧俄工厂无产阶级人数和区域分布时，将上述单独列出的每个企业的数据核算原则作为基础。

第一章 19世纪末20世纪初工业生产的增长和集中

为了验证在研究《动态》数据时,我们对19世纪末20世纪初俄国集中过程的一般观察,比较1890年和1900年按产值划分的工业企业分组情况是很有意义的。表14是对1890年《欧俄工厂索引》[①]和1900年的《工厂一览表》的数据进行这种比较的尝试。比较这两个文献有一定的困难,因为19世纪90年代俄国工业的快速发展导致行业结构的重大变化,其结果是上述文献中出现按生产进行企业分组的不同原则。此外,这些文献覆盖的不是同一个地域。由于《工厂一览表》中关于欧俄的工业信息不包括波兰王国和北高加索地区,1900年《工厂一览表》中数据已经做了相应的修正,在一定程度上解释了这些数据与表11至表14中数字之间的差异,特别是对于酿酒业和啤酒酿造业。尽管如此,表14证实了根据《动态》资料所得出的研究结论。

90年代,大多数制造业部门中,工厂总数急剧减少,产值为10万卢布及以上的大企业数量大幅增加。同时,表14补充和澄清了根据《动态》数据形成的认识。棉纺织业巨型企业的快速增长并不排除该行业中存在大量的小企业。而金属加工业中,小企业的数量优势增强,同时巨型工厂的数量也大大增加。

值得注意的是,酿酒业也出现了一种生产分散现象,这与上面得出的结论完全一致,特别是,如果考虑到葡萄酒生产最发达的地区位于未计入表14的波兰王国。该行业中大型企业的数量缩减至原来的1/5,特大型企业减少至原来的1/7。很可能,这是沙皇政府支持地主酿酒政策的结果,特别是1895~1896年政府引入的官营酒垄断政策。

现在让我们研究一下表15至表19中列出的1900年和1908年《工厂一览表》数据处理的结果。需要指出的是,这些表中列出的工业企业分组时,如果一个所有者(个人或集体)拥有同一行业的多家企业,那么

---

① Орлов П. А., Будагов С. Г. Указатель фабрик и заводов Европейской России. СПБ., 1894.

计入它们的总产值。因此，得出的数据描述了将工业企业集中到自己手中的大型资本主义企业在俄国工业中的占比。这些表格中给出的工厂工业各行业产值是以1900年和1908年工业普查结果的统计刊物为基础的。

如表15所示，表中包含了纺织业部门信息。关于棉纺织业生产的数据，需要说明一下。《动态》中列出的1900年和1908年该部门的产值和企业数量指标低于工业普查资料中相应年份的产值和分销办事处数量。促使《动态》编者将分销办事处排除在棉纺织业生产工业企业之外，并将其留在纺织业其他部门的想法，我们不得而知。同时其中一些分销办事处的产值超过10万卢布，把它们排除在外一定程度上影响了整体指标。因此，为了准确起见，表15中的棉纺织业生产给出了两列指标：Ⅰ——不计入分销办事处和Ⅱ——计入分销办事处。

表15中描述的俄国工业的最大行业——棉纺织业有关的情况，是非常有趣的。小型企业在1900年和1908年占企业总数的一半以上，在生产中发挥的作用微不足道。总产值的2/3以上属于产值300万卢布及以上的特大型企业。但由于这类企业的数量很大，而且有增长的趋势，在全国范围内达成垄断协议的可能性几乎不存在。毛纺织业和麻纺织业也应该如此。在更大程度上，这种协议的条件形成于丝织业，1908年丝织业中两个特大型企业约占生产总值的1/4，7个特大型企业约占总产值的一半。但需要注意的是，纺织业产品种类繁多，而且历史上地区性企业集团划分了各自的市场，由此形成竞争格局，这为局部、地区或专门性垄断联盟的形成提供了条件。

表16列出了硅酸盐工业各部门的数据。就制砖和陶器生产而言[①]，它们证明了上述结论的正确性和小企业在该行业的主导地位。1900~1908年，这里大型企业的占比甚至有所下降，而各企业产值的极小增长，可

---

① 这里笔者将它们归为一组，因为《工厂一览表》中的信息不足以将企业分为这两个分支。

第一章　19世纪末20世纪初工业生产的增长和集中

能是靠小型企业规模的扩大实现的。

玻璃工业中大型企业的数量显著增加。它们在总产值中的占比增加了，但同时每个企业的占比下降了。由于玻璃工业的产品非常多样化，而且对于某些类型的产品（镜面玻璃、玻璃板）而言，存在个别工厂的专业化，这里也可能出现有利于垄断性联合公司产生的情况。

硅酸盐工业部门中，在生产集中水平上，水泥和陶瓷业表现突出。如上所述，水泥行业中长期存在生产的高度集中，1900~1908年情况变化不大。尽管水泥行业的生产集中也许不足以达成全俄垄断协议，但考虑到由于产品的远距离运输无利可图，产品销售市场自然分离，必须考察地区范围内特大型企业间的力量对比关系。

陶瓷业存在双寡头——M. C. 库兹涅佐夫和 И. E. 库兹涅佐夫垄断公司，前者明显占主导地位。

表17包含了化学工业和木材加工业的相关数据。基础化学、油漆、化妆品和药品生产不得不合并在一起，尽管这会导致指标平均化。然而《工厂一览表》中的信息并不能根据这些部门将企业进行充分明确的划分。此外，1900年和1908年的工业普查资料中，化学工业的某些分组构成也发生了变化。特别是，药品生产在1900年普查资料中被归为基础化学品，1908年的普查资料中被列入化妆品生产。由于我们根据性质对化学工业不同部门的数据进行了强制整合，尽管表16的数据证明了1900~1908年充分而又增强的生产集中，但仍需按产品类型细化。

至于橡胶工业，到1910年初，这里一个公司的垄断被"三角形"和"带路人"两个公司的垄断取代。

造纸工业中，1900~1908年生产集中明显向前发展。然而这里和其他一些行业一样，特大型企业占比显著增加，其数量也同样快速增加。

如上所述，木胶板工业的有关数据表明，小型企业快速增长的同时，大型企业也在发展，正因如此，1900~1908年各企业产值出现下降。

表18呈现了俄国工业非常重要的两个行业——金属加工业和面粉业。金属加工业中，大型企业仅占总数的1/4左右，小型企业仅占总产值的10%。俄国工业中，产值超过500万卢布的巨型企业得到充分发展的行业不多，金属加工业属于此列。有趣的是，1900~1908年这类企业的数量急剧增加，但在行业总产值中的占比增加不多。主要的运输机器制造工厂都集中在大型企业组。

如果说金属加工业中，尽管大型和特大型企业数量增加了，但1900~1908年它们的地位变化不大，那么在此期间面粉工业中小企业和大企业间的力量关系发生了重大变化。1900年小企业占面粉业企业总数的70%左右，而1908年则占60%左右，同时它们在总产值中的比重从31.9%下降到7.0%。产值超过100万卢布的企业数量增加了4倍多，1908年它们占到产值的一半以上。从这些数据来看，面粉行业显然值得垄断研究者更多的关注。

表19合并了生产应缴消费税产品的最大部门。这些部门企业属于消费税局管辖，直到1908年，才被计入工厂统计。因此，关于它们的数据只列出了1908年的。这些部门中，甜菜制糖业和石油精炼两个行业的生产高度集中。与甜菜制糖业相比，石油精炼行业中为数更少的巨型企业占主导地位。

关于烟草业，应该指出，与其他行业的产值一样，表19列出的产值是以《1908年帝俄制造工厂工业的统计信息》（以下简称《统计信息》）为基础进行计算的，与表12中的同年烟草业产值有很大不同，后者来自《动态》未发表部分。有趣的是，《动态》第二部分中，编者援引了摘自《统计信息》的金额，但准备第四部分，即未发表部分时，却进行了更正，可能是额外考虑了消费税。由于笔者在表19中使用的金额是将各单独企业的产出额数据相加而成，所以它非常适用于确定大型企业在烟草业中的比重。这里也出现了生产的高度集中。应该注意，烟草企业分为两类：一类是生产高端烟草产品的企业，主要是大型企业；另一类是从事黄

第一章 19世纪末20世纪初工业生产的增长和集中

表14 1890年和1900年俄国各生产部门企业数量

单位：家，万卢布

部门	1890年 企业产出总额								1900年 企业产出总额							
	0.2及以上	1及以上	10及以上	10~50	50~100	100~200	200~500	500及以上	0.2及以上	1及以上	10及以上	10~50	50~100	100~200	200~500	500及以上
棉纺织	476	383	160	62	30	31	30	7	406	332	196	68	27	43	42	16
毛纺织	736	579	166	131	25	7	3	—	526	398	162	108	35	13	6	—
麻纺织	166	107	46	24	17	4	1	—	148	122	67	38	15	11	3	—
丝织	233	179	31	26	4	1	—	—	193	148	45	37	4	2	2	—
染色,填料和装饰	396	238	78	41	15	10	7	5	198	181	94	53	11	14	11	5
绳索和麻线	240	125	9	7	2	—	—	—	232	181	24	19	4	1	—	—
造纸和纸制品	223	196	47	38	6	3	—	—	340	271	86	66	9	9	2	—
木材加工	883	571	74	70	3	1	—	—	1144	911	208	181	23	4	3	—
皮革	1759	890	58	51	6	1	—	—	760	553	108	92	10	3	3	—
其他动物产品加工	1077	598	55	44	5	4	2	—	286	233	70	57	5	6	1	1
酿酒和伏特加酒	1816	1808	845	737	84	18	5	1	1630	1440	151	136	10	3	1	1
啤酒酿造	703	508	38	33	4	—	1	—	205	188	56	47	4	2	3	—
甜菜制糖	202	202	198	117	54	12	9	6	235	235	234	64	104	46	8	12
烟草	281	272	65	49	9	3	3	1	171	168	95	63	16	9	7	—
火柴	261	177	8	8	—	1	—	—	98	66	21	21	—	—	—	—
化工	377	250	53	42	10	—	—	—	240	209	90	71	10	7	2	—
陶器,瓷器和玻璃	422	304	36	33	3	—	—	—	317	271	81	73	5	2	1	—
砖,石灰和水泥	1263	364	15	12	3	—	—	—	902	590	57	49	5	3	—	—
金属加工	1120	811	141	97	16	14	11	3	1448	1167	355	263	40	23	20	9

· 101 ·

俄国金融资本的形成

表 15　1900 年和 1908 年俄国纺织业的生产集中情况

部门	年份		总产出额（千卢布）	企业数量（家）	其中企业产出额（万卢布）									
					10 反以上			50 反以上						
					企业数量（家）	产出额（千卢布）	占比（%）	企业数量（家）	产出额（千卢布）	占比（%）				
棉纺织	1900	I*	526065.7	261		520989.5	99.0	165	498953.5	94.8				
	1908	II**	531273.0	273		523254.2	98.5			93.9				
	1900	I*	886101.8	315		867441.3	97.9	201	838769.6	94.7				
	1908	II**	891458.8	320		868372.0	97.4			94.1				
毛纺织	1900		180336.5	281		165479.3	91.8	100	123523.8	68.5				
	1908		240501.7	301		215036.2	89.4	107	172042.3	71.5				
丝织	1900		31005.5	57		24300.3	78.4	10	15498.7	50.0				
	1908		37545.6	58		31427.7	83.7	12	22172.0	59.0				
麻纺织	1900		66905.0	98		65126.2	97.3	39	52326.3	78.2				
	1908		94303.8	82		89353.0	94.7	41	79960.1	84.8				

部门	年份		总产出额（千卢布）	其中企业产出额（万卢布）									
				100 反以上			300 反以上			500 反以上			1000 反以上		
				企业数量（家）	产出额（千卢布）	占比（%）	企业数量（家）	产出额（千卢布）	占比（%）	企业数量（家）	产出额（千卢布）	占比（%）	企业数量（家）	产出额（千卢布）	占比（%）
棉纺织	1900	I*	526065.7	119	465626.3	88.5	58	352814.6	67.1	26	230713.2	43.9	10	118995.9	22.6
	1908	II**	531273.0			87.6			66.4			43.4			22.4
	1900	I*	886101.8	168	818840.7	92.4	97	695400.7	78.5	61	554806.1	62.6	15	295247.7	33.3
	1908	II**	891458.8			91.8			78.0			62.2			33.1

第一章 19世纪末20世纪初工业生产的增长和集中

续表

部门	年份	总产出额（千卢布）	其中企业产出额（万卢布）									
			100及以上			300及以上			500及以上			1000及以上		
			企业数量（家）	产出额（千卢布）	占比（%）	企业数量（家）	产出额（千卢布）	占比（%）	企业数量（家）	产出额（千卢布）	占比（%）	企业数量（家）	产出额（千卢布）	占比（%）
毛纺织	1900	180336.5	41	88580.9	49.1	7	31859.6	17.7	1	7675.7	4.3	—	—	—
	1908	240501.7	65	141567.1	58.9	12	51719.6	21.5	2	13116.6	5.4	—	—	—
丝织	1900	31005.5	6	12662.1	40.8	1	4947.3	16.0	—	—	—	—	—	—
	1908	37545.6	7	18427.4	49.1	2	8731.9	23.3	1	5311.9	14.1	—	—	—
麻纺织	1900	66905.0	19	38352.6	57.3	2	11541.6	17.2	1	7488.3	11.2	—	—	—
	1908	94303.8	28	69737.4	73.9	8	35511.2	37.6	1	9853.0	10.4	—	—	—

* Ⅰ 不计入分销办事处，** Ⅱ 计入分销办事处。

表16 1900年和1908年俄国硅酸盐工业的生产集中情况

部门	年份	总产出额（千卢布）	其中企业的产出额（万卢布）							
			10及以上			50及以上			100及以上			300及以上
			企业数量（家）	产出额（千卢布）	占比（%）	企业数量（家）	产出额（千卢布）	占比（%）	企业数量（家）	产出额（千卢布）	占比（%）
制砖和陶器	1900	26724.5	51	9132.5	34.2	2	1156.1	4.3	—	—	—
	1908	22239.1	37	2181.5	9.8	1	556.5	2.5	—	—	—

· 103 ·

俄国金融资本的形成

续表

部门	年份	总产出额（千卢布）	10家及以上 企业数量（家）	10家及以上 产出额（千卢布）	10家及以上 占比（%）	50家及以上 企业数量（家）	50家及以上 产出额（千卢布）	50家及以上 占比（%）	100家及以上 企业数量（家）	100家及以上 产出额（千卢布）	100家及以上 占比（%）	300家及以上 企业数量（家）	300家及以上 产出额（千卢布）	300家及以上 占比（%）
玻璃	1900	25360.8	64	18931.9	74.6	5	6003.2	23.7	2	3932.4	15.5	—	—	—
玻璃	1908	33601.1	90	27240.9	81.1	12	11630.9	34.6	4	6812.3	20.3	—	—	—
水泥	1900	14294.1	30	13650.6	95.5	10	9811.5	68.6	5	6625.3	46.3	—	—	—
水泥	1908	16135.9	27	16053.9	99.5	12	12378.3	76.7	5	7469.4	46.3	—	—	—
陶瓷	1900	8606.4	14	7963.3	92.5	2	5626.3	65.4	1	4663.8	54.2	—	—	—
陶瓷	1908	11589.7	15	10934.2	94.3	2	8431.9	72.7	2	8431.9	72.7	1	6276.7	54.2

表17 1900年和1908年俄国化学工业和木材加工业的生产集中情况

部门	年份	总产出额（千卢布）	10家及以上 企业数量（家）	10家及以上 产出额（千卢布）	10家及以上 占比（%）	50家及以上 企业数量（家）	50家及以上 产出额（千卢布）	50家及以上 占比（%）	100家及以上 企业数量（家）	100家及以上 产出额（千卢布）	100家及以上 占比（%）	300家及以上 企业数量（家）	300家及以上 产出额（千卢布）	300家及以上 占比（%）	500家及以上 企业数量（家）	500家及以上 产出额（千卢布）	500家及以上 占比（%）	1000家及以上 企业数量（家）	1000家及以上 产出额（千卢布）	1000家及以上 占比（%）
木胶板	1900	71079.9	165	48431.1	68.1	22	18355.7	25.8	4	5327.5	7.5	—	—	—	—	—	—	—	—	—
木胶板	1908	89778.8	204	62726.5	69.9	32	26261.1	29.2	6	8052.8	9.0	—	—	—	—	—	—	—	—	—
造纸	1900	42939.6	62	36821.8	85.7	20	26666.4	62.1	11	20100.4	46.8	—	—	—	—	—	—	—	—	—
造纸	1908	71407.0	82	60088.2	84.1	35	49949.7	69.9	18	38278.4	53.6	3	15049.3	21.1	—	—	—	—	—	—

第一章 19世纪末20世纪初工业生产的增长和集中

续表

部门	年份	总产出额（千卢布）	10及以上 企业数量（家）	10及以上 产出额（千卢布）	10及以上 占比（%）	50及以上 企业数量（家）	50及以上 产出额（千卢布）	50及以上 占比（%）	100及以上 企业数量（家）	100及以上 产出额（千卢布）	100及以上 占比（%）	300及以上 企业数量（家）	300及以上 产出额（千卢布）	300及以上 占比（%）	500及以上 企业数量（家）	500及以上 产出额（千卢布）	500及以上 占比（%）	1000及以上 企业数量（家）	1000及以上 产出额（千卢布）	1000及以上 占比（%）
化工	1900	54414.0	120	47546.7	87.4	23	25589.7	47.0	10	16346.1	30.0	—	—	—	—	—	—	—	—	—
化工	1908	90781.6	137	83937.5	92.5	40	60896.7	67.1	21	47728.9	52.6	3	16705.3	18.4	—	—	—	—	—	—
橡胶	1900	28140.8	5	28053.2	99.7	4	27922.5	99.2	3	27325.5	97.1	2	25254.1	89.7	2	25254.1	89.7	1	18343.5	65.2
橡胶	1908	64797.9	5	64797.9	100.0	5	64797.9	100.0	4	64112.9	98.9	2	60366.7	93.2	2	60366.7	93.2	2	60366.7	93.2

表18 1900年和1908年金属加工业和面米业的生产集中情况

部门	年份	总产出额（千卢布）	10及以上 企业数量（家）	10及以上 产出额（千卢布）	10及以上 占比（%）	50及以上 企业数量（家）	50及以上 产出额（千卢布）	50及以上 占比（%）	100及以上 企业数量（家）	100及以上 产出额（千卢布）	100及以上 占比（%）	300及以上 企业数量（家）	300及以上 产出额（千卢布）	300及以上 占比（%）	500及以上 企业数量（家）	500及以上 产出额（千卢布）	500及以上 占比（%）	1000及以上 企业数量（家）	1000及以上 产出额（千卢布）	1000及以上 占比（%）
面粉	1900	234870.1	442	159929.9	68.1	106	83619.9	35.6	41	78610.2	33.5	6	25816.6	11.0	1	5182.5	2.2	—	—	—
面粉	1908	450549.4	538	422434.1	93.8	229	324811.2	72.1	221	247775.7	55.0	15	82809.0	18.4	8	54696.0	12.1	—	—	—
金属加工	1900	373593.8	438	330285.4	88.4	128	265790.0	71.1	72	223716.5	59.9	39	170871.7	45.7	12	106654.3	28.5	4	531122.1	14.2
金属加工	1908	428770.0	501	376634.4	87.8	152	304927.6	71.1	87	262753.0	61.3	28	173036.0	40.4	18	139249.1	32.5	3	35569.8	8.3

俄国金融资本的形成

表19 1908年应缴消费税工业部门的生产集中情况

部门	总产出额（千卢布）	10及以上 企业数量（家）	10及以上 产出额（千卢布）	10及以上 占比（%）	50及以上 企业数量（家）	50及以上 产出额（千卢布）	50及以上 占比（%）	100及以上 企业数量（家）	100及以上 产出额（千卢布）	100及以上 占比（%）	300及以上 企业数量（家）	300及以上 产出额（千卢布）	300及以上 占比（%）	500及以上 企业数量（家）	500及以上 产出额（千卢布）	500及以上 占比（%）	1000及以上 企业数量（家）	1000及以上 产出额（千卢布）	1000及以上 占比（%）
酿酒*	123937.2	197	55643.3	44.9	18	19272.9	15.5	7	12382.6	10.0	—	—	—	—	—	—	—	—	—
甜菜制糖	288399.7	243	288399.7	100.0	151	264640.0	91.8	50	195410.9	67.8	22	151107.2	52.4	11	112306.5	38.9	4	55574.2	19.3
烟草	57583.8	87	52760.3	91.6	33	40914.4	71.1	15	28440.2	49.4	2	7141.6	12.4	—	—	—	—	—	—
火柴	10233.3	26	7972.5	77.9	4	3462.5	33.8	1	1473.0	14.4	—	—	—	—	—	—	—	—	—
石油精炼	94947.8	32	93053.3	98.0	27	92149.5	97.0	24	89574.5	94.3	10	65838.0	69.3	3	33943.7	35.7	1	22130.3	23.3

* 包括酿酒厂、酵母厂、酒精提纯厂、甜烧酒厂和葡萄酒-白兰地工厂。

花烟生产的企业，主要是小型企业。第一类企业的生产集中水平应该比整个烟草行业还要高。

至于酿酒和火柴生产，表19中的数据清晰明了，无须解释。

由于所谓"混合材料"和"动物产品"的加工生产极为复杂，关于它们的总体数据并不能说明问题。正如我们所见，这两个行业整体上都没有生产高度集中的特点，但在"动物产品"加工生产中，由5家巨型企业团体主导的硬质蜡烛生产在这方面非常突出。

1908年的《工厂一览表》也包括石油开采业的数据。但采矿业的统计资料更便于研究石油开采业。《工厂一览表》和工业普查资料在这方面存在劣势。

现在让我们来谈谈采矿和冶金工业。表20、表21和表23至表27根据1900年和1908年的《俄国采矿和冶金工业统计数据汇编》绘制而成。由于与80~90年代初相比，该汇编的结构变化不大，我们能将1900年汇编数据处理的结果与笔者发表的根据1890年该汇编绘制的表格进行比较。

表20　1890年和1900年巴库地区石油开采的集中情况

石油开采公司分组（万普特）	1900年 公司数量（家）	石油开采量（千普特）	占比（%）	1908年 公司数量（家）	石油开采量（千普特）	占比（%）
低于10	12	447.6	0.2	26	1138.6	0.2
10~50	17	4571.9	2.0	33	9775.5	1.6
50~100	8	5867.6	2.6	26	19575.7	3.3
100及以上	33	217192.8	95.2	67	570703.2	94.9
其中						
100~300	16	27482.5	12.1	34	62740.7	10.4
300~500	6	24443.9	10.7	9	33286.9	5.5
500~1000	3	20360.1	8.9	11	71845.4	12.0
1000及以上	8	144906.3	63.5	13	402830.2	67.0
其中						
诺贝尔兄弟公司	—	45188.9	19.8	—	86422.7	14.4
总计	70	228079.9	100.0	152	601193.0	100.0

俄国金融资本的形成

表21　1900年和1908年巴库地区石油开采的集中情况

石油开采公司分组（万普特）	1900年 公司数量（家）	1900年 石油开采量（千普特）	1900年 占比（%）	1908年 公司数量（家）	1908年 石油开采量（千普特）	1908年 占比（%）
低于10	26	1138.6	0.2	23	1087.6	0.2
10~50	33	9775.5	1.6	43	13121.7	2.8
50~100	26	19575.7	3.3	25	16918.4	3.7
100及以上	67	570703.2	94.9	57	433211.3	93.3
其中						
100~500	43	96027.6	16.0	30	61975.4	13.3
500~1000	11	71845.4	12.0	13	92397.7	19.9
1000~3000	7	112752.3	18.7	12	182907.8	39.4
3000~5000	4	144970.8	24.1	1	34384.3	7.4
5000及以上	2	145107.1	24.1	1	61546.1	13.3
其中						
诺贝尔兄弟公司	—	86422.7	14.4	—	61546.1	13.3
总计	152	601193.0	100.0	148	464339.0	100.0

表22　1908年巴库地区炼油企业的生产集中情况

按公司产出分组（万卢布）	公司数量（家）	产值（千卢布）	占比（%）
10及以上	81	94389.6	97.2
50及以上	35	84325.4	86.8
100及以上	25	76675.9	78.9
300及以上	7	43186.7	44.5
500及以上	5	36464.6	37.5
1000及以上	1	12807.8	13.2
其中			
诺贝尔兄弟公司	—	12807.8	13.2
总计	156	97114.4	100.0

第一章 19世纪末20世纪初工业生产的增长和集中

表23 1890年和1900年俄国主要采煤区煤炭开采的集中情况

按公司开采量分组（万普特）	莫斯科近郊矿区 公司数量（家）	莫斯科近郊矿区 开采量（千普特）	莫斯科近郊矿区 占比（%）	顿巴斯煤田 公司数量（家）	顿巴斯煤田 开采量（千普特）	顿巴斯煤田 占比（%）	波兰 公司数量（家）	波兰 开采量（千普特）	波兰 占比（%）	乌拉尔 公司数量（家）	乌拉尔 开采量（千普特）	乌拉尔 占比（%）
1890年												
低于10	2	76.0	0.9	43	1103.2	0.7	2	29.0	0.0	2	1.2	0.0
10~50	2	441.4	5.3	28	6787.8	4.6	1	287.1	0.2	—	—	—
50~100	2	1436.7	17.4	9	7047.8	4.8	1	641.1	0.4	—	—	—
100及以上	4	6312.2	76.4	23	131827.3	89.9	10	148629.5	99.4	4	15105.9	100.0
其中 100~300	4	6312.2	76.4	13	22314.0	15.2	2	4501.4	3.0	1	2908.2	19.2
300~500	—	—	—	2	7916.0	5.4	2	7568.0	5.0	3	12197.7	80.8
500~1000	—	—	—	3	22401.1	15.3	1	8783.5	5.9	—	—	—
1000及以上	—	—	—	5	79195.4	54.0	5	127776.6	85.5	—	—	—
总计	10	8266.3	100.0	103	146766.1	100.0	14	149586.7	100.0	6	15107.1	100.0
1900年												
低于10	—	—	—	22+x	13789.4	2.3	1	39.5	0.0	1	1.0	0.0
10~50	3	2355.5	13.9	27	6774.7	1.1	1	471.3	0.2	—	114.0	0.5
50~100	6	14567.7	86.1	12	7811.5	1.3	1	701.1	0.3	5	737.8	3.3
100及以上	—	—	—	51	571377.1	95.3	12	245181.8	99.5	3	21424.1	96.2
其中 100~300	5	8382.3	49.5	17	27830.3	4.6	2	4364.0	1.8	3	3809.5	17.1
300~500	—	—	—	8	29060.0	4.9	1	3341.0	1.4	—	—	—
500~1000	1	6185.4	36.6	10	75254.8	12.6	2	12180.7	4.9	1	5341.2	24.0
1000及以上	—	—	—	16	439232.0	73.2	7	225296.1	91.4	1	12273.4	55.1
总计	9	16923.2	100.0	112+x	599752.7	100.0	15	246393.7	100.0	8	22276.9	100.0

俄国金融资本的形成

表 24 1900年和1908年俄国主要采煤区煤炭开采的集中情况

1900年

按公司开采量分组（万普特）	莫斯科近郊煤矿 公司数量（家）	莫斯科近郊煤矿 开采量（千普特）	莫斯科近郊煤矿 占比（%）	顿巴斯煤田 公司数量（家）	顿巴斯煤田 开采量（千普特）	顿巴斯煤田 占比（%）	波兰 公司数量（家）	波兰 开采量（千普特）	波兰 占比（%）	乌拉尔 公司数量（家）	乌拉尔 开采量（千普特）	乌拉尔 占比（%）
低于10	—	—	—	22+X	13789.4	2.3	1	39.5	0.0	1	1.0	0.0
10~100	3	2355.5	13.9	39	14586.2	2.4	2	1172.4	0.5	2	851.8	3.8
100~500	5	8382.3	49.5	25	56890.3	9.5	3	7705.0	3.2	3	3809.5	17.1
500~1000	1	6185.4	36.6	10	75254.8	12.6	2	12180.7	4.9	1	5341.2	24.0
1000~2000	—	—	—	5	77290.0	12.9	2	34259.1	13.9	1	12273.4	55.1
2000~5000	—	—	—	10	304772.1	50.8	4	121303.2	49.2	—	—	—
5000及以上	—	—	—	1	57169.9	9.5	1	69733.8	28.3	—	—	—
总计	9	16923.2	100.0	112+X	599752.7	100.0	15	246393.7	100.0	8	21424.1	100.0

1908年

按公司开采量分组（万普特）	莫斯科近郊煤矿 公司数量（家）	莫斯科近郊煤矿 开采量（千普特）	莫斯科近郊煤矿 占比（%）	顿巴斯煤田 公司数量（家）	顿巴斯煤田 开采量（千普特）	顿巴斯煤田 占比（%）	波兰 公司数量（家）	波兰 开采量（千普特）	波兰 占比（%）	乌拉尔 公司数量（家）	乌拉尔 开采量（千普特）	乌拉尔 占比（%）
低于10	2	85.0	0.6	15+X	7413.2	0.8	2	72.3	0.0	4	157.8	0.3
10~100	5	3092.6	21.9	45	17336.3	1.8	4	981.8	0.3	2	1442.0	3.2
100~500	1	3998.7	28.4	33	71045.4	7.6	7	14455.4	4.4	3	7827.2	17.5
500~1000	1	6920.4	49.1	11	77146.1	8.2	1	6754.5	2.0	—	—	—
1000~2000	—	—	—	13	188435.9	20.1	2	29609.6	8.9	—	—	—
2000~5000	—	—	—	7	250494.1	26.7	6	208678.2	62.9	1	35360.6	79.0
5000及以上	—	—	—	6	327142.2	34.8	1	71229.6	21.5	—	—	—
总计	9	14096.7	100.0	130+x	939013.2	100.0	23	331781.4	100.0	10	44787.6	100.0

第一章 19世纪末20世纪初工业生产的增长和集中

表25 1890年、1900年和1908年俄国主要工业区生铁的生产集中情况

按公司熔炼量分组（万普特）	乌拉尔 公司数量（家）	乌拉尔 熔炼量（千普特）	乌拉尔 占比（%）	波兰 公司数量（家）	波兰 熔炼量（千普特）	波兰 占比（%）	俄国南部 公司数量（家）	俄国南部 熔炼量（千普特）	俄国南部 占比（%）
\multicolumn{10}{c}{1890年}									
低于10	3	137.8	0.6	4	252.0	4.4	12	715.4	9.2	5	189.6	1.4
10~50	41	14031.8	58.4	19	3465.9	60.2	7	2003.1	25.8	1	447.6	3.3
50~100	10	10771.0	32.1	3	2035.8	35.4	2	1575.9	19.5	—	—	—
100及以上	2	2141.9	8.9	—	—	—	1	3534.4	45.5	3	12780.4	95.3
总计	56	24012.5	100.0	26	5753.7	100.0	22	7768.8	100.0	9	13417.6	100.0
\multicolumn{10}{c}{1900年}									
低于10	—	—	—	6	298.3	2.1	9	317.1	1.7	3	106.3	0.1
10~50	3	610.5	1.4	13	2959.2	20.7	3	847.7	4.7	1	282.0	0.3
50~100	8	5444.7	12.4	2	1517.4	10.6	1	556.4	3.1	2	1845.0	2.0
100及以上	18	37913.7	86.2	5	9546.1	66.6	6	16349.7	90.5	14	89705.0	97.6
其中 100~300	15	26650.5	60.6	4	5701.1	39.8	4	7316.2	40.5	3	6938.8	7.6
300~500	2	6158.4	14.0	1	3845.0	26.8	1	3104.2	17.2	5	22104.9	24.0
500~1000	1	5104.8	11.6	—	—	—	1	5929.3	32.8	4	31023.5	33.8
1000及以上	—	—	—	—	—	—	—	—	—	2	29637.8	32.2
总计	29	43968.9	100.0	26	14321.0	100.0	19	18070.9	100.0	20	91938.3	100.0

· 111 ·

俄国金融资本的形成

续表

1908年

按公司熔炼量分组（万普特）	乌拉尔 公司数量（家）	乌拉尔 熔炼量（千普特）	乌拉尔 占比（%）	公司数量（家）	熔炼量（千普特）	占比（%）	波兰 公司数量（家）	波兰 熔炼量（千普特）	波兰 占比（%）	俄国南部 公司数量（家）	俄国南部 熔炼量（千普特）	俄国南部 占比（%）
低于10	1	49.5	0.2	3	151.8	2.8	—	—	—	—	—	—
10~50	3	1377.9	4.5	7	2109.2	38.2	1	290.6	2.4	—	—	—
50~100	6	4097.6	13.5	3	2089.9	37.9	—	—	—	—	—	—
100及以上	13	24826.7	81.8	1	1166.0	21.1	5	11996.5	97.6	12	117520.2	100.0
其中 100~300	11	16236.9	53.5	1	1166.0	21.1	3	4578.4	37.2	—	—	—
300~500	2	8589.8	28.3	—	—	—	2	7418.1	60.4	2	6186.2	5.3
500~1000	—	—	—	—	—	—	—	—	—	5	36406.5	31.0
1000及以上	—	—	—	—	—	—	—	—	—	5	74927.5	63.7
总计	23	30351.7	100.0	14	5516.9	100.0	6	12287.1	100.0	12	117520.2	100.0

第一章 19世纪末20世纪初工业生产的增长和集中

表26 1900年和1908年俄国主要工业区钢的生产集中情况

冶金工厂的半成品产量（万普特）

1900年

地区	低于10 工厂数量（家）	低于10 产量（千普特）	低于10 占比（%）	10~50 工厂数量（家）	10~50 产量（千普特）	10~50 占比（%）	50~100 工厂数量（家）	50~100 产量（千普特）	50~100 占比（%）	100~300 工厂数量（家）	100~300 产量（千普特）	100~300 占比（%）	300~500 工厂数量（家）	300~500 产量（千普特）	300~500 占比（%）	500~1000 工厂数量（家）	500~1000 产量（千普特）	500~1000 占比（%）	1000及以上 工厂数量（家）	1000及以上 产量（千普特）	1000及以上 占比（%）	总计 工厂数量（家）	总计 产量（千普特）	总计 占比（%）
乌拉尔	—	—	—	4	1313.7	8.1	5	3566.7	22.0	3	4773.5	29.5	2	6549.2	40.4	—	—	—	—	—	—	14	16203.1	100.0
莫斯科河畔区	1	10.5	0.0	1	236.0	1.5	1	875.7	5.5	4	8058.7	50.6	2	6746.2	42.4	—	—	—	—	—	—	9	15927.1	100.0
北方和西北	—	—	—	—	—	—	1	851.0	9.1	2	2742.7	29.5	—	—	—	1	5717.2	61.4	—	—	—	4	9310.9	100.0

· 113 ·

俄国金融资本的形成

续表

冶金工厂的半成品产量（万普特）

1900年

地区	低于10 工厂数量(家)	低于10 产量(千普特)	低于10 占比(%)	10~50 工厂数量(家)	10~50 产量(千普特)	10~50 占比(%)	50~100 工厂数量(家)	50~100 产量(千普特)	50~100 占比(%)	100~300 工厂数量(家)	100~300 产量(千普特)	100~300 占比(%)	300~500 工厂数量(家)	300~500 产量(千普特)	300~500 占比(%)	500~1000 工厂数量(家)	500~1000 产量(千普特)	500~1000 占比(%)	1000及以上 工厂数量(家)	1000及以上 产量(千普特)	1000及以上 占比(%)	总计 工厂数量(家)	总计 产量(千普特)	总计 占比(%)
波兰	—	—	—	2	723.6	4.0	2	1383.3	7.7	2	2993.3	16.6	—	—	—	2	12886.8	71.7	—	—	—	8	17987.0	100.0
南方	1	40.0	0.0	1	189.9	0.3	1	642.6	0.9	6	10387.6	14.7	2	7817.6	11.1	4	27693.8	39.2	2	23905.6	33.8	17	70677.1	100.0
总计	2	50.5	0.0	8	2463.2	1.9	10	7319.3	5.6	17	28955.8	22.3	6	21113.0	16.2	7	46297.8	35.6	2	23905.6	18.4	52	130105.2	100.0

1908年

地区	低于10 工厂数量(家)	低于10 产量(千普特)	低于10 占比(%)	10~50 工厂数量(家)	10~50 产量(千普特)	10~50 占比(%)	50~100 工厂数量(家)	50~100 产量(千普特)	50~100 占比(%)	100~300 工厂数量(家)	100~300 产量(千普特)	100~300 占比(%)	300~500 工厂数量(家)	300~500 产量(千普特)	300~500 占比(%)	500~1000 工厂数量(家)	500~1000 产量(千普特)	500~1000 占比(%)	1000及以上 工厂数量(家)	1000及以上 产量(千普特)	1000及以上 占比(%)	总计 工厂数量(家)	总计 产量(千普特)	总计 占比(%)
乌拉尔	1	2.9	0.0	—	—	—	2	1656.7	5.5	10	16863.7	55.6	3	11793.5	38.9	—	—	—	—	—	—	16	30316.2	100.0
莫斯科河畔区	—	—	—	—	—	—	—	—	—	4	7389.1	51.5	—	—	—	1	6957.1	48.5	—	—	—	5	14346.2	100.0

第一章 19世纪末20世纪初工业生产的增长和集中

续表

冶金工厂的半成品产量（万普特）

1900年

地区	低于10 工厂数量(家)	低于10 产量(千普特)	低于10 占比(%)	10~50 工厂数量(家)	10~50 产量(千普特)	10~50 占比(%)	50~100 工厂数量(家)	50~100 产量(千普特)	50~100 占比(%)	100~300 工厂数量(家)	100~300 产量(千普特)	100~300 占比(%)	300~500 工厂数量(家)	300~500 产量(千普特)	300~500 占比(%)	500~1000 工厂数量(家)	500~1000 产量(千普特)	500~1000 占比(%)	1000及以上 工厂数量(家)	1000及以上 产量(千普特)	1000及以上 占比(%)	总计 工厂数量(家)	总计 产量(千普特)	总计 占比(%)
北方和西北	—	—	—	—	—	—	1	712.1	13.0	2	4763.7	87.0	—	—	—	—	—	—	—	—	—	3	5475.8	100.0
波兰	1	10.3	0.0	—	—	—	1	630.7	3.0	4	7373.0	34.6	2	7741.7	36.4	1	5524.1	26.0	—	—	—	9	21279.8	100.0
南方	—	—	—	—	—	—	—	—	—	2	4206.2	4.9	3	12229.1	14.2	6	45619.4	53.0	2	24037.2	27.9	13	86091.9	100.0
总计	2	13.2	0.0	—	—	—	4	2998.9	1.9	22	40595.7	25.8	8	31764.3	20.2	8	58100.6	36.9	2	24037.2	15.2	46	157509.9	100.0

· 115 ·

俄国金融资本的形成

表 27 1900 年和 1908 年俄国主要工业区钢的成品产量（万普特）生产集中情况

1900 年

地区	低于10 工厂数量（家）	低于10 产量（千普特）	低于10 占比(%)	10~50 工厂数量（家）	10~50 产量（千普特）	10~50 占比(%)	50~100 工厂数量（家）	50~100 产量（千普特）	50~100 占比(%)	100~300 工厂数量（家）	100~300 产量（千普特）	100~300 占比(%)	300~500 工厂数量（家）	300~500 产量（千普特）	300~500 占比(%)	500~1000 工厂数量（家）	500~1000 产量（千普特）	500~1000 占比(%)	1000及以上 工厂数量（家）	1000及以上 产量（千普特）	1000及以上 占比(%)	总计 工厂数量（家）	总计 产量（千普特）	总计 占比(%)
乌拉尔	1	81.6	0.6	5	1214.7	9.3	3	1918.7	14.7	5	9866.8	75.4	—	—	—	—	—	—	—	—	—	14	13081.8	100.0
莫斯科河畔区	1	95.1	0.7	—	—	—	2	1645.7	12.1	4	8589.9	63.4	1	3218.7	23.8	—	—	—	—	—	—	8	13549.4	100.0
北方和西北	—	—	—	—	—	—	1	585.7	6.6	2	2745.1	31.0	—	—	—	1	5539.2	62.4	—	—	—	4	8870.0	100.0

· 116 ·

第一章 19世纪末20世纪初工业生产的增长和集中

续表

冶金工厂的成品产量（万普特）

地区	低于10 工厂数量（家）	低于10 产量（千普特）	低于10 占比(%)	10~50 工厂数量（家）	10~50 产量（千普特）	10~50 占比(%)	50~100 工厂数量（家）	50~100 产量（千普特）	50~100 占比(%)	100~300 工厂数量（家）	100~300 产量（千普特）	100~300 占比(%)	300~500 工厂数量（家）	300~500 产量（千普特）	300~500 占比(%)	500~1000 工厂数量（家）	500~1000 产量（千普特）	500~1000 占比(%)	1000及以上 工厂数量（家）	1000及以上 产量（千普特）	1000及以上 占比(%)	总计 工厂数量（家）	总计 产量（千普特）	总计 占比(%)
1900年																						
波兰	1	7.2	0.0	3	851.9	7.3	2	1390.9	12.0	2	4028.9	34.7	—	—	—	1	5344.5	46.0	—	—	—	9	11623.4	100.0
南方	—	—	—	2	938.1	1.7	1	839.0	1.5	6	12082.4	21.5	2	8806.1	15.7	3	22899.3	40.8	1	10566.7	18.8	15	56131.6	100.0
总计	3	183.9	0.2	10	3004.7	2.9	9	6380.0	6.2	19	37313.1	36.1	3	12024.8	11.7	5	33783.0	32.7	1	10566.7	10.2	50	103256.2	100.0
1908年																						
乌拉尔	1	13.9	0.1	—	—	—	4	3017.8	13.2	8	16530.2	72.5	1	3241.0	14.2	—	—	—	—	—	—	14	22802.9	100.0
莫斯科河畔区	—	—	—	—	—	—	—	—	—	4	6706.3	51.5	—	—	—	1	6327.4	48.5	—	—	—	5	13033.7	100.0

· 117 ·

俄国金融资本的形成

续表

冶金工厂的成品产量（万普特）

1900年

地区	低于10 工厂数量(家)	低于10 产量(千普特)	低于10 占比(%)	10~50 工厂数量(家)	10~50 产量(千普特)	10~50 占比(%)	50~100 工厂数量(家)	50~100 产量(千普特)	50~100 占比(%)	100~300 工厂数量(家)	100~300 产量(千普特)	100~300 占比(%)	300~500 工厂数量(家)	300~500 产量(千普特)	300~500 占比(%)	500~1000 工厂数量(家)	500~1000 产量(千普特)	500~1000 占比(%)	1000及以上 工厂数量(家)	1000及以上 产量(千普特)	1000及以上 占比(%)	总计 工厂数量(家)	总计 产量(千普特)	总计 占比(%)
北方和西北	—	—	—	—	—	—	2	1632.0	48.9	1	1705.7	51.1	—	—	—	—	—	—	—	—	—	3	3337.7	100.0
波兰	1	0.3	0.0	1	404.7	2.5	1	596.9	3.7	6	10852.1	67.7	1	4184.9	26.1	—	—	—	—	—	—	10	16038.9	100.0
南方	—	—	—	—	—	—	—	—	—	2	2692.8	3.3	3	11308.5	14.0	6	44514.8	55.1	2	22348.9	27.6	13	80865.0	100.0
总计	2	14.2	0.0	1	404.7	0.3	7	5246.7	3.8	21	38487.1	28.3	5	18734.4	13.8	7	50842.2	37.4	2	22348.9	16.4	45	136078.2	100.0

· 118 ·

第一章 19世纪末20世纪初工业生产的增长和集中

汇编数据优缺点并存。优点在于，它们更清楚地描述了一种产品的生产集中。但在企业不止生产一种，而是几种产品的情况下，该汇编并不能说明企业的全部生产能力和财务实力。研究开采工业生产部门，尤其是煤炭开采行业时，这种缺点不太明显。但在研究冶金生产时这一缺点暴露无遗。

表20呈现了1890~1900年巴库地区石油开采业的数据。该表显示，石油开采量快速增长过程中，特大型企业的作用明显增强。表21列出了1900~1908年石油开采量下降期间的相似数据。此时特大型企业的作用保持不变，但它们之间进行了重组。将采矿业的统计数据与1908年《工厂一览表》中石油开采公司的数据进行比较很有价值。比较结果呈现在表22中。这里我们可以看到产值指标。约30家特大型企业的产值指标和其他数据都基本相同。

表23和表24包含了某些企业分组在主要煤矿区中采煤作用的相关信息。表23中列出了1890年和1900年的数据。特别是，它们证明了顿巴斯和波兰王国中特大型企业的地位进一步加强。表24给出了1900年和1908年的比较数字。这两张表都显示，随着采煤量的增长，特大型企业的规模也扩大了，尽管它们进行了一定的重组，但仍保持了主导地位。

表25至表27列出了冶金生产的有关数据。表25描述了1890年、1900年和1908年俄国主要冶金生产地区大型企业在冶铁中的比重。早在19世纪90年代初冶金生产行业已达到高度集中。在工业高涨的条件下，俄国南部的企业数量大幅增加，而其他地区的数量有所减少。1900年至1908年，全国各地的炼铁厂都急剧减少。但无论是在第一阶段还是在第二阶段，特大型企业继续占据主导地位，特别是在俄国南部和波兰地区。

表26至表27介绍了1900年和1908年炼钢业的生产集中过程。其中表26显示了个别企业分组在主要工业区和整个俄国半成品生产中的作用。表27反映了成品生产的对应数据。这两张表都表明，俄国的钢铁生

产由大约 15 家特大型企业主导，显然，市场行情问题在它们的相互关系中得到解决。

最后还有一个问题需要关注。文献中有一种观点认为，俄国的中小型工业极不发达。И. Ф. 金丁写道，西方工业化国家中，保留了相当规模的中小型工业，而"在俄国，农奴制的残余与工厂工业中新生产部门的出现，一起阻碍了中小型工业的发展"。尤其是，他认为，"20 世纪初的危机期间，中小型工业急剧衰退"。① 上述统计数据表明，除了黑色冶金、运输机器制造和甜菜制糖等少数部门外，俄国工业中存在大量小型企业。

在生产集中过程中，小型工业企业的命运如何呢？为了解决这个问题，笔者根据俄国棉纺织业和金属加工业的《工厂一览表》，对 1900～1908 年所有现存企业进行了逐一的名称比较。比较结果显示在表 28② 中。对比表明，1900～1908 年，棉纺织业中有 208 家企业关闭，但又新出现了 224 家企业。在关闭的企业中，有 165 家（79.3%）企业的年产值为 0.2 万～10 万卢布（较小的企业不考虑在内），而在新出现的企业中这样的企业达 167 家（74.5%）。金属加工业中，677 家企业不复存在，其中 589 家（87.0%）的产值为 0.2 万～10 万卢布。同期，又有 759 家企业成立，其中 632 家（83.3%）的产值为 0.2 万～10 万卢布。这些数据表明，生产集中的过程并不意味着小企业被完全排挤出工业。在大规模生产占主导的背景下，俄国工业中的小规模生产在经济周期的不同阶段再现。

让我们来总结一下。俄国的生产集中过程分为两个阶段。第一阶段——19 世纪 90 年代，大规模工业生产取得胜利，而且全国工业发展的

---

① Свержение самодержавия, с. 51.
② 本表以及表 15 至表 19 中，仅 1900 年《工厂一览表》中按区域和部门划分的数据取自 1908 年《工厂一览表》（见 96 页注①）。在这种情况下，"公司"既指单个企业，也指企业集团，如果后者属于一个所有者。计入"公司"年产值至少为 2000 卢布。到 1908 年"公司"所有者变化时，如果其组成企业继续运营，那么"公司"被视为仍存在。如果 1908 年的《工厂一览表》不包括 1900 年组成"公司"的任何一家企业，那么公司就不复存在。

第一章 19世纪末20世纪初工业生产的增长和集中

表28 1901~1908年俄国关闭和创办的企业数量

单位：个，万卢布

类别	行业	总计	产出额						
			0.2~1	1~10	10~50	50~100	100~300	300~500	500及以上
			企业数量（家）							
关闭	棉纺织	208	63	102	31	7	2	3	—
	金属加工	677	196	393	72	7	8	1	—
			企业数量（家）							
创办	棉纺织	224	60	107	33	6	12	4	2
	金属加工	759	180	452	106	9	9	1	2

· 121 ·

俄国金融资本的形成

总体水平急剧上升，所有工业部门的生产集中也无一例外。第二阶段——20世纪前10年，此时，工业整体发展水平和生产集中已达到一定程度，在此基础上特大型企业的作用得到加强。

20世纪初一系列俄国工业部门的高水平生产集中早就引起了人们的关注。文献中曾多次提到一些例子。然而，后来事实证明，19世纪80年代俄国工业史上也可以举出工业生产高度集中的例子。对描述1890年、1900年和1908年俄国工业生产集中的系统数据进行比较，我们可以得出结论：19世纪80年代末和20世纪初工业生产高度集中的性质是不同的。1890年，俄国一些（尽管是重要的）工业部门中，少数特大型企业崛起，但总体上国家工业发展和工业生产集中仍处于低水平，在国家工业中小规模生产仍然占主导地位。20世纪初，特大型企业在大多数俄国工业部门中占据主导地位，这得益于19世纪90年代工业迅速发展背景下发生的生产集中过程。只有这种工业生产的集中才能形成垄断资本主义制度的基础。

第二章
19~20世纪之交的股份制经营

生产的集中与资本的积聚和集中有着密不可分的联系。在提到几家企业或许多企业属于同一个人所有的情况越来越频繁出现时,我们已经讨论过这一点。现在需要注意的是,和其他资本主义国家一样,在19世纪下半期俄国工业和各种其他资本主义企业的所有者中,"除了单个资本家,又有联合的资本家(股份公司)"。[①]

马克思主义的奠基人把垄断确立前股份公司的出现和普及视为生产社会化的一个特殊阶段。马克思特别指出,股份公司的形成确保"生产规模惊人地扩大了,个别资本不可能建立的企业出现了"。[②] 恩格斯在19世纪90年代中期注意到工业家垄断联盟的发展,并指出它们是"股份公司的二次方和三次方"。[③] В. И. 列宁发展了这些观点,在自己著作中指出,股份公司为生产集中创造了条件,以至于垄断的出现变得自

---

① Маркс К., Энгельс Ф. Соч. 2-е изд., т. 24, с. 263. 照录《马克思恩格斯全集》第24卷,人民出版社,1972,第260页。——译者注
② Маркс К., Энгельс Ф. Соч. 2-е изд., т. 25, ч. 1, с. 479. 照录《马克思恩格斯全集》第25卷,人民出版社,1974,第493页。——译者注
③ Маркс К., Энгельс Ф. Соч. 2-е изд., т. 25, ч. 1, с. 480. 照录《马克思恩格斯全集》第25卷,人民出版社,1974,第494~495页。——译者注

俄国金融资本的形成

然而不可避免。①

资本股份化是一种方便的组织形式,它将资本所有权与应用于生产的资本分离。这不仅使调动大量资本成为可能,而且使少数垄断者管理这些资本成为可能。它为参与制的广泛发展、银行与工业的融合开辟了道路。

这就是为什么分析俄国垄断确立的客观条件时,有必要关注19~20世纪之交俄国国民经济中股份制经营的发展程度。

Л. Е. 舍别廖夫在作品中清楚地阐述了股份-合股公司在俄国的法律地位及其成立的历史。② 这使笔者能够专心研究20世纪初股份制经营发展的最重要结果,以及它在1899~1903年危机影响下的主要演变趋势。

第一节 20世纪初股份-合股公司的发展结果

一 俄国股份公司的动态

为了解股份-合股公司创立的动态变化,让我们来看看Л. Е. 舍别廖夫的研究成果,他对各种文献进行了非常认真的比较研究,其中包含股份-合股公司成立、开业、章程修改或注销的有关信息。③

截至1861年1月1日,俄国共有128家股份-合股公司,股份资本为

---

① 全面分析马克思、恩格斯和 В. И. 列宁关于这一问题的陈述请参阅 Шепелев Л. Е. В. И. Ленин и марксистская теория концентрации и обобществления капитала. //В. И. Ленин и проблемы истории. Л., 1970; Он же. Акционерные компании в России. Л., 1973。

② 参阅 Шепелев Л. Е. Акционерное учредительство в России (историко-статистический очерк). //Из истории империализма в России. М.; Л., 1959; Он же. Акционерная статистика в дореволюционной России. //Монополии и иностранный капитал в России. М.; Л., 1962。

③ 获得的结果呈现在 Л. Е. 舍别廖夫的文章《俄国的股份制机构》及其专著《俄国的股份制公司》中。此外,这些作品中的计算结果也不完全相同,主要是因为它们是针对不同的时间段进行的。由于这些作品相互补充,笔者将同时使用它们,但笔者将采用文章中所载的按时间和部门分组的数据,这更符合本研究的目的。

2.562亿卢布。8家铁路公司构成了一半以上的股份资本。当时共54家工业公司，资本达到3450万卢布，占股份资本总额的13.5%。到1893年，俄国股份-合股公司的数量增加4倍多，资本额增加4.2倍。工业公司在数量上已占据主导地位。从表29[①]可以看出，工业公司占合股公司总数的63.9%，占股份资本总额的37.3%，铁路公司占股份资本总额的35.9%。

在19世纪90年代工业高涨期，股份公司的数量增加一倍，股份资本增加4/5。工业公司数量增加一倍多的同时，股份资本增加了两倍。结果，工业公司的股份资本占比变成了61.9%。

引人关注的是，商业银行的股份资本增长并不明显，这导致其在股份资本总额中的比重降低。

铁路公司的数量和资本急剧减少，可以解释为19世纪90年代大量的铁路收归国有。此外，铁路公司的负债增长越来越多地依靠其债券资本的增长。

现在让我们来了解一下俄国工业中股份公司的分组（见表30[②]）。19世纪90年代初，纺织企业以及采矿和食品企业在俄国股份制公司中地位明显突出。到1900年，冶金、金属加工和机械制造公司的比重急剧上升，股本额增加11倍。因此，尽管纺织、食品和采矿公司的资本有了非常可观的增长，但它们在股本总额中的比重却下降了。在随后的八年里，纺织和食品业公司保持了它们的地位，而采矿和金属加工公司则互换了位置，因为金属加工公司损失了相当多的资本，而采矿公司的资本则继续增加。

表29和表30中的数据能帮助我们计算出股份制经营的不同部门中每家公司的股本额（见表31），并追踪其动态。我们已经使用了这些平均指标，

---

① 该表是在Л.Е.舍别廖夫的文章《俄国的股份制机构》中表15的数据基础上绘制的。其中，根据这一作者书中包含的信息，对银行和保险公司的数量和资本总额稍稍做了修改。

② 该表是Л.Е.舍别廖夫文章《俄国的股份制机构》中表6的删减版，并补充了笔者对股份-合股公司的部门分组在其股本总额中的比重和1893~1900年与1900~1908年股份-合股公司股本增长额的计算。

俄国金融资本的形成

表29 1893~1908年俄国股份公司的数量和股本额

股份公司类别	1893年 公司数量（家）	1893年 股本（百万卢布）	1893年 占比（%）	1893~1900年 公司数量（家）	1893~1900年 股本（百万卢布）	1893~1900年 增长或下降率（%）	1900年 公司数量（家）	1900年 股本（百万卢布）	1900年 占比（%）	1900~1908年 公司数量（家）	1900~1908年 股本（百万卢布）	1900~1908年 增长或下降率（%）	1908年 公司数量（家）	1908年 股本（百万卢布）	1908年 占比（%）
商业银行	36	118.5	8.8	3	81.2	68.5	39	199.7	8.2	-3	42.5	21.3	36	242.2	9.1
土地银行	11	52.4	3.9	-1	14.0	26.7	10	66.4	2.7	0	5.4	8.1	10	71.8	2.7
保险公司	18	26.4	2.0	5	8.8	33.3	23	35.2	1.4	1	-1.2	-3.4	24	34.0	1.3
贸易公司	18	36.0	2.7	31	15.1	41.9	49	51.1	2.1	27	48.7	95.3	76	99.8	3.8
铁路公司	34	482.7	35.9	-11	-347.4	-72.0	23	135.3	5.6	1	8.0	5.9	24	143.3	5.4
轮船公司	35	41.4	3.1	2	11.0	26.6	37	52.4	2.2	1	1.5	2.9	38	53.9	2.0
城市公用事业公司	53	54.3	4.0	8	23.0	42.3	61	77.3	3.2	46	53.6	69.3	107	130.9	4.9
混合企业	29	30.7	2.3	138	279.7	911.1	167	310.4	12.7	-53	-121.6	-39.2	114	188.8	7.1
工业公司	414	501.9	37.3	546	1005.9	200.4	960	1507.8	61.9	54	187.0	12.4	1014	1694.8	63.7
总计	648	1344.3	100.0	721	1091.3	81.2	1369	2435.6	100.0	74	223.9	9.2	1443	2659.5	100.0

第二章 19~20世纪之交的股份制经营

表 30　1893~1908 年俄国工业中股份公司的数量和股本额

工业公司部门类别	1893年 公司数量(家)	1893年 股本(百万卢布)	1893年 占比(%)	1893~1900年 公司数量(家)	1893~1900年 股本(百万卢布)	1893~1900年 增长或下降率(%)	1900年 公司数量(家)	1900年 股本(百万卢布)	1900年 占比(%)	1900~1908年增长或下降 公司数量(家)	1900~1908年增长或下降 股本(百万卢布)	1900~1908年增长或下降 占比(%)	1908年 公司数量(家)	1908年 股本(百万卢布)	1908年 占比(%)
采矿	45	97.9	19.5	38	176.2	180.0	83	274.1	18.2	85	218.8	79.8	168	492.9	29.1
冶金、金属加工和机械制造	38	40.6	8.1	172	445.4	1097.0	210	486.0	32.2	-54	-180.9	-37.2	156	305.1	18.0
矿物质加工	9	8.1	1.6	56	53.5	660.5	65	61.6	4.1	-11	-14.9	-24.2	54	46.7	2.7
化学	17	16.0	3.2	52	53.4	333.7	69	69.4	4.6	5	33.7	48.6	74	103.1	6.1
纺织	136	219.6	43.8	90	164.5	74.9	226	384.1	25.5	11	102.4	26.7	237	486.5	28.7
食品	124	90.8	18.1	93	69.9	77.0	217	160.7	10.7	17	23.9	14.9	234	184.6	10.9
动物产品加工	10	8.1	1.6	1	1.8	22.2	11	9.9	0.6	6	11.6	117.2	17	21.5	1.3
木材加工	13	6.6	1.3	12	12.1	183.3	25	18.7	1.2	5	5.8	31.0	30	24.5	1.4
造纸和印刷	22	14.2	2.8	32	29.1	204.9	54	43.3	2.9	-10	-13.4	-30.9	44	29.9	1.8
总计	414	501.9	100.0	546	1005.9	200.4	960	1507.8	100.0	54	187.0	12.4	1014	1694.8	100.0

· 127 ·

表 31　1893~1908 年俄国各股份公司的股本额

单位：千卢布

股份公司类别	1893 年	1900 年	1908 年
所有股份公司	1454	1754	1820
商业银行	3292	5120	6727
土地银行	4764	6640	7180
保险公司	1467	1530	1417
贸易公司	2000	1043	1313
城市公用事业公司	1024	1267	1223
铁路公司	14197	5883	5971
轮船公司	1183	1416	1418
工业公司	1212	1571	1671
包括：			
采矿工业	2175	3301	2934
金属加工	1068	2314	1956
矿物质加工	900	948	865
化学	941	1006	1393
纺织	1615	1699	2053
食品	732	740	789
动物产品加工	810	900	1265
木材加工	508	748	817
造纸和印刷	645	802	679

并且确信，尽管它们有各种缺点，也能比任何其他数据更好地揭示整体的发展趋势。我们可以看到，1893~1900 年，除铁路业务和贸易外，股份制经营的所有部门中每个公司的股本都有所增加。此外，铁路公司平均股本的降低是一种特殊现象，因为一些特大型公司已收归国有。[①]

表 31 的数据表明，20 世纪前 10 年，各公司股本额最高的是铁路公司、土地银行、商业银行，以及工业公司中的采矿、金属加工和纺织公司。这

---

① 关于这一点参阅 Соловьев А. М. Железнодорожный транспорт России во второй половине XIX в. М.，1975，с. 185-191。

些俄国工业部门被超大型公司主导。采矿业、金属加工和机械制造业中，股本超过 200 万卢布的公司占股份-合股公司总数的 43.4%，约占股本总额的 82%。纺织行业中，这类企业占 30.6%，在总股本中的份额超过 64%。①

二 股份公司在俄国工业中的地位

股份公司在俄国工业中的地位如何？似乎只有 С.Г. 斯特鲁米林找到了这个问题的答案。② 借助他的计算（笔者在表 32 中总结了计算结果）能够看到，在我们研究的时期内俄国工厂工业的固定资本和生产资金中股份公司比重增长的动态。根据这些数据可知，19 世纪 80 年代末以来，股份公司开始在俄国工业中占据主导地位。到 20 世纪初，它们已经占到俄国工厂工业固定资本和生产基金的 70% 以上。后来，在战前工业高涨之前，股份公司的占比几乎没有变化。

表 32　1896~1909 年俄国工厂工业的生产资金价值和固定资本

单位：百万卢布，%

年份	生产资金 总计	其中股份公司	占比	固定资本 总计	其中股份公司	占比
1896	1055	665	63.0	1228	775	63.1
1897	1238	808	65.3	1382	902	65.3
1898	1476	980	66.4	1566	1040	66.4
1899	1782	1246	69.9	1886	1320	70.0
1900	1961	1353	69.0	2032	1401	68.9
1901	2006	1439	71.7	2159	1549	71.7
1902	2351	1725	73.4	2260	1657	73.3

---

① Шепелев Л. Е. Акционерное учредительство в России, с. 158.
② Струмилин С. Г. Проблемы промышленного капитала в России. М.；Л.，1925，с. 8，22-23. 该著作在 С.Г. 斯特鲁米林的主题作品集中多次再版：Статистико-экономические очерки. М.，1958；Статистика и экономика. М.，1979。

俄国金融资本的形成

续表

年份	生产资金			固定资本		
	总计	其中股份公司	占比	总计	其中股份公司	占比
1903	2325	1715	73.8	2357	1738	73.7
1904	2383	1730	72.6	2367	1718	72.6
1905	2296	1650	71.9	2369	1703	71.9
1906	2217	1615	72.8	2319	1690	72.9
1907	2431	1775	73.0	2630	1921	73.0
1908	2493	1820	73.0	2726	1988	72.9
1909	2728	1983	72.7	2833	2056	72.6

尽管 С. Г. 斯特鲁米林的计算纯粹是近似值，但正如作者本人认为的那样，仍有必要关注这些计算，它们仍然有价值，因为其中反映的趋势与工业统计数据所证明的趋势相似：研究 19 世纪 90 年代的生产增长过程时，数量变化在后续时期变得不那么明显了。

《欧俄工厂名单》（彼得堡：《金融导报》杂志社，1903）和《1900 年俄国采矿工业统计数据汇编》（彼得堡：矿业学术委员会，1903）中的数据，使我们能够相当近似地确定，截至 1900 年俄国工业主要部门中股份-合股公司的生产状况。然而，这些数据的使用是复杂的，如果未经专业的检查，这些数据无法将股份-合股公司与集体所有制的其他一些主要形式区分开。

俄国立法准许成立以下两种类型的资本主义协会：（1）贸易商行；（2）股份公司或合股公司。它们的主要区别在于，贸易商行的参与者（"合伙人"）在公司破产的情况下对其全部财产负责，而股份公司或合股公司的成员（"股东"或"入股者"）则以各自对公司固定资本的贡献为限承担有限责任。因此，贸易商行和股份-合股公司在建立和监管制度方面存在重大差异。要成立前者，只需在商人或市参议会上做简单证明即可。而后者只有在政府根据法令批准后方可建立、改变主要活动条件。[1]

---

[1] 关于这一点参阅 Шепелев Л. Е. Акционерные компании в России, с. 17–22。

第二章　19~20 世纪之交的股份制经营

股份公司和合股公司的法律性质是相同的，但实践中形成的两种形式的股份-合股公司的经济内容却不同。它们代表了俄国资本主义企业从独资到联营过渡过程中的两种方式或两个阶段。

通常，成立股份公司是为了建立新的资本主义企业，而成立合股公司是为了继续发展现有的属于个人或家庭的工商企业的活动，特别是以贸易商行的形式。在第一种情况下，主要任务是通过吸引相当广泛的股东来调动资本。在第二种情况下，由于已经具备资本，所以追求的是其他目标，更多的是组织性目标。因此，合股公司的发起人通常不仅不追求增加股东的数量，相反，为了确保公司前所有者的决策影响力，他们采取措施以限制股东数量。这就说明了一个事实，即记名股份的发行频率高于股票的发行频率，且票面价格也更高。

因此，如果说股份公司的发展主要是一个资本集中的过程，那么合股公司数量的增加则是资本积聚的过程。

贸易商行在法律上分为两类：无限公司和信托合伙公司。后者的特点在于，除了对公司事务承担全部责任的"合伙人"外，还包括以出资额为限承担责任的投资者。根据《商业章程》，信托合伙公司的名称中在"合伙人"的姓氏后应加上："……合伙"。①

尽管按法律地位，合股公司和无限公司、信托合伙公司之间的区别足够清楚，但二者使用相同的"合伙经营"一词却引起了混淆。在参考资料和统计出版物中，企业的名称往往是缩写的，很难确定它们属于哪种类型的公司。因此，针对《欧俄工厂名单》和《1900年俄国采矿工业统计数据汇编》（以下简称《汇编》）中的信息，笔者已根据 B. A. 德米特里耶夫—马蒙诺夫编辑的《帝俄现存股份制公司索引》（以下简称《索

---

① Свод законов. СПБ., 1903, т. XI, ч. 2. Устав торговый, ст. 62 и 71. 但"合伙"的形式也用于独资公司的名称中。

引》）进行了核查。① 这项工作的结果列于表33至表36。其中关于合股公司的数据仅考虑了《欧俄工厂名单》和《汇编》中提到的纳入《索引》的那些公司。其他的被当作贸易商行研究。然而，关于贸易商行的数据不太可能因此被夸大。实际上，《欧俄工厂名单》中工业企业主姓氏后紧跟"合伙"公式时，并不总是表明该公司是一家贸易商行。同时对第二版《索引》中贸易商行名单的随机检查表明，其中一些公司确实是贸易公司。因此更有可能的是，有关后者的记录不完整。

表33和表34根据《欧俄工厂名单》编制而成。前者涵盖工厂生产中最重要的部门，这些部门无须缴纳消费税。这里给出了这些部门的总产值，与表15至表18一样，数据来自《1900年无须缴纳消费税部门的工厂统计资料》（彼得堡：В. Ф. 基尔施鲍姆印刷厂，1903）。

就股份-合股公司在总产值中的比重而言，橡胶工业无疑占上风，但正如已经指出的那样，这是一种特殊现象。排在第二位的棉纺织工业，是俄国工业化发展中相当典型的部门，代表工业发展的主要趋势。股份-合股公司占棉纺织工业总产值的4/5左右。棉纺织业的另一个特点是各股份公司的平均产值也非常高。值得注意的是，合股公司在棉纺织业中明显占据主导地位。但是，这种主导地位未必会被视为该工业部门资本主义生产组织不成熟的标志。这反而表明，棉纺织业生产和资本的高度集中主要是通过自筹资金实现的。

在金属加工、水泥和麻纺织这三个行业中，股份-合股公司在总产值中的比重为69.5%到73.1%。金属加工业中，股份公司在这些公司中明显占优势。水泥工业中，它们的主导地位则不那么明显。此外，就各公司的产值而言，水泥工业中股份公司远远落后于合股公司；麻纺织业中的情况则相反。

---

① 该《索引》发表在1903年和1905年的两个版本中（圣彼得堡）。与第一版不同，补充和修订的第二版有两部分，也包括有关贸易商行的章节。第二版（包括专门研究贸易商行的章节）后来再版了两次——1907年和1908年，没有进行任何修改。

第二章 19~20世纪之交的股份制经营

表33 1900年股份-合股公司和贸易商行在俄国工厂工业总产值中的占比

部门	产出总额(千卢布)	股份公司 数量(家)	股份公司 产出总额(千卢布)	股份公司 平均产出额(千卢布)	股份公司 占比(%)	合股公司 数量(家)	合股公司 产出总额(千卢布)	合股公司 平均产出额(千卢布)	合股公司 占比(%)	贸易商行 数量(家)	贸易商行 产出总额(千卢布)	贸易商行 平均产出额(千卢布)	贸易商行 占比(%)
面粉	234870.1	8	3024.2	378.0	1.3	14	15858.3	1132.7	6.7	75	46790.9	623.9	19.9
棉纺	531273.0	31	103850.0	3350.0	19.5	96	320310.6	3336.6	60.3	45	23848.9	530.0	4.5
毛纺织	180336.5	21	34158.4	1626.6	18.9	32	35281.5	1102.5	19.6	56	25858.0	461.7	14.3
丝织	31005.5	2	2808.7	1404.3	9.1	6	3117.8	519.6	10.1	15	4357.1	290.5	14.0
麻纺织	66905.0	9	14021.0	1557.9	21.0	26	32485.3	1249.4	48.5	25	4373.6	174.9	6.5
金属加工	373593.8	178	242206.0	1360.7	64.8	54	30821.8	570.8	8.3	95	14452.5	152.1	3.9
木胶板	71079.9	18	4618.5	256.6	6.5	17	5166.0	303.9	7.3	48	10477.9	218.3	14.7
造纸	42939.6	13	11307.8	869.8	26.3	15	15138.6	1009.2	35.3	5	424.3	84.9	1.0
玻璃	25360.8	17	8508.4	500.5	33.5	5	1036.6	207.3	4.1	18	2210.6	122.8	8.7
水泥	14294.1	20	6056.3	302.8	42.4	7	4216.6	602.4	29.5	7	1514.0	216.3	10.6
化学	54414.0	44	21151.7	480.7	38.9	11	8716.3	792.4	16.0	26	4778.0	183.8	8.8
橡胶	28140.8	2	25254.1	12627.0	89.7	1	2071.4	2071.4	7.4	—	—	—	—

· 133 ·

表 34 1900 年股份-合股公司和贸易商行在应缴消费税的俄国工厂工业部门总产值中的占比

部门	公司总数（家）	总产出额（千卢布）	股份公司 数量（家）	股份公司 产出额（千卢布）	股份公司 占比（%）	合股公司 数量（家）	合股公司 产出额（千卢布）	合股公司 占比（%）	贸易商行 数量（家）	贸易商行 产出额（千卢布）	贸易商行 占比（%）
炼油	73	77044.0	15	33591.4	43.6	6	16311.1	21.2	3	1987.0	2.6
甜菜制糖	243	319796.4	30	23022.7	7.2	105	169013.1	52.8	11	26255.0	8.2
烟草	187	67874.1	3	771.1	1.1	6	13735.0	20.2	19	8818.5	13.0
火柴	102	7036.0	3	768.8	10.9	—	—	—	3	793.9	11.3

在另两个行业——化工业和造纸业中，股份-合股公司的产值超过总产值的一半。其中一个行业中，股份公司的地位更强，另一个行业则以合股公司为主，但在这两个行业中，合股公司在各公司产值方面超过了股份公司。

在毛纺织和玻璃行业中，股份-合股公司的产值只占总产值的 2/5 左右。在毛纺织行业中，股份公司与合股公司的产值几乎平分秋色，而玻璃行业中，股份公司占主导。

在其他部门，特别是在面粉生产中，股份-合股公司没有发挥重要作用。值得注意的是，股份-合股公司发展较弱的地方，贸易商行占据了更明显的地位。

然而，正如表 33 与表 15 至表 18 的对比所示，即使在股份公司与合股公司占主导的那些俄国工业部门，如棉纺织业和金属加工业中，它们并没有将独资企业排挤出大型公司。棉纺织业中，产值 100 万卢布及以上公司的数量少于股份-合股公司。同时，独资企业的产值超过了股份-合股公司。金属加工业中，产值超过 50 万卢布的 152 家公司，几乎与 232 家股份-合股公司的产值相同。换句话说，在这两个部门的大公司中，归个人所有的公司的作用仍然突出。

第二章 19~20世纪之交的股份制经营

表34呈现的是消费税务局管辖的部门。这些部门的公司尽管没有被列入1900年的工业普查，但被列入了《欧俄工厂名单》。其中包含的各公司的年产值信息使我们能够计算出行业的总产值。石油精炼、烟草和火柴工业获得的结果与上面多次提到的出版物《1887~1926年俄国和苏联国民经济发展四十年间的工业动态》（第1卷，第1部分，莫斯科、列宁格勒：国家出版社，1929）1900年的数据一致，反映在表12中。甜菜制糖工业的总产值却不能这样说。它不仅远远高于1900年《动态》的相应指标，而且也高于1908年甜菜制糖业的总产值。[①] 这也许可以解释为消费税的核算方法在不同行业和不同时期都有所不同。无论如何，这种情况不妨碍确定甜菜制糖业中股份-合股公司的比重，不会促使我们放弃使用从《欧俄工厂名单》中得出的绝对指标与其他工业部门进行比较。

在股份-合股公司占主导地位的两个行业——石油精炼和甜菜制糖业中，合股公司（特别是在甜菜制糖业中）发挥重要作用。如果将我们所分析的指标与表19中的数据进行比较，各种比较条件都具备的情况下，那么我们可以看到，这两个行业中的大型独资企业都保留了重要地位。1908年年产值超过300万卢布的10家炼油公司在行业总产值中所占的比重，比1900年的21家股份-合股公司要大。而1908年年产值超过100万卢布的50家甜菜制糖公司的比重超过了1900年的135家股份-合股公司。

烟草和火柴行业的股份化进程比石油精炼和甜菜制糖行业晚得多。

酿酒业中，股份-合股公司的作用微不足道，即使粗略地研究一下《工厂一览表》，也显而易见，确定它们在总产值中的比重是没有意义的，因为该行业小公司数量庞大，计算起来非常困难。

现在让我们来看看表35至表36中列出的采矿工业各部门。这些行业的计算以《汇编》为基础。

[①] 这一数额出现在《1908年俄国制造加工业的统计数据》（圣彼得堡：В.Ф.基尔施鲍姆印刷厂，1912）中，被《动态》的编者采用了。

俄国金融资本的形成

表35 1900年俄国主要工业区石油和煤矿开采中股份-合股公司和贸易商行的占比

开采业部门	总产量（千普特）	股份公司				合股公司				贸易商行			
		数量（家）	总产量（千普特）	平均产量（千普特）	占比（%）	数量（家）	总产量（千普特）	平均产量（千普特）	占比（%）	数量（家）	总产量（千普特）	平均产量（千普特）	占比（%）
石油开采	—	—	—	—	—	—	—	—	—	—	—	—	—
巴库地区	601193.0	18	276679.6	15371.1	46.0	12	58352.3	4862.7	9.7	21	44852.9	2135.8	7.5
煤矿开采	—	—	—	—	—	—	—	—	—	—	—	—	—
乌拉尔	21424.1	—	—	—	—	1	114.0	114.0	0.5	1	1117.1	1117.1	5.2
莫斯科近郊	16923.2	3	8398.7	2799.6	49.6	1	884.2	884.2	5.2	1	2248.7	2248.7	13.3
顿巴斯	599752.7	28	426595.4	15235.5	71.1	5	43394.8	8679.0	7.2	7	17460.2	2494.3	2.9
波兰	246393.7	9	231309.0	25701.0	93.9	—	—	—	—	—	—	—	—
总计	884493.7	40	666303.1	16657.6	75.3	7	44393.0	6341.9	5.0	9	20826.0	2314.0	2.3

· 136 ·

表36 1900年主要工业区黑色冶金业中股份-合股公司的占比

黑色冶金业部门和地区	公司总数（家）	总产量（千普特）	股份公司 数量（家）	股份公司 总产量（千普特）	股份公司 平均产量（千普特）	股份公司 占比（%）	合股公司 数量（家）	合股公司 总产量（千普特）	合股公司 平均产量（千普特）	合股公司 占比（%）
生铁熔炼										
乌拉尔	29	43968.9	7	12286.5	1755.2	27.9	1	2144.3	2144.3	4.9
莫斯科河畔区	26	14321.0	6	10701.4	1783.6	74.7	2	1211.8	605.9	8.5
俄国南方	20	91938.3	16	89367.1	5585.4	97.2	—	—	—	—
波兰	19	18070.9	8	15512.2	1939.0	85.8				
总计	94	168299.1	37	127867.2	3455.9	76.0	3	3356.1	1118.7	2.0
半成品生产										
乌拉尔	14	16203.1	3	6356.6	2118.9	39.2	1	1152.5	1152.5	7.1
莫斯科河畔区	9	15927.1	7	13001.1	1857.3	81.6	1	2690.1	2690.1	16.9
西北方	4	9310.9	3	8459.9	2820.0	90.9	1	851.0	851.0	9.1
俄国南方	17	70677.1	16	68921.6	4307.6	97.5	—	—	—	—
波兰	8	17987.0	8	17987.0	2248.4	100.0				
总计	52	130105.2	37	114726.2	3100.7	88.2	3	4693.6	1564.5	3.6
成品生产										
乌拉尔	14	13081.8	3	5425.5	1808.5	41.5	1	1128.3	1128.3	8.6
莫斯科河畔区	8	13549.4	6	10667.4	1777.9	78.7	1	2882.0	2882.0	21.3
西北方	4	8870.0	3	8284.3	2761.4	93.4	1	585.7	585.7	6.6
俄国南方	15	56131.8	15	56131.8	3742.1	100.0	—	—	—	—
波兰	9	11623.4	9	11623.4	1291.5	100.0				
总计	50	103256.4	36	92132.4	2559.2	89.2	3	4596.0	1532.0	4.4

如表35所示，石油开采业中，总产量的一半以上来自股份-合股公司，超过1/3来自独资企业。同时，后者在特大型公司中占有重要地位。开采量超过1000万普特的13家公司在巴库地区的石油开采量（对比表20）中所占的份额，远远超过40家股份-合股公司。

总的来说，在全国煤炭工业中，股份-合股公司占主导地位；但在乌拉尔地区，它们实际上并不存在；即使在顿巴斯地区，独资企业仍发挥着显著作用（对比表23）。

在黑色冶金业（见表36）中，只有乌拉尔地区的股份-合股公司的比重相对较低。在其他地区它们完全占据了主导地位。

表33至表36中的数据证实了С.Г.斯特鲁米林计算得出的基本结论：到20世纪初股份-合股公司已经在俄国整个工业中确立。它们在棉纺织、冶金和金属加工、石油开采与石油精炼等大型工业部门中占主导地位，这些工业部门的产量占工业总产量的2/3，在国家工业化发展中发挥了先锋作用。

同时，这些数据表明，俄国工业的股份化进程在各个部门的表现方式各不相同，而且覆盖的程度也很不均衡。独资企业和各种初级形式的共同所有制占主导地位的领域仍然非常广泛。它包括全部工业生产部门，而且是那些重要的行业，如面粉、木材加工、酿酒、毛纺织业。甚至在那些股份-合股公司占主导地位的行业，大型独资企业通常仍占据重要地位。

同样值得注意的是，在一些行业的股份-合股公司中，特别是在棉纺织业和甜菜制糖业生产中，合股公司发挥主要作用，在大多数情况下，这些公司是老牌的家族企业。

三　工业与资本的融合

如果不考虑表现在"参与"制发展中的资本交织过程，对资本积聚和集中过程的分析就不完整。

资本主义企业的股份制组织形式，不仅使公司相互持股成为可能，而且使公司分级参与对方的资本，据此，母公司可以控制子公司和分公司的整个金字塔。В.И.列宁注意到了"最新资本主义集中的最重要的特点之一"，写道："大企业，尤其是大银行，不仅直接吞并小企业，而且通过'参与'它们的资本、购买或交换股票，通过债务关系体系等等来'联合'它们，征服它们，吸收它们加入'自己的'集团，用术语说，就

第二章 19~20世纪之交的股份制经营

是加入自己的康采恩"。①

作为垄断资本主义典型特征的现代资本主义集中的这个特点，在20世纪初的俄国表现程度如何呢？

对彼得堡国际银行、彼得堡私人银行和彼得堡贴现贷款银行现存档案资料的研究表明，这些银行在19世纪90年代后半期开始广泛参与各种工业企业。② 遗憾的是，由于上文提到的俄国银行和股份公司的档案保存情况极差，我们无法在文献基础上重建俄国"参与"制度形成的任何完整的总体情况。但通过对国家已存股份制公司个人联合的研究，能够看到其最重要的轮廓。

在两个或多个公司管理机构中出现的同一批人，是这些公司之间存在"参与"关系的可靠标志，因为入股通常会建立起对员工的监管。当然，个人联合事实本身，只是提示这种关系的存在。它并没有透露其具体内容。由于我们对"参与"制度形成的总体情况感兴趣，有必要对个人联合发展的主要结果进行了解。

为了确定俄国19世纪末20世纪初股份公司的个人联合，我们使用了两本参考出版物，其中包含相当完整的管理机构人员构成信息：《俄国股份公司统计信息——第1期，理事会管理人员的组成》（圣彼得堡：H. E. 普希金出版社，1897）和《帝俄现存股份制公司索引》（圣彼得堡：А. И. 德米特里耶夫—马蒙诺夫出版社，1903）。前者列出了截至1896年末的数据，后者提供截至1902年末的信息。

第一阶段的研究目的是，确定上述每本参考出版物中的个人联合及其代表者的圈子。在此基础上，明确由个人联合连接起来的股份公司分组，并以这种方式确定了"参与"制的主要轮廓。

---

① Ленин В. И. Полн. собр. соч., т. 27, с. 327. 照录《列宁全集》第27卷，人民出版社，1990，第347页。——译者注
② 参阅 Гиндин И. Ф. Банки и промышленность в России. М.；Л.，1927，с. 48-58；Бовыкин В. И. Зарождение финансового капитала в России. М.，1967，с. 208-269。

俄国金融资本的形成

笔者与 Л. И. 鲍罗德金和 А. Н. 博哈诺夫[①]一同进行了这项研究，主要结果总结如下。

数据显示，早在 1896 年，个人联合就已经在俄国股份公司中广泛存在了。它们覆盖了 855 家公司中的 521 家（60.9%）。455 人是几家公司的理事机构成员。

到 1902 年，尽管股份公司在数量上增加了一半以上（达 1293 家），但其中个人联合连接起来的公司（890 家）比例增加了（达 68.8%）。这些联合代表的资本主义商人的数量增加到 695 个。其中 55 人是 5 家及以上公司理事机构的成员。

1896 年和 1902 年俄国主要股份制经营的部门中由个人联合连接起来的公司比例如表 37 所示。引人关注的是，甜菜制糖业中个人联合的企业的涵盖率极高。

表 37　1896 年和 1902 年俄国主要股份制经营部门中由个人联合连接起来的公司占比

股份制经营的部门分组	1896 年 公司总数(家)	1896 年 个人联合所连接的公司数量(家)	1896 年 占比(%)	1902 年 公司总数(家)	1902 年 个人联合所连接的公司数量(家)	1902 年 占比(%)
商业银行	36	29	80.6	37	35	94.6
土地银行	10	9	90.0	10	9	90.0
保险公司	18	17	94.4	19	17	89.5
航运公司	35	17	48.6	45	30	66.7
铁路公司	18	16	88.9	12	11	91.7
煤矿公司	17	11	64.7	26	19	73.1
石油公司	16	11	68.7	45	31	68.9
冶金、金属加工和机械制造公司	83	56	67.5	172	111	64.5
纺织公司	171	86	50.3	235	138	58.7
甜菜制糖公司	109	84	77.1	142	115	81.0

---

① А. Н. 博哈诺夫对 1902 年的数据进行了工作量极大的第一阶段研究。借助电子计算机，Л. И. 鲍罗德金开发了一个程序，用于对确定的数据进行分组。结果将另行全文公布。

错综复杂的个人联合不容易厘清。银行与工业融合和资本主义企业分组的过程仍处于初级阶段。然而,形成分组的轮廓已经开始出现。首先是围绕俄国特大型银行形成的分组。彼得堡国际银行通过个人联合与48家股份制公司建立了联系。这些公司包括2家商业银行、3家土地银行、2家保险公司、3家铁路公司、3家航运公司以及冶金和机械制造、采矿、煤矿和石油、化学和玻璃、面粉和甜菜制糖业的30多家工业企业。

俄国外贸银行的个人联合将其与36家公司联系起来。奇怪的是,不仅首都的银行拥有大量个人联合,地方银行也有:基辅私人银行——24家,华沙商业银行——23家,里加商业银行——22家,罗兹贸易银行——22家。

银行分组的形成并没有结束资本交织的过程,尽管银行在其中发挥了主导作用。但与此同时,在这个过程中,出现了大量由个人联合密切联系的地方工业企业集团。其中,我们看到部门组成非常多样化的区域性集团,它们大部分出现在敖德萨、哈尔科夫、基辅等大型工商业中心。与此同时,具有更明确行业性质的集团也形成了。许多地方集团,主要是小集团,是封闭的。但那些以个人联合形式与其他集团建立联系的集团占主导地位。

对比1896年和1902年的个人联合数据,可以看出银行和地方集团都有相当大的增长。这些数据表明,由于90年代紧张进行的资本交织过程,到20世纪初资本集中的水平比股份制统计信息所显示的水平更高。

第二节 1899~1903年危机对股份制经营的影响

一 20世纪俄国股份公司的经营状况

为了研究危机对俄国股份制经营的影响,我们首先从分析其数量指标开始。让我们回到表29至表31。1900~1908年,股份制公司的数量及

俄国金融资本的形成

其资本总额都有所增加。但与上一个七年相比，增加幅度不值一提。贸易公司和城市公用事业公司是一个例外，呈现出高速增长。商业银行的数量减少了，但其股本额却增加了 1/5。与此同时，保险公司的数量增加，股本额略有减少。

工业公司的数量增加了 5.6%，资本额增加 12.4%。然而，在冶金、机械生产和机械制造、造纸和印刷业以及矿物质加工业中，股份公司的数量及其资本额明显减少了。

1900~1908 年，各公司股份资本的增长速度明显放缓。而在一些国民经济部门中其出现了下滑。这通常是在受危机影响最大的部门——冶金、机械生产和机械制造、矿物质加工、保险业务。

表 29 和表 30 中股份公司的数量和资本额的总指标，不仅考虑了此前存在的和新成立的所有股份公司，而且还考虑了该时期注销的公司。后者的统计是一项特别复杂的工作。俄国法律规定，必须公布股份-合股公司破产和清算的有关信息，但通常不可能执行这一规定：可以从被清算公司的倒霉老板那里得到什么呢？自然，当对一个股份公司的清算是其破产的结果时，该案件应被提交给法院审理。我们掌握了一份极其有趣的资料，它使我们能够相对完整地确定类似的情况。1912 年 B. 马克西莫夫在莫斯科出版了一本专业的参考书：从 1866 年至 1911 年 7 月 1 日《整个帝俄……按字母顺序排列的被限制法律权利（被宣布为无力偿还债务者或被置于监护或托管之下）的成年人和公司（股份公司、合股公司和贸易商行）索引》（以下简称《公司索引》）[①]。它原本用于法律目的，但其中包含的信息使研究国民经济发展问题的史学家产生了浓厚的兴趣。笔者从中提取了 1897

[①] 该版本有补编，其中包括 1911 年下半年的相似信息，后来，又分别出版了四份这样的补编：Второе дополнение к алфавитному указателю совершеннолетних лиц и товариществ, ограниченных в правоспособности... за 1 января - 1 июля 1912 г. М., 1912; Третье дополнение... за 1 июля 1912 г. - 1 января 1913 г. М., 1913; Четвертое дополнение... за 1913 г. М., 1914; Пятое дополнение... за 1914 г. М., 1915.

年至1909年有关股份公司和合股公司破产或建立行政管理的数据（见表38）。整个这一时期共124起股份公司和合股公司的破产案件。破产声明的一种特殊形式是成立管理机构，即由几乎破产的公司的债权人掌握该公司的控制权，以对其进行整顿或找到比拍卖破坏性更小的清算方式。但后者并不总能成功。在上述年份《公司索引》中的76个成立管理机构的案例中，23个案例是在一段时间后（1914年前）宣布破产的。然而，可以认为，宣布破产或移交政府的案例只占被清算的股份-合股公司总数的一小部分。事实上，如果股份公司或合股公司设法避免宣布破产或对其成立管理机构，其清算往往被推迟多年。股份公司或合股公司会逐渐卖掉其所拥有的工厂，有时甚至在工厂被全部卖掉后，公司仍会在名义上存在。

表38　1897~1909年俄国宣告破产和移交政府的股份-合股公司数量

单位：家

公司状态	1897年	1898年	1899年	1900年	1901年	1902年	1903年	1904年	1905年	1906年	1907年	1908年	1909年
宣告破产	—	—	4	3	15	16	17	9	10	12	15	12	11
移交政府	3(1)*	1	5(2)	8(3)	3(2)	9(3)	4(3)	5(2)	10(3)	4	7(3)	9	8(1)

* 括号里的内容表示移交政府的公司中后来（但不晚于1914年）宣告破产的公司数量。

根据《工业与贸易》杂志上发布的数据，1901~1908年俄国清算了275家股份公司，资本为3.16亿卢布。[①] Л. E. 舍别廖夫认为，这些数据并不完整。[②] 通过对不同资料的比较，他成功地找到了描述新公司成立与现有公司清算的比例、现有公司资本减少的数据（见表39[③]）。我们可以

---

① Промышленность и торговля, 1912, No 24, c.556; 1914, No 2, c.369.
② Шепелев Л. Е. Акционерные компании в России, с.227.
③ 该表是 Л. E. 舍别廖夫的文章《俄国的股份制机构》中表4的删节版。其中只计入了直接在俄国成立的公司。

看到，在工业高涨期，也有不少股份公司清算的案例。但新成立的企业，无论在数量上还是在资本额上，都要大得多。1900～1908年，被清算企业的比例上升到企业总数和资本额的1/4以上。新成立的公司数量及其资本额因此而减少了，如表30所示，1900～1908年在俄国工业的一些部门——金属加工业、造纸和印刷业、矿物质加工业中股份公司的数量及其资本额都出现了绝对的减少。

表39 1893～1907年俄国成立和注销的股份公司情况

时间	成立 数量（家）	成立 资本额（百万卢布）	注销 数量（家）	注销 资本额（百万卢布）	实际增长 数量（家）	实际增长 资本额（百万卢布）
1893～1899年	730	1281.5	151	465.7	579	815.8
1900～1907年	460	866.2	395	676.4	65	189.8

因此，反映资本集中过程的股份-合股公司创立变化，在许多方面与反映生产集中过程的工业增长动态相似。19世纪90年代实际上也是股份-合股公司数量增加的强劲时期。1900～1908年，这种增加仍在继续，但速度有所放缓。这一时期特别典型的是平均数据没有揭示的其他过程，即分化过程和大型及特大型资本主义企业在股份制形式中作用加强的过程。

为了了解股份-合股公司在俄国危机年代及随后经济形势不稳定时期的地位，其金融活动结果的相关数据非常重要。这个问题在20世纪初就引起了广泛的关注，当时各种期刊上发表了许多专门分析俄国股份-合股公司财务状况的文章，这绝非巧合。这些文章的依据是股份公司的官方账目，正如人们长期以来注意到的那样，这些公司并不追求夸大其利润。苏联文献中多次注意到：股份公司的官方账目和资产负债表以及俄国资产阶级报刊上发表的文章中，企业家的收入被少报了。С. Г. 斯特鲁米林早在20年代就确切地证明，这些收入要多得多。①遗憾的是，在 С. Г. 斯特鲁米林的作品（指《俄国的工业资本问题》，译者注）之后，对俄国股份制公司的财务状况及其收入的研究几乎没有什么进展。

然而，应该指出的是，如果俄国资本家有理由在危机情况下少报他们的收入，那就很难让人怀疑他们夸大了损失。这就是为什么著名统计学家 П. В. 奥利分析俄国股份制公司财务状况的方法似乎很有趣，其中一篇发表在《工业与贸易》杂志上的文章运用了此方法。②在分析1901~1905年股份公司的财务报告时，他并不以揭示盈利水平为目的，而是根据该时期股份公司的经营结果将其分成三组：一组是每年支付股息的持续盈利的企业；一组是非持续盈利的企业，它们在某些年份出现亏损，在其他年份则有盈利；最后一组是持续亏损的企业。并发现，这项工作中计入的20.31亿卢布资本的1106家股份公司中，1905年持续盈利的企业只有530家，即不到一半，但它们的股本为11.12亿卢布。因此，大部分股份公司没有持续盈利，而其中184家资本为2.82亿卢布的公司持续亏损。

股份公司的两个极端分组——持续盈利和持续亏损公司的构成引人关注。持续盈利的股份-合股公司数量占该组公司总数比例较大的是信贷公司（87.7%）、贸易公司（84.9%）、羊毛加工公司（75.0%）和丝绸加工公司（68.9%）。在采矿业（12.5%）、金铂开采业（14.3%）、石油业（22.9%）、矿物质加工业（28.1%）和煤矿企业（34.4%）中，持续盈利的公司数量最少。

持续盈利公司的股本占行业总股本比例较高的是以下几类公司：丝绸加工公司（93.1%）、贸易公司（92.9%、93.9%）③、信贷公司（87.3%、

---

① Струмилин С. Г. Проблемы промышленного капитала в России. М.；Л.，1925.
② Оль П. В. Финансовое положение акционерных предприятий в России.//Промышленность и торговля，1908，№ 15，с. 126-135.
③ 这里和后面有列出两个数字的情况，第一个属于1901年，第二个属于1905年。

俄国金融资本的形成

87.1%)、羊毛加工公司（71.0%、70.0%）、市政公司（62.2%、65.1%）、棉花加工公司（58.0%、59.0%）。持续盈利公司中资本比例较低的是矿山公司（8.4%、9.8%）、金铂开采公司（9.0%、9.0%）、石油公司（21.1%、21.9%）和矿物质加工公司（35.3%、36.8%）。

亏损公司中比例较高的是以下几类公司：金铂开采公司（42.8%）、冶金公司（28.8%）、矿物质加工公司（28.1%）、金属加工和机械制造公司（27.6%）、矿山公司（25.0%）和煤炭公司（25.0%）。这些公司占行业股本总额的比例如下：金铂开采公司占60.4%、65.8%，矿物质加工公司占30.0%、29.8%，金属加工公司占25.8%、25.1%，冶金公司占25.8%、24.7%，采矿公司占23.3%、20.8%，煤炭公司占23.0%、22.0%。

持续盈利的公司中，这五年内利润率较高的是保险公司（平均为14.6%）、制糖公司（14.0%）、化工公司（13.5%）、石油公司（12.7%）、棉花加工公司（11.0%）、矿山公司（10.5%）、信贷公司（10.4%）、金铂开采公司（10.0%）、冶金公司（8.9%）。

非持续盈利的公司中，最不利的结果（亏损明显超过了支付股息额）出现在煤炭、冶金和矿山公司中。

亏损公司中，这五年中平均损失较大的是保险公司（占股本的11.8%）、金属加工和机械制造公司（5.2%）、金铂开采公司（5.0%）、冶金公司（4.7%）。五年内所有公司的总亏损额为5639.97万卢布。根据这些数据，П.В.奥利得出结论，最有利可图的是贸易、信贷和棉纺织公司，因为这些分组中持续盈利公司占公司总数的比例高，而且持续盈利公司的平均利润率也高。亏损最多的是金铂、冶金、金属加工和机械制造公司，因为这些分组中亏损公司占公司总数的比例高，而且亏损公司的股本平均亏损率也高。①

---

① Оль П. В. Финансовое положение акционерных предприятий в России.//Промышленность и торговля, 1908, № 15, с. 128, 135.

第二章　19~20世纪之交的股份制经营

此外，需要补充的是，一些工业部门出现了急剧的分化：一极是高利润的公司；另一极是亏损公司。例如，石油工业中划分出一组高利润率的公司（平均12.7%），它们只占部门公司总数的1/5，其余4/5的公司要么亏损，要么非持续盈利。

我们看到，在保险、黑色冶金等股份制经营的部门中，一方面，部分公司的利润率非常高，另一方面亏损率也最高。

因此，20世纪前10年俄国报刊上发表的作品中，值得一提的是1906~1907年Ф. А. 拉辛斯基发表在《金融导报》上的系列文章，这些文章分析了俄国工业不同部门中股份-合股公司的利润统计数据。① Ф. А. 拉辛斯基得出了以下结论。20世纪前10年，就财务状况而言，股份-合股公司发生了明显的分化：这些年里，最强的公司在加强其地位，较弱的公司越来越差。他在对煤炭股份公司财务状况的分析中写道："……可靠的公司越来越强大，积累储备并偿还债务，减少债务和之前的亏损，而弱小公司的状况继续恶化。"同时，在他看来，大公司的生命力最强。Ф. А. 拉辛斯基表述自己的观察结果，"如果我们分析一下南方煤炭公司固定资本的平均值，那么会注意到，盈利公司的平均值为396万卢布和301万卢布，亏损公司则为247万卢布和267万卢布。在这个数量最多，因而也为结论提供了最正确数字的矿山公司组中，我们看到了这样的证据：大公司中资本的集中会提供更多的获利机会"②。在随后发表的另一篇专门分析俄国纺织股份-合股公司盈利率的文章中，Ф. А. 拉辛斯基再次指出，"在三大产区的股份-合股公司中，因此也在对该组的一般结论中，盈利公司的固定资本平均值高于亏损公司……这种现象也重复出现

---

① Вестн. Финансов, промышленности и торговли, 1906, № 41, 42, 44; 1907, № 6, 29, 32.
② Вестн. Финансов, промышленности и торговли, 1906, № 44, с. 182-183. Цифры на 1901/2 и 1903/4 гг.

在其他工业部门"①。

在分析20世纪初股份制经营发展的统计数据时,已经注意到,该阶段这种发展的表现,与其说在总体数量的增长上,不如说在内部重建的过程上,其意义在于根据资本额更明确地区分股份制公司,加强其中特大型公司的地位。正如我们所见,利润率的统计数据也证明了这一点。

二 大型股份公司受危机影响的报纸报道

统计资料对其所记录事实的个体特征漠不关心。它只关注这些将它组合在一起的事实的共同特征。因此,所有统计资料中的工业企业和股份公司在各个统计组中看起来是一样的:它们构成了一个统计单位。然而,实际上商业企业往往互不相同。每个企业都有自己的历史和独特之处。

为了接近历史事实,看到危机对经济生活影响的真实情况,应查阅反映事件具体过程的那些资料。后者中特别值得关注的是刊物,尤其是报纸。报纸的功能是向读者介绍刚刚发生的事件,所以报纸报道是对现实相当直接和同步的反映。报纸信息的日常性也决定着它的系统性。当然,公文性质的文献,通常包含关于某一具体事件更全面和深刻的信息,但由于保存不完整,它们只揭示了经济史的个别片段。而报纸提供了整个情况。

报纸信息自然不能完全准确地反映事实。但我们知道,即使是最理想的镜子也只能给出镜像,即不完全相等的反映。俄国资产阶级地主的报纸绝非完美的"镜子",但它们通常记录的是商业生活中真实发生的事情,而且不仅书写真实的事实,还书写未成功的项目、未证实的传闻,这些传闻有时与真实的事实一样有趣。而读者正是根据报纸上的内容,对经济形势、工业和俄国其他国民经济部门的情况等形成了认识。

---

① Вестн. Финансов, промышленности и торговли, 1907, № 32, с. 154.

第二章　19~20世纪之交的股份制经营

在研究1899~1903年俄国危机的各种表现时，笔者主要参考了《证券交易所公报》和《工商业报纸》（以下简称《证券报》和《工商报》），其中包含了关于工商业生活和股票交易活动的最丰富信息。其他报纸仅用于提供补充信息。在这项工作中，吸引笔者的不是分析资料和评价意见，而是关于具体事实的消息，这些事实也是危机对资本积聚和集中影响的体现。

尽管早在1899年春，彼得堡交易所的证券行情就出现了下降趋势，但俄国资产阶级地主报刊觉察到了当年夏天即将发生的事件——如晴天霹雳般的 П.П. 冯·德维斯和 С.И. 马蒙托夫的破产。可以想象，这一消息在中小企业主和食利者中引起的恐慌，对他们来说，П.П. 冯·德维斯和 С.И. 马蒙托夫的形象是财富和繁荣的象征。

二者的背后不是单独的企业，而是整个集团。П.П. 冯·德维斯是俄国工商业银行的主要股东，他广泛利用该银行的资金为各种商业企业和交易所的投机生意融资。① 当客户被 П.П. 冯·德维斯破产的消息所吓倒，急于提取存款时，国家银行向俄国工商业银行提供了400万卢布的紧急贷款，才使它支撑下去。②

莫斯科著名的资本家和慈善家 С.И. 马蒙托夫从父亲那里继承了莫斯科-雅罗斯拉夫尔铁路公司的控股额。随着该公司活动范围的扩大（修建从沃洛格达到阿尔汉格尔斯克的铁路，为从沙皇政府获得修建彼得堡-维亚特卡铁路的特许权而斗争），90年代他对各种各样的工业感兴趣，为了给其融

---

① Левин И. И. Акционерные коммерческие банки в России. Пг., 1917, т.1, с.273; Старый профессор. Денежный кризис 1899 г. и политика банков. //Народное хоз-во, 1900, № 3, с.15; Брант Б. Ф. Торгово-промышленный кризис в Западной Европе и в России. СПБ., 1904, ч.2, с.104-105. П.П. 冯·德维斯拥有铁路专线公司、伏尔加河航运公司、"高加索"公司、伏尔加钢铁公司、彼得堡格卢霍泽尔硅酸盐水泥公司、原魏切尔特公司、法俄矿业公司、北方保险公司、"索尔莫沃"公司、北方玻璃工业公司、东部商品仓库公司、梁赞-乌拉尔和莫斯科-喀山铁路公司的大量股票。

② Левин И. И. Акционерные коммерческие банки в России. Пг., 1917, т.1, с.283.

俄国金融资本的形成

资,他动用了莫斯科-雅罗斯拉夫尔-阿尔汉格尔斯克铁路公司的资金。

此外,由于莫斯科-雅罗斯拉夫尔-阿尔汉格尔斯克铁路公司的理事会在建造新线路时放任资金的巨大超支和许多其他舞弊行为,线路运行时经营极度不善,公司资金匮乏。为了找到摆脱困境的办法,1898年С.И.马蒙托夫以他和亲戚拥有的莫斯科-雅罗斯拉夫尔-阿尔汉格尔斯克铁路公司的股份以及个人署名的汇票为抵押,从彼得堡国际银行获得了为期9个月的300万卢布的贷款。由于未在规定的期限内偿还,所有质押的证券都被转移到银行证券的总存量中。这意味着С.И.马蒙托夫的破产。①

---

① Брандт Б. Ф. Торгово-промышленный кризис в Западной Европе и в России. СПБ., 1904, ч. 2, с. 107-111; Соловьев А. М. Из истории выкупа частных железных дорог в России в конце XIX в.//Ист. зап., 1968, т. 82, с. 113-115. 在该案件的司法调查过程中,С.И. 马蒙托夫表示,彼得堡国际银行行长А.Ю. 罗特施泰因向他提供这笔贷款是为了陷害他,因为据他说,"罗特施泰因不可能不知道,他马蒙托夫在涅夫工厂经营中的资金收紧,以致他永远不会有钱赎回股票,即300万卢布"(ЦГИАЛ, ф. 1405, оп. 539, д. 308, л. 41. Письмо судебного следователя по особо важным делам Московского окружного суда Юшневского от 11 октября 1899 г.)。

资产阶级商人之间的关系远非安宁舒适的,毫无疑问,彼得堡国际银行向С.И.马蒙托夫提供贷款绝非出于慈善之心。很可能,它决定利用С.И.马蒙托夫的困境,以他为代价增加自己的财富。然而,银行不大可能对给С.И.马蒙托夫带来140万卢布损失的破产感兴趣。看来,银行经理们没有料到С.И.马蒙托夫的情况是那么无望。1899年7月,此事被查明,С.Ю.维特将С.И.马蒙托夫传唤到财政部并要求他索赔,因其在向彼得堡国际银行贷款的问题上误导了А.Ю.罗特施泰因。无论如何,在1899年夏持有了莫斯科-雅罗斯拉夫尔-阿尔汉格尔斯克铁路公司控股权的彼得堡国际银行,最初试图挽救С.И.马蒙托夫的破产。应А.Ю.罗特施泰因的要求,С.Ю.维特允许向莫斯科-雅罗斯拉夫尔-阿尔汉格尔斯克铁路公司提供一笔国家银行贷款,以公司出纳处——涅夫斯基机械厂的股份和期票做担保,此外,还向他发放500万卢布的贷款,以未来的利润为代价。然而,即使如此慷慨的援助也没能挽救莫斯科-雅罗斯拉夫尔-阿尔汉格尔斯克铁路公司。

到1899年底,彼得堡国际银行的经理们得出结论,为了规避进一步的损失,他们应该剥离该公司的股份。最终,1900年3月,在国务会议和大臣委员会的见证下,在С.Ю.维特的压力下(他坚持认为有必要帮助公司的股东,即主要是帮助彼得堡国际银行),通过了关于将莫斯科-雅罗斯拉夫尔-阿尔汉格尔斯克铁路公司收归国库的决定。参阅 Мигулин П. П. Русский государственный кредит. Харьков, 1902, т. 3, с. 699-701; Соловьев А. М. Указ. соч., с. 114-115; ЦГИАЛ, ф. 1405, оп. 539, д. 308, 309。

第二章　19~20世纪之交的股份制经营

П.П. 冯·德维斯和 С.И. 马蒙托夫的突然破产为报纸提供了长期的素材。两年后,《证券报》总结 П.П. 冯·德维斯破产的后果时,指出"德维斯企业的清算采取了……有利的方针"(《证券报》,1901年9月13日)。国家银行的援助挽救了俄国工商业银行,同时也使 П.П. 冯·德维斯参与融资的大部分企业获救。① 据报纸报道,债权人管理机构接管了 П.П. 冯·德维斯的资产,并抵偿了2400多万卢布的债务,成功出售了 П.П. 冯·德维斯的一些股票,因而1900年7月资产超过负债,出现了近200万卢布的盈余,替代了之前的亏空(《工商报》,1900年7月12日;《证券报》,1900年7月18日)。

沙皇政府并没有拒绝扶持 С.И. 马蒙托夫的企业。把莫斯科-雅罗斯拉夫尔-阿尔汉格尔斯克铁路公司收归国有后,又慷慨地偿清了股东的债务,政府似乎也被迫关心莫斯科-雅罗斯拉夫尔-阿尔汉格尔斯克铁路公司——涅瓦造船与机械合伙公司的债务。其股份被转移到国家银行债券总存量中。С.И. 马蒙托夫的其他公司没有获救,② 但他本人最终设法避免了刑事处罚和债务监禁。③ 1902年2月14日,莫斯科州法院通知,由

---

① 清算的只是其中最差的公司:伏尔加钢铁公司和原魏切尔特公司。
② 早在1899年莫斯科车厢制造厂就宣告破产了,当时北方木材公司事务管理机构也成立了,但1905年就宣告破产了。1900年成立了东西伯利亚生铁冶炼和机械公司事务管理机构,立即提出了对该公司清算的问题。
③ С.И. 马蒙托夫和莫斯科-雅罗斯拉夫尔-阿尔汉格尔斯克铁路公司理事会的其他一些成员一样,被起诉了。审判于1900年7月23~30日举行。当时,多亏沙皇政府的帮助,莫斯科-雅罗斯拉夫尔-阿尔汉格尔斯克铁路公司的债权人和股东的索赔基本得到了满足。大概,因此针对 С.И. 马蒙托夫的起诉书听起来不是很严重,尽管它提到了莫斯科-雅罗斯拉夫尔-阿尔汉格尔斯克铁路公司因非法使用资金资助而造成了500多万卢布的损失。无论是公诉人——莫斯科法院检察官的同事 П.Г. 库尔洛夫,还是律师——著名的 Ф.Н. 普列瓦科在发言中一致表示,С.И. 马蒙托夫不知道自己在做什么。据普列瓦科称,"应该向省政府发一份关于主要股东在极其软弱情况下采取措施的声明,而非启动刑事案件",主要股东选举 С.И. 马蒙托夫为莫斯科-雅罗斯拉夫尔-阿尔汉格尔斯克铁路公司的理事会主席。最终陪审员宣告 С.И. 马蒙托夫无罪(《证券报》,1900年7月24日、8月1日)。此后,С.И. 马蒙托夫的债权人对其启动破产程序,一年半后就结束了(《证券报》,1902年2月14日)。

俄国金融资本的形成

于与 С. И. 马蒙托夫的债权人达成了"友好协议"，С. И. 马蒙托夫的破产案终止。《证券报》写道："这样一来，С. И. 马蒙托夫的案子结束了——鉴于该事件对我国工商业生活产生了相当大的影响，这一事实不能不令人高兴。然而，与此同时，我们能不为来自莫斯科的消息感到悲哀吗？'马蒙托夫事件'开始时闹得沸沸扬扬，却在相互让步中平静地结束，这种反差不令人奇怪吗？"该报试图将此事描述成，如果 С. И. 马蒙托夫的债权人当时表现出明智和团结，随后货币市场的混乱和危机就不会发生，但这很难让人信服。早在 1900 年就显示，П. П. 冯·德维斯和 С. И. 马蒙托夫的破产并非偶然。

1 月的前几天里，人们发现证券交易所流传的关于雷瓦尔"发动机"车厢制造厂不利情况的传闻是有根据的。应债权人的要求，成立了公司事务管理机构。为该公司提供资金的俄国工商业银行，如前所述，在 П. П. 冯·德维斯破产之后勉强幸存下来，但无法帮助该公司（《证券报》，1900 年 1 月 6 日、14 日）。

此后，成立了多布罗夫与纳布戈利兹炼铁和机械制造生产公司（在莫斯科）的事务管理机构，该公司受彼得堡私人银行保护（《证券报》，1900 年 2 月 6 日）。

2 月初，奥雷舍夫糖厂的股东大会决定对公司进行清算（《证券报》，1900 年 2 月 11 日）。2 月 17 日，《证券报》报道了 1899 年众多伏尔加河航运公司的巨大损失，第二天报道了弗拉基米尔省尤里耶夫县纺织工厂的"奥夫相尼科夫兄弟和甘申父子"工厂贸易公司中止付款。

这些报道让人产生二流和三流企业陷入困境的印象。Г. И. 帕利森表示贸易商行的倒闭情况并非如此。"Г. И. 帕利森证实了昨天证券交易所流传的贸易商行中止付款的传闻"——《证券报》1900 年 3 月 18 日报道。《工商报》写道："该公司属于圣彼得堡最大的公司，在其存在的 50 年里，从事各种贸易活动，参与圣彼得堡商业港口的贸易，参股轮船运输企业，并作为主要股东参与 Г.И. 帕利森信纸股份公司、勒热夫信纸合伙公司、科舍廖夫信纸公司、'出版者'公司等的事务"（《工商报》，1900年3月23日、31日；也可参阅《证券报》，1900年3月23日、28日）。Г.И. 帕利森贸易公司倒闭后不久，他的一家企业——"出版者"公司也破产了，该公司曾发行了《祖国之子》报纸和《画报评论》及《家庭藏书》杂志（《证券报》，1900年9月3日）。

受影响的股份公司的行业范围越来越广。1900年3月25日，《工商报》报道了俄国顿涅茨克煤炭和工厂工业公司经营的不利结果。1900年4~8月，报纸上相继报道了乌津甜菜制糖合伙公司事务管理机构的建立、赫列诺维茨与文迪昌斯基甜菜制糖合伙公司的破产管理（《证券报》，1900年4月8日）、涅瓦化工厂的亏损（《工商报》，1900年4月20日）、俄国出口贸易公司的亏损（《证券报》，1900年5月4日）、罗兹市 И.Л. 巴里造纸厂的付款困难（《工商报》，1900年5月4日）、"令人沮丧的"流行性破产消息对莫斯科手工工场市场的影响（《证券报》，1900年6月1日）、"韦尔曼父子"呢绒工场暂停付款（《证券报》，1900年6月13日）、里加"费尼克斯"车厢制造厂和机械厂的绝境（《工商报》，1900年8月1日）等消息。

1900年春夏之交，危机对俄国信贷机构的影响开始显现。商业银行的年度股东大会表示，他们证券存量中的分红证券过多，一定程度上这些证券已经失去了自身价值，并有进一步贬值的危险。彼得堡国际银行有价值近800万卢布的此类证券。其中绝大部分来自 С.И. 马蒙托夫的莫斯科-雅罗斯拉夫尔-阿尔汉格尔斯克铁路公司股票。尽管银行董事相信政府会赎回这些股份，但仍然认为有必要用储备金核销170万卢布的损失（《证券报》，1900年4月3日）。俄国工商业银行也不得不进行大额核销（《工商报》，1900年3月18日）。俄国外贸银行也无法逃过80万卢布损失的核销，与俄国工商业银行及彼得堡国际银行不同的是，它与发生过的

· 153 ·

俄国金融资本的形成

倒闭事件无直接关系。正如报纸报道的那样，彼得堡私人银行的报告中也提到了危机对经营状况的影响（《工商报》，1900 年 4 月 23 日）。南俄工业银行在财政年度结束时也亏损了 100 多万卢布，为抵偿亏损，其用部分储备金进行核销（《工商报》，1900 年 4 月 1 日；《证券报》，1900 年 7 月 6 日）。彼得堡-亚速银行也不得不用储备金核销亏损。人们注意到其与亚速-顿河银行的合并计划失败了，因为以货币市场目前的情况，后者认为不可能增加股份资本（《证券报》，1900 年 7 月 8 日、9 日）。波罗的海工商业银行在雷瓦尔的活动结果是令人失望的（《工商报》，1900 年 8 月 22 日）。

股份制银行能够承受的困难对一些独资银行公司来说是力所不及的。5 月 12 日彼得堡的 A. H. 库图佐夫商业办事处暂停支付。《证券报》写道，"该办事处的主人在当地的证券交易所主持银行业务，主要是出售和购买各种私营工业企业的债券"。他的债务达 600 万卢布，包括欠彼得堡私人银行的 130 多万卢布和欠伏尔加-卡马银行的约 60 万卢布。《证券报》通过强调 A. H. 库图佐夫商业办事处的债务有可靠的保障来安慰读者。然而，这家被认为很可靠、储户"主要是僧侣和神职人员"的银行破产了，这一事实本身就很能说明问题（《证券报》，1900 年 5 月 12 日、13 日）。

应该指出的是，直到 1900 年底，报纸上有关俄国工商业和信贷公司事务出现新困难及破产的消息，与新股份公司成立的消息交织在一起。特别是，这一时期成立了许多专门针对俄国事务的外国公司。各种各样的企业都在其中。

据报纸报道，许多俄国公司和在俄国经营的外国公司，在 1900 年开始增加资本。至少在上半年，他们新发行的股票和债券在国外售光。《工商报》写道，特别是在法国非常成功地出售了顿涅茨克-尤里耶夫冶金公司总额为 400 万卢布的债券（《工商报》，1900 年 4 月 30 日）。

此时国外成立的股份公司往往以收购俄国现存企业为目的。例如，

第二章　19~20世纪之交的股份制经营

新成立的英国公司接管了巴库的一些油田和叶尔马克公司的采矿和运输企业，随后叶尔马克公司被清算。一些已经在俄国经营的外国公司通过吞并竞争对手来扩大自己的企业。特别是，位于彼得堡的比利时电灯公司收购了俄国电能运营公司的企业（《证券报》，1900年9月29日）。罗斯柴尔德家族承诺收购格罗兹尼地区的石油企业（《工业世界》，1900年第35期）。相反，其他公司则设立子公司，如法国的乌拉尔-伏尔加冶金公司，从该公司中分出根据俄国章程成立的科马罗夫铁矿公司和南乌拉尔采矿公司（《工商报》，1900年4月7日）。巴黎-荷兰银行的产物——伏尔加-维舍拉采矿冶金公司，也将属于自己的帕拉托夫轧钢、造船和机械制造厂拆分为独立的俄国股份公司（《工商报》，1900年5月3日；《证券报》，1900年8月2日和6日）。此外，也有将俄国公司控制的股份转移到外国金融集团的情况：法俄矿业公司（《工业世界》，1900年第13期）、布良斯克公司[①]（《证券报》，1900年10月17日）。最后，德国工业公司"法布维克"和"赫利俄斯"在俄国设有分支机构，并将其转变为俄国子股份公司：莫斯科法布维克公司（《工商报》，1900年1月8日；《证券报》，1900年1月12日）和彼得堡电气工程公司（《证券报》，1900年2月5日）。

　　然而，在1900年下半年，当世界经济危机开始蔓延到西欧国家时，外国企业在俄国的经营积极性明显减弱。同时，结果也远非光彩夺目。笔者注意到比利时公司在1899年初至1900年5月大规模渗透俄国国民经济，1900年11月29日，《证券报》写道："目前，俄国共有148家比利时企业，资本为4.94306亿法郎。根据报告，这些公司取得了适度的成果。平均而言，这些公司创造了2.7%的资本净回报率，而17家公司在经营年

[①] 为了尽量忠实于原文，原文为"Общество Брянских заводов"，此处译作"布良斯克公司"，下文还出现"Брянский завод"，译作"布良斯克工厂"。类似情况采用同样的办法处理。——译者注

俄国金融资本的形成

度结束时出现了亏损。这些公司成立时，布鲁塞尔证券交易所对它们特别感兴趣。但现在对俄国-比利时企业的兴趣也大大降低了。"

两个月后，该报又回到了在俄国的比利时企业问题上。在1月22日的通讯报道中："看看在俄国经营的各种比利时匿名公司的报告，读读理事会在股东大会上提交的报告，无论这些报告被如何粉饰，人们都会为资本家把他们的储蓄委托给这种有名无实的企业经理的轻率态度而感到震惊。我们认为，在俄国活动的所有比利时企业中，有几十个企业或多或少具有稳固的基础，它们拥有进一步发展的机会，这一点不会错。"顺便提一下，通讯报道的作者在评论刚从巴黎收到的关于法国诺沃巴甫洛夫卡煤炭和冶金公司破产事务开始的消息时说："巴黎的报纸指出，这是一个无耻滥设投机企业的最典型例子"。

到这个时候，已经积累了许多这样的例子。事实证明，其中也包括规模宏大的乌拉尔-伏尔加冶金公司的建立，该公司于1901年1月停止付款（《证券报》，1901年1月21日和26日）。乌拉尔-伏尔加冶金公司是法国银行和俄国银行联合建立的，他们的另一个创造——俄国金矿开采公司在1900年12月出现超过100万卢布的亏损（《工商报》，1900年12月6日、10日）。乌拉尔-伏尔加冶金公司的破产、"索尔莫沃"公司事务的危险情况（《证券报》，1901年1月1日）、俄国铁工厂、轧钢厂和机械厂的付款困难（《证券报》，1901年1月5日）——这些绝非《证券报》和《工商报》中令人鼓舞的报道。然而，从这些报纸的股票简讯来看，从1901年1月开始，一些新的外国公司在俄国被积极建立起来了。报纸特别报道了德国公司——俄国炼铁股份公司在柏林成立，设立该公司目的是租用矿床、获得开采铁矿石的特许权并运营各种采矿企业（《证券报》，1901年1月23日）；为收购华沙省金属加工厂而创办的蒂尔曼铸铁公司（《工商报》，1901年4月6日），一系列为收购巴库、达吉斯坦、格罗兹尼地区油田而建立的英国公司（《证券报》，1901年1月31日；

《工商报》，1901年2月20日和3月6日），为收购达克维蒂"高加索"锰矿而建立的法国公司（《工商报》，1901年3月6日）以及伊尔米诺煤炭公司和突厥斯坦"纳扎罗夫合伙"工业公司（《工商报》，1901年4月13日）。

《证券报》报道了布良斯克轧轨炼铁机械公司在巴黎认购400万卢布新发行股票时获得"巨大而圆满的成功"（1901年4月28日），而《工商报》报道南俄的法国机械生产公司打算增加资本（1901年4月19日）。根据这两份报纸的报道，基辅资本家为开采塞米巴拉金斯克州吉尔吉斯草原的铜、煤和其他矿产而成立的沃斯克列先斯科采矿公司，引起了美国亿万富翁铜王克拉克的兴趣，他准备收购这家企业（《工商报》，1901年7月12日；《证券报》，1901年7月16日）。最后，6月中旬，《工商报》报道，传闻法国银行"总公司"（法国兴业银行）将在彼得堡开设一家分行，该分行将根据俄国章程以"北方银行"的名义运营（1901年6月16日）。

然而，1901年5~6月，A.K.阿尔切夫斯基及其银行工业集团的倒闭使可能改变市场情况的所有希望破灭了。

哈尔科夫土地银行理事会主席和哈尔科夫商业银行实际经理A.K.阿尔切夫斯基在19世纪90年代创办了一批一流的工业公司。他与彼得堡轧铁线材公司联合成立了顿涅茨克-尤里耶夫冶金公司、阿列克谢耶夫采矿公司等俄国公司，还与外国金融工业集团合作成立了比利时公司"俄国普罗维登斯"公司和法国的南方采矿公司。

顿涅茨克-尤里耶夫冶金公司的工厂装置和设备，是在彼得堡轧铁线材公司和德国"菲茨纳-甘珀"公司的技术援助下建造的，法国"里昂信贷"银行彼得堡分行中一位极其严格的专家甚至认为，它是"俄国南部最好的公司之一"。[①]

[①] Archives CL, EF, 25262. Справка, датированная январем 1902 г., с. 12.

俄国金融资本的形成

阿列克谢耶夫采矿公司拥有顿涅茨克矿区最丰富的煤矿，该煤矿位于顿涅茨克-尤里耶夫冶金公司附近。这些企业的状况似乎很辉煌。早在1900年夏，正如《证券报》所报道的，顿涅茨克-尤里耶夫冶金公司的股东会议对包括А.К.阿尔切夫斯基在内的理事会成员表示感谢，"感谢他们妥善处理业务"（《证券报》，1900年6月11日）。

然而，在很大程度上А.К.阿尔切夫斯基用"别人的钱"建立了自己的企业，无耻地将哈尔科夫商业银行的资源用于个人目的，并非法将哈尔科夫土地银行的资金转移到自己的企业。到1901年初，他欠哈尔科夫商业银行850多万卢布，其中250万卢布没有任何担保。而哈尔科夫商业银行此时又欠哈尔科夫土地银行近500万卢布。А.К.阿尔切夫斯基以这两个银行以及顿涅茨克-尤里耶夫冶金公司、阿列克谢耶夫采矿公司、"俄国普罗维登斯"公司和一些其他公司中属于他的股票做抵押，他还向国家银行、伏尔加-卡马银行、彼得堡贴现贷款银行和巴黎-荷兰银行大额借款。但随着经济形势的恶化，操纵"别人的钱"变得越来越困难。1901年春，А.К.阿尔切夫斯基试图获得政府贷款。1901年5月7日，在遭到С.Ю.维特拒绝后，他跳下了火车。①

报纸写道，在这之前不久，А.К.阿尔切夫斯基的大部分贵重物品已经在П.М.里亚布申斯基手工工场进行了再抵押，该公司向哈尔科夫商业银行提供了紧急贷款。利用这一点，在А.К.阿尔切夫斯基自杀及紧随其后的哈尔科夫商业银行倒闭后，该公司趁机接管了哈尔科夫土地银行（《证券报》，1901年7月6日、7日、12日、14日以及1901年9月29日）。

在国家银行的帮助下，П.М.里亚布申斯基公司为哈尔科夫土地银行发放了高达600万卢布的贷款（《证券报》，1901年7月4日），公司代表

---

① Брандт Б. Ф. Указ. соч., с. 127 – 133；Герценштейн М. Я. Харьковский крах. СПБ., 1903；Белов В. Д. А. К. Алчевский. М., 1904；Биржевые ведомости, 1902, 28 февр. —7 марта；1902, 13 дек. (судебная хроника по делу о злоупотреблениях в Харьковских земельном и торговом банках).

设法在一年内相当迅速地恢复了银行业务。至于 A. K. 阿尔切夫斯基的其他企业，它们的情况更糟。顿涅茨克-尤里耶夫冶金公司和阿列克谢耶夫采矿公司的股价暴跌。前者很快被移交管理（《证券报》，1901 年 8 月 28 日），后者靠国家银行的贷款以及与债权人达成的分期偿还一半公司债务的协议才得以生存。一段时间后，"俄国普罗维登斯"公司也开始接受管理（《证券报》，1902 年 6 月 15 日）。与阿尔切夫斯基集团关系密切的叶卡捷琳诺斯拉夫商业银行停止了付款（《证券报》，1901 年 8 月 2~10 日以及 1901 年 10 月 3 日）。

自 1901 年 7 月末，《证券报》的页面上开始出现越来越多关于股份公司困难和清算的报道，而关于新企业出现的消息则越来越少。

7 月 25 日，《证券报》注意到 "过去一周俄国采矿和冶金企业在巴黎证券交易所开盘的股票价格下跌"。《证券报》表示，这是由于《法兰克福报》上发表了该报驻彼得堡记者关于比利时-法国企业在俄国经营结果的一封信，《证券报》详细摘录了这封信的内容。《法兰克福报》的记者特别写道，"不久前刚成立的比利时-法国企业倒闭的数量，最近增加到令人震惊的程度。在叶卡捷琳诺斯拉夫，紧跟'法俄作坊'之后的是'北方冶金'（原蒂尔曼斯公司），该公司将于 8 月 9 日召开股东大会，决定对公司事务进行清算。在很短的时间内，自今年年初以来，这已经是第五家这样的公司，它们在短暂存在后就因其成立时所犯错误而倒闭。从乌拉尔-伏尔加冶金公司开始，随后是法俄电池公司、莫斯科砖厂，现在是上述两家公司。3210 万法郎的股票和 2150 万法郎的债券遭受损失"。记者相信，这不会是终点，因为建立在法国和比利时资本之上的企业中，"有很多腐败和不稳固的企业"。在他看来，"如果说这一切到目前为止尚未明朗，如果仍有许多实际上注定要倒闭的公司仍在坚持，那么这都取决于，他们的创始人和经理们耍了手段，向股东和公众隐瞒了真实情况"。

记者指出 "这些企业的清算只是时间问题"后，继续道："在这次企业开办潮流中,除法国-比利时企业所遭受的资本损失外,还有广泛参与具有俄国股份公司形式的企业而造成的损失。这里主要包括:伏尔加-维舍拉公司、上伏尔加铁路材料公司、科马罗夫采矿公司及许多其他公司,此类情况不胜枚举。还应该提到关于布良斯克轧轨炼铁机械公司的股份向法国的转移,当时内行人估计其数量为7万股。这些股票被法国资本家以比现在高出100~150卢布的价格收购。因此,这笔交易导致了2000万法郎的损失,在目前的总体市场行情下,特别是这些企业的状况,很难弥补这些损失。由此可见,法国-比利时企业的资本家应该指出自己的俄国工业公司中的巨大损失,如果公众对这一事实知之甚少,如果对当代建立的许多企业的财务状况一无所知,那么很遗憾,这是法国报刊的运作方式问题,它热衷于夸大个别幸运企业的巨大成功,而对当代的灾难性结果完全保持沉默。"

《证券报》在评论这一报道时并没有完全推翻其观点,只是指出它"犯了片面性错误",理由是《法兰克福报》的记者未提及那些"根基牢固、成绩喜人"的公司。《证券报》断言:"记者选择的那些公司,它们成立的唯一目的是赚取创业利润,并不关心企业未来的生产活动,因此从一开始就无法正常运作和发展。"

随后《证券报》的报道证实了《法兰克福报》记者的悲观预测。1901年8月26日,他们向读者报道了北方冶金公司将被拍卖的消息,9月7日——刻赤工厂的股票价格下跌,同时"其他冶金和采矿企业的股票也在下跌",9月8日——普罗霍罗夫煤矿公司"无法支付其债券的定期息票",9月12日——该公司的债券持有人大会即将在布鲁塞尔召开,9月13日——维堡的"车间、铸造和造船匿名公司"破产,9月20日——"比利时水泥生产和石灰烧制公司在别雷(顿涅茨)的状况非常困难"。

1901年9月24日,《证券报》写道:"在过去的一周里,每天都会收到在俄国经营的一些公司的股票价格持续暴跌的消息。正是这类公司

（主要是冶金业和采矿业）的证券几年前在巴黎和布鲁塞尔证券交易所以高价差溢价上市，现在亏损严重，个别情况下其交易价格降低了90%。"对于"法国在俄国证券上正在损失几十亿"的抱怨，该报强调，"损失最多的不是那些在俄国成立、根据俄国政府当局批准的章程运行的公司证券，而是那些在国外成立、只允许在俄国运营且其章程是在巴黎和布鲁塞尔制定的公司的证券。如果南俄第聂伯冶金公司、索斯诺维茨基轧管炼铁公司等长期在巴黎证券交易所挂牌并表现良好的股票也下跌了，那么，与上伏尔加、乌拉尔-伏尔加、拉赫曼诺夫、普罗霍罗夫等公司的异常贬值相比，这种下跌意味着什么呢？所有这些企业都属于这样的公司，它们的起源完全归功于其法国和比利时创始人的勤奋，它们的组织不在我们的法律和规范股份公司行为的行政惯例范围之内……因此，在俄国建立的且基于政府当局完全批准的章程运营的企业，与上述外国企业的条件之间的差异很大。我们认为，为了正确评价俄国企业的危机，应该认真关注这一方面，巴黎和布鲁塞尔都有关于这方面的消息"。

《证券报》显然是在美化俄国企业的状况。当时国内资本家手中的股份公司面临破产和清算的情况很多。此外，报纸报道中提到的一些外国资本公司，特别是伏尔加-维舍拉、科马罗夫、普罗霍罗夫煤矿公司，都基于俄国章程运营。然而，从报纸报道来看，自1901年中期以来，在俄国经营的外国企业的破产案例明显多于俄国企业。的确，11月15日，《证券报》报道，"根据来自巴黎的消息，最近当地证券交易所的俄国股息值出现了明显的好转"。该报对此解释道，强大的金融力量，主要是巴黎银行"总公司"向"俄国有价证券市场"提供了援助。然而，12月6日，《证券报》报道，由"总公司"直接赞助的俄国伊斯季亚冶金厂破产了。

1902年出现了外国和俄国的股份制公司陷入困境的新消息。仅在《证券报》新年第一个半月内提到的这些企业中，我们就看到了伏尔加-

俄国金融资本的形成

特维尔货运客运轮船公司、西顿涅茨煤矿公司、比利时布良斯克煤矿公司、莫斯科金属生产合伙公司、布良斯克和刻赤公司、比利时"陶瓷"公司、比利时"俄国普罗维登斯"公司、比利时南俄煤矿公司、叶尼塞采矿冶金公司等。

2月26日，彼得堡-亚速商业银行宣布破产（《证券报》，1902年2月26日）。2月末3月初，布良斯克和刻赤公司处于绝境，它们被法国金融集团接管后，成为巴黎证券交易所无节制投机的对象，被新主人逼到实际破产（《证券报》，1902年3月2日）。4月，接着宣布"莫斯科"保险公司破产（《证券报》，1902年4月8~14日）。5月，人们知道了，由Ф. А. 克诺普和И. Н. 孔申领导的在埃及的俄国机械清洗和棉花压榨公司遭到清算（《证券报》，1902年5月24日）。6月，比利时的顿涅茨"马克耶夫卡"煤炭和冶金工业公司暂停运营（《证券报》，1902年6月11日）。7月，成立了"俄国普罗维登斯"公司事务的管理机构（《证券报》，1902年7月17日），刻赤公司的理事会通过了停止工厂运营的决定（《证券报》，1902年7月19日）。8月，两家比利时公司（机械、铸铁和锅炉厂和上第聂伯冶金公司）股东大会的决定通过——对公司进行清算（《证券报》，1902年8月25日、28日）。

9月以来，报纸报道的性质发生了一些变化。报纸上写了布良斯克轧轨炼铁机械公司的股票在巴黎证券交易所进一步下跌的消息（《证券报》，1902年9月17日）；写了工商业公司对法国及国外资本的减少，该公司作为控股公司当时成立于巴黎，持有在俄国经营的各种企业的股份，包括约1.3万股刻赤公司的股份（《工商报》，1902年10月18日）；写了法国公司——叶卡捷琳诺斯拉夫的法俄人造硅酸盐水泥公司、南俄采矿公司甚至是罗斯柴尔德家族的"俄国标准"公司在上一个经营年度中的重大亏损（《工商报》，1902年10月10日）。然而，直到这年年底，再也没有关于在俄国经营的俄国和外国股份制公司破产和清算的报道。

第二章 19~20世纪之交的股份制经营

同时自 1902 年春起,报纸开始更频繁地提及遭遇困难的股份公司重组事实。如,1902 年 5 月 7 日,《证券报》报道,固定资本损失一半以上引发的赫列诺维茨与文迪昌斯基甜菜制糖合伙公司拟议清算案没有进行,因为"布罗茨基参与了经营",收购了公司的大量股份。5 月 26 日,该报刊登了由于俄国企业家进入法国铂金工业公司,公司即将进行财务重组的消息。后来,还报道了瑞士的俄国棉纺织业公司、南方采矿公司等的重组计划(《证券报》,1902 年 6 月 13 日、9 月 17 日、11 月 2 日)。

9~12 月,《证券报》和《工商报》非常关注布良斯克和刻赤公司事务调节谈判,最终在国家银行的帮助下实现了谈判目标,国家银行用贬值的刻赤股票向布良斯克轧轨炼铁机械公司提供贷款。

自 1902 年夏起,这两份报纸上又开始出现在俄国经营的外国(几乎全是英国)新股份公司成立的报道(《工商报》,1902 年 7 月 13 日、21 日;《证券报》,1902 年 9 月 21 日、10 月 8 日)。

1903 年,报纸多次报道过有关股份公司清算或对其建立管理机构的情况。

虽然类似的事例不少,但有关它们的报道已经被其他消息(破产或亏损企业易主以及与更强大公司的合并或财务状况好转)代替。

"阿拉马兹德"石油工业和贸易公司被一群英国资本家接管,并决定从"沃罗潘"公司收购油田(《证券报》,1903 年 2 月 2 日),为此专门成立了咸海-里海油田和贸易公司(《证券报》,1903 年 3 月 27 日);比利时上第聂伯冶金公司成功与亚速-顿河银行达成财务重组协议(《工商报》,1903 年 5 月 9 日、9 月 5 日);在柏林成立了 C.T. 莫罗佐夫、克雷勒·奥特曼的联合化工厂,他们打算在俄国收购一些亏损的木材干馏企业,以便将这些生产集中在一起(《证券报》,1903 年 7 月 5 日);上伏尔加铁路材料公司与彼得堡私人银行、巴黎-荷兰银行达成了财务重组的协议(《证券报》,1903 年 7 月 7 日);杰巴尔采夫机械公司决定收购正

俄国金融资本的形成

在清算的位于哈尔齐斯克的比利时机械制造和炼铁厂（《工商报》，1903年7月15日、10月22日；《证券报》，1903年7月17日）。这些只是此类报道中的寥寥几个。

对股份制公司进行重组并不总是为了公司的实际恢复：赞助这些公司的金融集团采取各种巧妙的方法来制造重组的假象，以便等候时机改善市场情况，这种情况并不少见。比利时在设立股份制机构方面拥有最大的自由度，当时它是创办各种"辅助"、"租赁"和其他股份公司的舞台，这些机构要么是为了暂时持有被赞助公司的贬值股票和债券，要么是为了混淆它们与享有优先获得赔偿权的债权人和债券持有人的关系。具有讽刺意味的是，《证券报》在1903年10月5日写道："比利时资本家在发明新型股份制公司方面继续表现出色。例如，在过去的一年里，他们发明了'租赁公司'，而现在报道，在安特卫普成立了一个没有固定资本但有债券贷款的公司。"

仅一位比利时资本家的这种责难很难被认为是公平的，因为比利时这类公司的创始人中也有不少法国和俄国商人。1904年5月23日，《工商报》特别报道了"丹尼洛夫卡"（"黄河"）采矿公司在布鲁塞尔的创办。它的创始人是圣彼得堡的商人 Т. Л. 日沃托夫斯基，他拥有该公司总共1万股股票中的9000股。从1903年初发表在报纸上的俄国商业银行上一经营年度的决算摘录来看，对于彼得堡国际银行、俄国外贸银行、彼得堡贴现贷款银行、伏尔加-卡马银行来说，最糟糕的时期已经过去。俄国工商业银行和彼得堡私人银行的情况似乎更复杂，特别是后者，根据其1902年的业绩，不得不核销250万卢布（《证券报》，1903年5月2日）。更糟糕的是以波利亚科夫银行为组织中心的波利亚科夫银行集团的事务。该集团由8家商业银行和3家土地银行组成。商业银行包括莫斯科国际银行、彼得堡-莫斯科银行、彼得堡-亚速银行、南俄工业银行、奥尔洛夫银行、位于雷瓦尔的波罗的海工商业银行、明斯克银行和科斯特罗马银行,它们通过复杂的金融关系和个人联合彼此紧密相连,土地银行包括莫斯科银行、雅罗斯拉夫尔-科斯特罗马银行和顿河银行。

19世纪90年代后半期,波利亚科夫银行广泛参与了以投机为主的企业开办活动。И. И. 莱文和 И. Ф. 金丁的研究表明,波利亚科夫银行及其集团实际上早在1901年就破产了。然而,沙皇政府的援助使它们免于即将崩溃的命运。但即使是国家银行的几百万贷款也无法为波利亚科夫集团注入活力。自1902年初,它开始分崩离析,第一个表现是宣布彼得堡-亚速银行破产。[1] 1903年下半年,如何拯救波利亚科夫集团中一些银行的问题成为报纸上证券交易所简讯的一个永恒主题。9月20日,《银行与商业报》报道了南俄工业银行与彼得堡贴现贷款银行合并谈判的相关消息。11月,报纸上出现了彼得堡-莫斯科银行与亚速-顿河银行即将合并的消息(《银行与商业报》,1903年11月8日、11月22日;《证券报》,1903年11月12日、24日)。

1903年秋,报纸上还写了俄国工商业银行与彼得堡国际银行的合并计划,由于财政部的反对,该计划未能实施(《银行与商业报》,1903年9月6日、11月13日)。

至于俄国和外国新股份制公司的成立情况,从报纸报道来看,尽管在1903年也有发生,但规模不大。

总的来说,基于1903年的报纸报道,可以产生这样的印象:危机结束后,俄国的股份制公司经营开始重新进行力量部署,在危机打击下崩溃的金融工业集团让位于竞争对手或急于占据空位的国内外新资本主义力量。

危机年代,亚速-顿河银行被提升至俄国主要银行的行列,1903年其

---

[1] Левин И. И. Акционерные коммерческие банки в России. Пг., 1917, т. 1, с. 283-286, 298-300; Гиндин И. Ф. Русские коммерческие банки. М., 1948, с. 92-93. Гиндин И. Ф. Неуставные ссуды Государственного банка и экономическая политика царского правительства. //Ист. зап., 1950, т. 35, с. 117-122; Гиндин И. Ф. Московские банки в период империализма. //Ист. зап., 1956, т. 58, с. 78-82.

俄国金融资本的形成

理事会从塔甘罗格迁至彼得堡。里亚布申斯基兄弟不满足于进入哈尔科夫土地银行，于1902年在莫斯科建立了自己的银行。在俄国经营的外国集团也开始发生变化。1903年5月，报纸报道了巴黎国际银行的清算（《证券报》，1903年5月5日），该银行在19世纪90年代后半期已经成为法国投资俄国国民经济最积极的经纪人之一。

比利时资本显然已经失去了之前的地位。同时，特别是在乌拉尔和西伯利亚地区的石油和采矿业中，英国投资呈现出进一步增加的明显趋势。

俄国国民经济中，国内资本与国外资本的关系也出现了变化。根据当时的报纸报道，很难掌握这些变化的含义：一些公司从外国人手中转给了俄国资本家，另一些，则相反，被扩大的或新成立的外国公司收购。但所有这些报道都非常清晰地表明，危机条件下，国内和国外资本家的利益不可分割地交织在一起。危机年代，许多外国公司成为俄国债权人的猎物。同时，缺乏资金的俄国公司老板们，也愿意将自己的公司出售给外国资本家或与他们联合。外国投资开始更多地转向俄国的股份制公司，而俄国资本则投向在国外建立的公司。

1904年的报纸资料证明了股市行情的实质性变化。又出现了关于外国（主要是比利时）和国内股份制公司清算的报道。但当时占主流的报道仍是有关新公司成立和一些旧公司增加资本，以及遭遇危机的公司大量重组的消息。

第一次俄国革命事件严重扰乱了俄国的工商业生活，1905~1906年的报纸新闻很好地反映了这一点。然而，前几年就开始的股份制公司经营从危机到复苏的过渡，这几年里仍在继续，尽管速度很慢。

从报纸报道来看，1904年末1905年初，法国商业界对俄国公司的兴趣又开始增长。这尤其体现在，为协助法国公司在俄国开展经营活动而设立了一个特别公共委员会（《工商报》，1905年1月5日），以及1905

年 2 月两家俄国公司——哈特曼机械制造厂、图拉轧铜弹药厂在巴黎证券交易所上市（《证券报》，1905 年 2 月 7 日、24 日）。然而，随着革命在俄国的展开，这种兴趣显然减弱了，到 1906 年下半年才再次复苏。

在俄国报纸报道中，1907~1908 年是俄国特大型银行和工业公司在法国和德国资本的积极参与下完成重组和加强财政的时期。这一时期的特点还在于英国资本的猛烈冲击，其主要目标是乌拉尔和西伯利亚地区的采矿业。

1907 年 1 月 18 日的《证券报》报道，俄国和法国的主要银行同意在巴黎成立一个"以资助俄国工业和铁路企业为目的"的协会，这正是这个时期的开篇新闻。1907 年 2 月，报纸的注意力被当时俄国和外国金融集团进行的关于俄国银行融资的谈判所吸引。它们谈到了俄国外贸银行即将增加 1000 万卢布的股份资本，"德意志银行"和"维也纳银行"承担增资任务；谈到了西伯利亚银行的新股发行，其实现也由"德意志银行"担保；谈到了彼得堡私人银行的财务重组，为此"德国国家银行"的董事维滕贝格去彼得堡进行讨论；谈到了向外国集团出售 3 家波利亚科夫银行——莫斯科国际银行、南俄工业银行和奥尔洛夫银行的所有资产和负债，并与其进行了合并谈判（《证券报》，1907 年 2 月 1 日、2 日、8 日、13 日、18 日；《银行与商业报》，1907 年 2 月第 2 期）。

这个主题也占据了 3 月份的俄国报纸。《证券报》报道了与法国银行集团和银行家就彼得堡国际银行在巴黎证券交易所发行新股票的谈判，以及波利亚科夫银行谈判的失败（1907 年 3 月 17 日、18 日）。《莫斯科之声》写了与外国银行，主要是德国银行，达成的关于实施亚速-顿河银行新股发行的协议（1907 年 3 月 17 日）。4 月，《证券报》发表了关于彼得堡国际银行和俄国外贸银行新股认购进展的资料（1907 年 4 月 18 日、20 日）；1907 年 5 月 1 日，《莫斯科之声》注意到，"巴黎联合"银行对北方银行和法国银行"总公司"的业务产生了兴趣。

俄国金融资本的形成

同时，报纸报道，彼得堡私人银行与外国银行集团就财务重组达成了协议。但根据后来的消息，该协议的签订仍遥遥无期。尽管如此，12月报纸也给出了有关这个集团构成的各种信息（《莫斯科之声》，1907年12月20日；《证券报》，1907年12月22日）。1908年3月，该事件的情况似乎变得更加清晰。据《证券报》1908年3月2日的报道，彼得堡私人银行的新股发行由里昂-马赛银行、瑞士外贸银行和罗马银行担保。几周后，正如报纸所写，这些银行的代表们来到圣彼得堡，"目的是视察彼得堡私人商业银行所赞助的工商业企业，并了解该银行的业务"（《证券报》，1908年3月23日；《莫斯科之声》，1908年3月27日）。但1908年仍没有就彼得堡私人银行的财务重组达成协议。而波利亚科夫银行的问题终于得到了解决。1908年2月9日，《证券报》报道，"多次出现的莫斯科国际商业银行与奥尔洛夫商业银行、南俄工业银行合并的方案……即将实现"。

1907~1908年，不仅俄国银行，而且工商业公司也积极转向西欧货币市场，正如我们所见，早在1904年末1905年初，它们就已经朝着这个方向迈出了第一步。1907年3月8日，《莫斯科之声》在指出这一趋势时写道："科洛姆纳机械制造厂理事会目前正在关注将企业股票纳入外国证券交易所开盘项目的实施情况。"5月31日，该报报道了外国企业家收购彼得堡车厢制造厂的大部分股份并在西欧交易所开盘的消息。6月7日，《工商报》紧接着报道，顿涅茨克-尤里耶夫冶金公司已被法国银行集团接管。

《莫斯科之声》明显表现出对俄国企业家与西欧银行之间联系增加的担忧，在1908年9月8日写道："……外国银行相当成功地利用了1905年底和1906年初的事件，现在它们在俄国资本家中拥有稳定的客户群……在采取措施吸引俄国资本进入它们钱柜的同时，外国信贷机构也力图为俄国的工业公司提供资金，甚至协助建立往往具有明显风险的新

168

公司。因此，外国银行在俄国的活动实际上利用的也是俄国资本。"该报担忧地指出，外国银行和工业集团对俄国采矿业的兴趣增加。1907年9月4日，该报写道："铜矿开采开始吸引外国企业越来越多的关注。"10天后，在报道叶卡捷琳堡附近的图林斯克铂金公司的矿地转让给外国资本家时说，后者将"几乎所有的铂金开采"集中到自己手中。《工商报》也指出，"乌拉尔的矿藏正日益吸引西方资本家的注意"（1907年11月16日）。

外国资本对乌拉尔、高加索和西伯利亚地区采矿业兴趣兴起的一个特点是在俄国经营的英国公司密集创办。

1907年2月15日，《工商报》指出，"近年来俄国采矿企业中英国资本的投入大大增加了"，从《采矿杂志》援引并列举了一些奇怪的数据：从1901年至1904年，在伦敦注册的、在俄国经营的采矿公司只有5家，而1906年，有34家。

1907年，《证券报》基于《采矿杂志》的数据报道，英国注册了11家旨在开发俄国矿产资源的公司（1908年1月18日）。据报纸报道，以下是获准在俄国开设业务的英国公司：阿特巴萨尔铜矿、"中西伯利亚"、"克柳奇"金矿、"彼尔姆公司"等。

报纸上还写了关于向英国资本家转让克什特姆采矿厂的情况（《证券报》，1907年3月4日）；关于英国资本家获得了在北高加索开发铅和锌矿床的特许权情况，这些矿床曾属于已被清算的厄尔布鲁士公司（《证券报》，1907年4月4日）；关于普梯洛夫工厂协会与"一家大型英国公司"初步达成协议的消息，该公司为该协会提供资金，共同重建普梯洛夫工厂，以便生产大型军舰（《工商报》，1907年5月12日；《证券报》，1907年5月13日；《莫斯科之声》，1908年1月8日）。

三 股份制公司的两个主要发展趋势

1900~1908年报纸上关于俄国工商业生活事件的报道，越来越清楚

俄国金融资本的形成

地概述了这一阶段股份制公司经营发展的两个主要趋势、资本集中过程的两种形式。正如我们所见，只有部分破产的股份公司被清算了。其他公司在债权人的支持下，继续存在。为了拯救这些公司，所有者和债权人往往选择将它们与更健康的公司合并。即使股份公司被清算了，它们所拥有的工厂也不一定会关闭。许多工厂被幸存的公司接管。因此，危机引起了工商业、信贷和其他商业企业的兼并浪潮。这是上述趋势之一。

应该考虑到，危机背景对类似行动不是特别有利。不仅对于弱者而言，危机是一次艰难的考验，对于强者也是如此。危机虽然使廉价购买破产企业的资产成为可能，但也极大地增加了为此解决资本调动问题的难度。然而，即使在1900~1903年的危机高峰期，商业企业的合并也是俄国经济生活的一个特点。法俄矿业公司向"古特班科夫"工厂转让控股额、罗斯柴尔德家族在格罗兹尼购买"石油业务"、谈判合并"索尔莫沃"工厂和伏尔加-维舍拉公司、计划合并亚速-顿河银行和彼得堡-亚速银行——这些以及其他一些可以追溯到1900年的此类事实，引起俄国报刊的关注显然并非偶然。

在揭示这种关注的原因时，1901年2月18日，《证券报》写道："首都的工业金融界收到了关于南方一些大型冶金企业即将合并的消息，他们对此非常感兴趣"。在报道南俄第聂伯冶金公司和阿尔马兹煤炭与冶金公司理事会之间的谈判时，该报解释道："在预计的合并实现后，拥有7个高炉的2个冶金厂和3个最大的煤矿——阿尔马兹煤矿、洛莫瓦塔煤矿和利底耶夫煤矿将集中在一个企业。将这两家公司合并成一家几乎不会有困难，因为这两家公司的股份主要掌握在同一群比利时资本家手中，而且这两家公司的理事会几乎都是由这些人组成的。"

事件的进一步发展表明，进行这种合并，比起初看起来要困难得多。伏尔加-维舍拉公司与"索尔莫沃"工厂、彼得堡-亚速银行与亚速-顿河银行的合并没有实现，而且南俄第聂伯冶金公司与阿尔马兹煤炭与冶金公司的谈判拖了很久。但最终还是进行了谈判。

1901~1903年，电气、石油和航运公司之间发生了复杂的重组。同时，进行了更多的谈判。这些年的报纸对很多有关银行和工商业公司的各种合并计划进行了报道，但通常，直到危机结束这些计划才开始实施。

1903年底至1904年上半年，杰巴尔采夫机械公司收购了位于哈尔齐斯克的比利时机械制造厂和炼铁厂（《工商报》，1903年7月15日、10月22日；《证券报》，1903年7月17日、1904年6月4日）。1904年夏，位于南俄的法国岩盐与煤炭开采公司增加500万法郎的股本，获得了尼基托夫煤矿公司的控股额。同时，两家比利时公司——水泥生产与石灰烧制公司和别良斯基煤矿公司进行了合并，俄国"石油"公司与当时专门为收购图马耶夫的巴库油田而建的英国公司合并（《证券报》，1904年4月19日、7月1日、9月16日；《工商报》，1904年6月25日、7月29日；《银行与商业报》，1904年6月26日）。

随后，阿尔马兹煤炭和冶金公司终于转移到了南俄第聂伯冶金公司（《工商报》，1904年10月15日）。1904年秋，罗斯柴尔德家族的里海-黑海公司购买了曾属于莫斯科石油公司的格罗兹尼矿区（《证券报》，1904年10月13日）。接近年底时，据报纸报道，社会上流传着格罗兹尼"阿赫维尔德合伙"石油生产公司大部分股份转让给罗斯柴尔德家族公司的传言（《证券报》，1904年12月2日）。不久，罗斯柴尔德家族控制的另一家公司——于1901年购入"俄国石油"公司油轮船队的"马祖特"石油工业与贸易公司，接管了"奥卡"航运公司（《证券报》，1904年12月21日、1905年6月28日）。

1905~1908年，俄国"通用电力公司"对已清算"联合"公司工厂的收购（《证券报》，1905年2月1日；《工商报》，1905年7月9日）、比利时两大公司——尼古拉耶夫造船厂与俄国南部机械制造厂的合并和财务重组（《证券报》，1907年10月23日）、南俄苏打制造与销售公司

俄国金融资本的形成

对"俄国电子"公司的吞并(《莫斯科之声》,1907年5月12日)以及上述银行的合并,引起了报纸的关注。

正如1900~1908年报纸简讯所展示的那样,危机影响下俄国股份制公司经营演变的第二个趋势,在组建股份公司销售联盟的多次尝试中表现了出来。

这里必须再次强调,报纸报道并不能充分反映经济生活的过程。通常,我们无法看到深层领域,因为它们记录的只是这些过程浮出表面的那些时刻。但报刊的这种有限信息能力可以为我们的研究所用。如果报刊只能反映我们感兴趣的深层过程的表面表现,那么从报纸上不断增加的信息量可以看出,这些过程正变得越来越明显、越来越显而易见。

1900~1901年,报纸对销售联盟的报道并不丰富。如果笔者没记错的话,其中第一篇是关于水泥厂主之间就组建一个旨在"规范价格"的"辛迪加"进行谈判的简讯,于1900年2月发表在周刊《工业世界》上。那里说道,"根据辛迪加参与者的计划,所有就此问题达成协议的工厂主将成立一个特别处,该处将接受水泥订单,然后根据每个工厂的生产能力在协议方之间进行分配"(1900年第12期)。

3月末4月初,《证券报》和《工业世界》发表了相同(几乎一字不差)的报道,称诺贝尔兄弟公司与罗斯柴尔德家族的里海-黑海公司"达成协议并成立一个在国外(主要在伦敦)销售俄国煤油的辛迪加,"为此"建议成立一个股份制贸易公司"(《证券报》,1900年3月28日;《工业世界》,1900年第20期)。

下一条此类消息出现在半年后。11月9日,《证券报》报道,"以规范价格为目的,在圣彼得堡经营的3家主要电力公司——电力照明公司、圣彼得堡电力工程公司(原'赫利俄斯'公司)与比利时的圣彼得堡电力照明公司组建辛迪加"的谈判已接近完成。

1901年2月5日,该报报道"纳杰日达"公司、"高加索与水星"

公司、东方货栈公司3家"相互竞争的运输公司的理事会"形成了"某种类似将中亚棉花运到莫斯科或其他加工中心的辛迪加"。1901年4月，在巴库出版的《石油生意》周报，引用报纸《里海评论》关于违反"C.M.希巴耶夫合伙"公司与"马祖特"公司之间"销售市场分配"协议的消息，写道："与此同时，即将出现一份旨在在即将到来的高峰期向国内市场供应煤油的新协议。协议双方包括：诺贝尔兄弟公司、'马祖特'公司、'А.И.曼塔舍夫合伙'公司、伏尔加-里海石油公司（杰姆博特兄弟）等。"（1901年第15期）

自1901年底，报纸上关于组织销售联盟的报道开始接二连三地出现。12月20日，"几乎每天都会带来关于工业各行业正在设计的辛迪加协议的新消息，"《证券报》写道，"因此，在莫斯科《信使报》看来，不久的将来，在帝国经营的车厢制造厂之间将达成一项特别的协议，所有来自国库和私人的车厢订单都将被纳入其中，将根据各工厂的生产能力分别进行分配"。

一个月后，即1902年1月20日，该报报道了"上届石油生产商大会上，为解决组建俄国煤油出口协会问题选出的委员会"的第一次会议，3天后（1月23日）——矿业资本家紧急代表大会批准"规范价格和进货订单条件的车厢制造厂协会"草案，第二天——举行了"去年10月为维持石油产品价格而成立的石油生产商协会（或称为石油销售协议委员会）成员会议，以讨论2月1日到期的协议的续期问题"。

1901年2月12日和28日，《证券报》报道了俄国南方冶金厂代表就成立"联盟"以"建立共同办事处"问题举行的会议。会议确定了联合起来的18家公司在轧钢和生铁生产中的份额，并选举了一个委员会来起草"联盟协议"。会议决定，"3月初，各工厂的代表将再次在彼得堡会面，对联盟与中央办事处做出最后决定"。

关于这个"联盟"组织的后续消息出现在5月份的报刊上。看来，

俄国金融资本的形成

在后续的谈判过程中出现了建立"联盟"销售办事处的想法，其形式是一个名为"第一冶金产品贸易公司"的特殊股份公司。然而，"由于尤佐夫与德鲁日科夫卡工厂的代表拒绝参与设计方案"，这一想法在实现途中遇到阻碍。尽管如此，"辛迪加的其余16名支持者决定……进行到底"，4月底的一次会议上，他们制定了公司章程的最后草案，并选举了公司创始人（《证券报》，1901年5月2日、4日、11日）。①

1901年5月21日，《证券报》报道，6月10日"在俄国经营的外国冶金公司会议计划在巴黎召开，会上将讨论将它们归入第一冶金产品贸易公司的问题"。最后，8月13日，该报简短地报道，创始人获得了建立该公司的许可。此时该公司的名称改为俄国冶金厂产品销售公司，后来简称为"金属销售辛迪加"。

进行成立"金属销售辛迪加"的谈判时，1902年5月4日的《证券报》上出现了一篇关于"筹备建立全俄轧管厂辛迪加，以减少轧管厂间令人极其痛心的大幅降价竞争"的报道。该报写道："我们从可靠资料获悉，这个辛迪加有可能很快被组建完成，因为它的建立不会像组织铁厂辛迪加那样困难。"

10月13日，《证券报》报道，"铁板销售（锅炉用）协会的成立不再是谣言"。同时该报列举了签订该协议的12家工厂的参股比例。② 12

---

① 后来，据《证券报》报道，顿涅茨克-尤里耶夫冶金公司拒绝参加计划的销售联盟，因为"收到了国家的大订单"（《证券报》，1901年6月1日）。因此，该报最初提到的工厂仍在联盟组织者之列：南俄第聂伯冶金公司、察里津工厂、"俄国普罗维登斯"公司、塔甘罗格工厂、苏林工厂、尼科波尔-马里乌波尔工厂、刻赤工厂、布良斯克轧轨炼铁机械厂、马克耶夫卡工厂、克拉马托尔工厂、康斯坦丁诺夫工厂、克里沃罗格工厂、哈特曼工厂、俄国-比利时工厂、奥尔霍夫工厂。

② 据报纸报道，以下工厂签订了协议：德鲁日科夫工厂、南俄第聂伯冶金公司、乌拉尔-伏尔加工厂、塔甘罗格工厂、"俄国普罗维登斯"工厂、尼科波尔-马里乌波尔工厂、马克耶夫卡工厂、亚历山德罗夫工厂（布良斯克轧轨炼铁机械厂）、哈特曼工厂、"古特班科夫"工厂、奥斯特罗维茨基工厂、维克萨工厂（《证券报》，1902年10月13日）。

174

月,《银行与商业报》接着报道了"生铁、条铁与铁板销售"辛迪加的成立,其中应包括"几乎所有的乌拉尔工厂"(1902年第3期)。

同时,从大量的报纸报道(尽管是零散的)来看,石油生产商之间进行了激烈的谈判。从1月的报道中已经可以看出,他们有两个主要目标:建立一个出口联合公司并在国内市场达成"维持价格"的协议。最初计划建立一个统一的巴库石油生产商出口联盟,由于他们之间存在矛盾,这个计划胎死腹中。1902年6月14日,《证券报》报道,"鉴于А. И. 曼塔舍夫合伙公司不愿意参与,可以在消极意义上认为关于建立总出口联盟的问题最终得到了解决"。几天后,即6月19日,该报又回到了这个话题,写道:"众所周知,组建第一个集中整个俄国煤油出口业务的大型单位项目,并没有获得理想的结果。然而,它为统一的煤油出口企业集团的成立奠定了基础。"特别是,该报反复报道了3家公司——А. И. 曼塔舍夫合伙公司、里海公司与"托卡姆"公司的协议,这3家公司早在1902年4月就商定成立一个专门的股份公司来组织煤油出口。后来,又加入了其他一些公司,包括英国煤油-润滑油生产公司。它们在伦敦成立名为"煤油联盟办事处"的公司,8月开始运营(《证券报》,1902年4月14日、6月19日、8月19日)。

1902年9月1日,《证券报》再次提到"新俄国煤油出口商辛迪加已经形成",写道:"新公司打算与联合石油合伙公司认真竞争,后者是在诺贝尔兄弟公司与罗斯柴尔德家族的里海-黑海公司的倡议下建立的。"因此,两个主要的俄国石油公司联盟在世界市场上展开了竞争。

11月,《证券报》报道煤油厂商间签订了"关于当前冬季国内市场的一般价格"协议。据该报报道,诺贝尔兄弟公司、"马祖特"公司、А. И. 曼塔舍夫合伙公司、里海公司与英国煤油-润滑油生产公司代表一些在俄国经营的英国公司签署了该协议(1902年11月14日、20日)。正如我们所见,在煤油出口业务上相互竞争的公司,达成了一项垄断煤

俄国金融资本的形成

油在俄国销售的协议。

1902年的报纸报道给人的印象是，这一年是垄断销售联盟在俄国建立的起点。同时它们表明，垄断联盟的建立是一个复杂而矛盾的过程。即使在资本主义经济中确立的垄断，也不能消除竞争。在我们所研究的从自由竞争主导向垄断主导的过渡时刻，倒退的迹象并不鲜见。在这个意义上，1902年10月18日《证券报》发表的以下简讯是典型的："水泥厂商的辛迪加签约到1903年1月1日。有鉴于此，一些工厂主试图在未来三年以同样的条件恢复辛迪加，但有几家大型工厂决定不再加入辛迪加，因为他们发现自由竞争对自己更有利，因此从一月份开始，'水泥辛迪加'就不复存在了。"

尽管关于20世纪初俄国确立销售垄断联盟过程的报纸信息是零散的、片段式的，但它清楚地表明，这一过程如何逐渐变得越来越不可逆转。1902年10月，正如我们所见，《证券报》报道了"水泥辛迪加"的消失，1904年2月16日，提供了关于建立"俄国水泥贸易合伙公司以统一俄国水泥厂活动"的信息。因此，水泥厂商回归"自由竞争"是短暂的。

1903年，报纸报道中"金属销售辛迪加"的概念开始变得清晰。事实证明，报纸以前所写的铁板销售"联盟"，与"金属销售辛迪加"没有联系起来时，只不过是几家公司将其产品的销售转让给"金属销售辛迪加"的协议。3月，据一些报纸报道，将铁梁的销售权转让给"金属销售辛迪加"的另一协议对该协议进行了补充（《银行与商业报》，1903年第12期）。

据报道，一年后，在1904年3月19日举行了"已将铁板与通用铁的销售委托给'俄国冶金厂产品销售公司'的冶金厂代表会议，会上决定将与该公司签订的协议延长到1907年7月1日"（《工商报》，1904年3月21日）。同年秋，正如报纸所报道的那样，一批工厂将其生产的轮箍转交给"金属销售辛迪加"销售。① 《证券报》在评论这一消息时写道:"在'俄国冶金厂产品销售公司'下,近来一些冶金企业生产商的辛迪加型销售……向前迈进了一大步"(1904年10月31日)。1904年12月17日,该报报道,由于位于波兰王国的两个大型公司加入,与"金属销售辛迪加"签订铁板销售协议的参与者数量增加。② 最终,1908年底,报刊上出现了就签订将条铁、铁带、弹簧铁和异型铁的销售权转交给"金属销售辛迪加"的协议进行谈判的信息(《证券报》,1908年12月9日)。

1903年,轧管厂合并的命运也有所明朗,1902年报纸报道了其准备工作。8月,《证券报》报道,"已制定出旨在联合俄国所有轧管厂的股份公司章程草案"。从随后的报道中可以得出结论,这家公司被命名为"铸铁管和水管及下水道装置销售公司",下半年开始运营(《证券报》,1903年8月1日、10月4日)。根据随后《银行与商业报》在1906年7月(第7期)的报道,"俄国轧管厂的辛迪加协议"延长到1916年。

1903年下半年至1904年初,报纸对"钉子"公司的成立给予很大关注,该公司是制钉与铁丝厂的销售联盟。据《证券报》报道,1903年秋,在新成立的"钉子"公司之外,还达成了建立"轧线和铁钉生产资料"辛迪加的协议。由此,1903年11月1日,《证券报》写道:"由于已经存在钉子贸易协议,随着新辛迪加的成立,所有这一生产的合作组织也就告终。"

1904年,在成立顿巴斯煤矿企业家的辛迪加上迈出了第一步。早在1903年初,报纸上就出现了就"建立一个大规模出口煤炭与无烟煤股份公司"进行谈判的流言(《证券报》,1903年2月11日、4月14日)。7

---

① 根据《银行与商业报》信息,进入该集团的工厂有:南俄第聂伯冶金公司、塔甘罗格工厂、奥斯特罗维茨基工厂、"古特班科夫"工厂、普梯洛夫工厂、别热茨克工厂(布良斯克公司)、科洛姆纳工厂和"索尔莫沃"工厂。协议到期时间为1905年12月31日(1904年第45期)。

② 这里指索斯诺维茨基轧管炼铁公司和德国的劳拉皇家联合公司。

月，这样一个公司的章程已经被起草出来（《证券报》，1903 年 7 月 15 日）。此后，该事件没有进一步发展，但一年半后，据报道，俄国煤炭销售辛迪加的项目即将实施。1904 年 9 月，公布了该"股份制辛迪加"的章程，公司名称为"顿涅茨克矿物燃料贸易公司"（《证券报》，1904 年 3 月 9 日、9 月 17 日）。其成立似乎是不远的将来的事情（《银行与商业报》，1904 年第 45 期）。然而，直到 1906 年 2 月，该公司才举行创始人会议，这标志着其运行的开始。11 家顿巴斯公司的代表参会（《银行与商业报》，1906 年第 4 期）。①

从报纸报道来看，接下来的几年里，该公司为争取市场垄断的斗争非常困难。报纸注意到，它没能压制住外来者，它们的竞争偶尔会加剧，例如，在 1908 年春天（《莫斯科之声》，1908 年 5 月 1 日）。然而，就在这一年的夏天，煤炭辛迪加的协议方决定将他们之间的协议延长 10 年（《莫斯科之声》，1908 年 7 月 8 日）。秋天，报纸上出现了几家大型煤炭企业加入"煤炭销售辛迪加"（它开始经常被这样称呼）的消息，特别是阿列克谢耶夫采矿公司（《矿主与工厂主》，1908 年第 40 期）。

1905 年 2 月 6 日《证券报》刊登了一则轰动一时的新闻，诺贝尔兄弟公司与"马祖特"公司达成了关于消除它们之间在国内市场上煤油销售竞争的协议。《银行与商业报》间接证实了这一消息，在 3 月份发表了一份简短但意义重大的简讯："国内市场上石油产品的销售联盟可以说是既成事实。联盟从 4 月 1 日开始生效，成员之间签订的协议为期 10 年。"（1905 年第 9~10 期）

1905 年 3~4 月，《工商报》刊登了关于诺贝尔兄弟公司与"马祖特"

---

① 《银行与商业报》提到了以下公司：鲁琴科夫矿业公司、戈鲁博夫斯基·别列斯托沃-博古杜霍夫矿业公司、叶卡捷琳诺斯拉夫矿业公司、俄国南部岩盐与煤炭开采公司、俄国-顿涅茨克煤炭与工厂工业公司、南俄煤炭工业公司、伊尔米诺煤炭公司、"科列涅夫与希皮洛夫"顿涅茨克煤炭合伙公司、克里沃罗格铁矿公司、法俄别列斯托沃-克伦斯基煤矿公司、俄国-比利时冶金公司（1906 年第 4 期）。

公司作为一方与它们的竞争对手——在俄国经营的英国公司"C. M. 希巴耶夫合伙"与"奥列乌姆"之间进行谈判和缔结协议的消息。由于诺贝尔兄弟公司和"马祖特"公司一起达成了协议，很明显，它们之间的竞争已经被市场联合经营协议所取代。

1905年2月20日，《证券报》报道，"乌拉尔与伏尔加铁厂主之间正在进行……以生产中心为基础的市场供应分配的谈判"。主要目的在于消除"南方和中部工厂方面"在乌拉尔地区的竞争。然而，仅仅一年后，当工商业部处理关于成立"屋顶铁皮"公司的请求书时，报纸再次转向了乌拉尔冶金厂辛迪加的问题。1908年10月2日，《证券报》指出，"'屋顶铁皮'公司将组建一个新的铁皮销售辛迪加"。

1905年夏，报纸上出现了关于存在"轧铜厂主联盟"的消息。"国内工业的辛迪加化仍在继续"——8月11日的《证券报》这样评论这一消息。1907年9月，《工商报》与《证券报》报道了关于"炼铜厂业务合并"的谈判。9月25日，《证券报》写道："原则上已经决定进行联合；将采取何种形式尚未明确。"

此后，有消息称，在彼得堡讨论了"俄国炼铜厂和轧铜厂联合的问题，以便规定生产定额和整顿铜销售业务"（《证券报》，1907年9月29日；《莫斯科之声》，1907年9月30日）。这次会议的与会者——炼铜厂和轧铜厂代表得出的结论是，只有产量至少达到辛迪加产量的80%的工厂加入时，才能进行联合（《证券报》，1907年10月6日）。很有可能，计划未能实现，最终在现有的轧铜厂联盟的基础上，成立了一个"炼铜厂主"辛迪加，以"铜业"股份公司的形式存在。

1907年11月，《莫斯科之声》写道："……至于我们在'俄国电解公司'名下组织辛迪加的问题，可以说它正在进行，但非常缓慢。关于上述提到的成立'铜业'公司的问题……这是个老项目，有关圈子根本不重视它"。然而，一个半月后，该报报道："有关人员就成立一个销售我们炼铜厂产品的公司问题达成了最后协议。成立的辛迪加被称为'铜业'"（1907年11月1日、12月18日）。

笔者所列举的消息远不是俄国报纸上关于俄国工业中销售垄断联盟成立的全部信息。这些信息往往过于片面化。报纸并不总是向读者报道有关建立某个销售联盟的谈判结果。但这也反映了垄断形成过程的复杂性。但有些情况下，这种谈判的负面结果立即显现出来。例如，1904年12月2日，《证券报》报道："在莫斯科的印染公司中，出现了所有相关公司就市场服务形成协议的问题。在前几天举行的会议上，这个问题处理的结果是消极的。"但竞争者们往往不能马上达成协议，继续进行旷日持久的谈判。1903年12月，《证券报》指出，"组织南俄冶金厂就联合生铁贸易协商的问题非常迫切"，并报道了关于这一问题的会议。几乎一年后，该报回到同一问题上，写道："根据最新消息，建立南方铁厂辛迪加的计划即将实现。这些工厂的代表将于12月3日在彼得堡举行会议来讨论这个问题。"然而，1904年底，《证券报》称，"12月初在圣彼得堡举行的南方冶金厂代表会议上，向'金属销售辛迪加'公司转让生铁销售问题尚未达成最终协议，会议中断"（《证券报》，1903年12月11日，1904年11月28日、12月23日）。随后，很长时间报纸上没再出现关于这个问题的报道。然而，事实证明，组织生铁销售辛迪加的问题并没有失效。1906年12月13日，《证券报》发表了一个简讯："决定建立一个铸铁厂的辛迪加，分别为帝国内部各省和波兰王国经营。"

报纸对成立铁矿销售联盟谈判的报道历史也很有趣。报纸上关于它们的第一条消息可以追溯到1907年秋。10月13日，《证券报》报道，"可以认为克里沃罗格矿业主辛迪加以失败告终"。但一年后，报纸上出现消息，克里沃罗格的铁矿企业仍然设法建立了自己的辛迪加。1908年10月15日，《莫斯科之声》写道："'矿石销售'辛迪加开始接受某种面貌……该辛迪加包括大多数矿场，因此联合了大约80%的南俄矿石开

第二章　19~20世纪之交的股份制经营

采量。"

如上所述，这两种趋势代表了生产和资本集中与积聚的统一进程，二者有机地联系在一起。这一点在20世纪初就已经相当明显了。这方面的一个典型例子是文献中知名度颇高的镜面玻璃工厂辛迪加出现的故事。1901年10月25日，《证券报》写道："我们已经注意到关于将俄国镜面玻璃工厂合并为一个公司的传言。显然，这个问题已经过了初步谈判的阶段，合并的条件或多或少已经确定了，因为一些相关企业的理事会已经在召开股东大会来解决这个问题。"然而，人们很快就知道，该项目无法实施，因为拟纳入合并的三个公司的其中之一反对该项目。"从今天俄国-比利时镜面玻璃生产公司（原 Ф. А. 别克列米舍夫公司）理事会发布的关于召开紧急股东大会的通告来看，"1902年1月12日《证券报》报道，"我们了解到，该公司的理事会制定了成立一个独立的'俄国玻璃工厂运营公司'方案，它应该向该工业行业的所有其余企业提出倡议。报道中把这个想法称为之前我们已经报道过的提案（合并北方玻璃工业公司中的镜面玻璃工厂）的反提案"。最后的结果是：达成了销售协议，而不是实施合并。

这两种趋势之间的有机联系在1908年变得非常明显，当时俄国报纸广泛报道了俄国冶金托拉斯的创建准备工作。下文我们还会提到这个问题。

第三章
在俄的外国资本

为了完成对俄国国民经济中垄断确立的客观条件的分析，我们必须考虑外国投资在俄国生产和资本集中过程中的作用问题。

为此，我们首先关注描述外国投资结构特点的统计数据，明确19世纪末20世纪初它们在俄国国民经济主要部门中的动态和地位；然后了解阐述外国企业经营具体表现和结果的资料。

第一节 统计数据中的外国投资

一 俄国股份公司中的外国投资

研究上述问题时绕不开数据。然而，在这种情况下，特别需要了解数据的来源。即使是现在，国际资本转移也无法完全计算，而在我们感兴趣的时期，这样的计算才刚刚开始。直到19世纪90年代初，俄国财政部的工作还仅限于确定国家信贷系统年度预算中需要偿还的国家外债金额，因为财政部要用这些数据来计算国库支付给外国银行的手续费，这些外国银行负责给俄国债券的海外持有人支付利息并清偿债券。

第三章 在俄的外国资本

由于俄国引入黄金流通且需要保持收支顺差，财政部特别信贷办公室开始经常向俄国信贷机构索要描述外国在国债和其他证券投资上的动态信息。① 遗憾的是，目前在苏联中央国家历史档案馆中保存的特别信贷办公室资料中既没有这些数据，也没有根据这些数据计算出的最终数据。② 我们只能依赖财政部出版物中公布的那些资料：《截至1912年1月1日国家、社会和私人信贷机构、国库和保险公司中国家和政府担保的有价证券现存量》（以下简称《有价证券现存量》）、《1908~1912年俄国货币市场》、《1904~1913年财政部》。其中第一份出版物中涵盖了截至1893年1月1日和截至1912年1月1日在俄国和国外流通的俄国公债及政府担保债券总额的计算结果，③ 第二份出版物中涵盖了1908年1月1日至1912年1月1日的相应数据，④ 第三份出版物中涵盖了分别截至1904年1月1日、1908年1月1日和1913年1月1日的相应数据。⑤ 后两份出版物还包含了1904~1912年俄国有价证券在俄国和国外的年度发行指数⑥及其这些年在俄国的实际增长额。⑦

直接描述俄国证券配售情况的官方统计数据仅此而已。为了确定其他年份俄国证券的国外部分，研究者不得不借助沙皇政府财务账目中各种间接信息来进行计算：发行的金属货币借款、不在"现存量"中的国

---

① 财政部特别信贷办公室要求提供此类信息的部分信件被保存在俄国商业银行档案库中。
② 财政部特别信贷办公室保存至今的文件资料组成现在的苏联中央国家历史档案馆583号全宗。尽管这一全宗的规模相当庞大，但内部仍有大量资料缺失。特别是，该全宗中财政部的国外业务卷宗和俄国外债有关材料非常零散。
③ Наличность государственных и гарантированных правительством процентных бумаг в государственных, общественных и частных кредитных учреждениях, казначействах и страховых обществах. На 1-е января 1912 г. СПб., 1912, с. XIII.
④ Русский денежный рынок, 1908~1912. Б. м., Б. г., диагр. 23.
⑤ Министерство финансов, 1904~1913. Б. м., Б. г., диагр. XV.
⑥ Русский денежный рынок, диагр. 22; Министерство финансов, диагр. XIV.
⑦ Министерство финансов, с. 31.

· 183 ·

俄国金融资本的形成

有证券和受担保证券、国家信贷系统下的跨境支付①等。

这些计算中，И.Ф.金丁的尝试引发了人们的特别关注，他试图确定在俄国资本主义发展转折时刻——1861年、1881年、1893年、1900年、1908年和1914年俄国国家和受担保证券中的外国投资。②

然而，И.Ф.金丁的计算并不能完全满足我们的需求，因为他只确定了俄国公债和有政府担保的铁路公司贷款中外国投资的总额，而没有按照法律性质和地理分布情况将其分为两类。

因为И.Ф.金丁与《有价证券现存量》的编者使用了同一资料，但二者获得的1893年的结果间存在显著差异，因此需要进行额外的计算。

在出版物《1908~1912年俄国货币市场》和《1904~1913年财政部》中有关在国外发放的证券数据中不仅包括公债券，还包括贵族银行和农民银行中的债券。这也决定了额外计算的必要性。

表40中呈现了笔者的额外计算结果、官方数据及И.Ф.金丁计算的数字。为了更全面地呈现外国投资的动态，笔者将1893年1月1日的数据也包括在内。

针对这一日期，笔者根据《有价证券现存量》③编者建议的方法，分别对公债券和政府担保的铁路公司股票和债券中的外国投资进行了计算。这一数额与该出版物编者所计算的结果相同。

目前还不清楚为什么И.Ф.金丁没有使用这个结果。他通过假设

---

① 这些数据的分析请参阅笔者的文章《К вопросу о роли иностранного капитала в России》（в Вестн. МГУ. Сер.9, История, 1964, № 1）。
② Гиндин И.Ф. Русские коммерческие банки: Из истории финансового капитала в России. М., 1948, с.391-405, 444-447.
③ 上述出版物的编者在对比"现存量"数据和息票支付信息后，揭示了反映在"现存量"中一些债券发行的特征。参阅 Наличность государственных и гарантированных правительством процентных бумаг в государственных, общественных и частных кредитных учреждениях, казначействах и страховых обществах. На 1-е января 1912 г. СПб., 1912, с.X-XI. 考虑到这些特征，我们可以在"现存量"基础上对俄国债券的发放情况有一个更真实的了解。

1893~1904年与1904~1913年在俄国发行的债券总额中"现存量"所占比例的增长速度相同，推断出1893年俄国公债和政府担保债券中外国投资的数值。

确定了1913年"现存量"占国内证券的85%，1904年"现存量"占国内证券的80%后，他将1894年的比例确定为74%。① 最后，他的计算结果比《有价证券现存量》编者得到的数字要大得多。

财政部信贷局官员А.И.维什涅格拉茨基编写的1888~1895年俄国收支平衡表附件②中的信息有助于我们判断这两种计算方法中哪种更好。А.И.维什涅格拉茨基特别提到了外币兑换，他认为，19世纪90年代中期在国外以信用卢布发行的俄国国家和政府担保的有价证券不超过1.2亿卢布。至于以金属货币发行的债券，他从"现存量"的数据出发，将所有不包含在"现存量"中的数据都算作外债。但同时他承认，这样获得的金额"无疑……会有些夸大"。③

表40　1893~1909年俄国国家和政府担保有价证券中外国投资额的计算结果

单位：百万卢布

年份	公债	国家担保的铁路债券	共计	贵族与农民银行的债券	总计	注释
1893	[1990]*	[603]	2593	—	2593	《有价证券现存量》编者的计算结果
1893	?**	?	2960	58	3058	И.Ф.金丁的计算结果
1893	2225	672	2897	—	2897	作者根据А.И.维什涅格拉茨基的"方法"得到的计算结果

---

① Гиндин И.Ф. Русские коммерческие банки: Из истории финансового капитала в России. М., 1948, с.447.
② Вышнеградский А. Международный расчетный баланс России. Б.м., Б.г.
③ Вышнеградский А. Международный расчетный баланс России., прил.1, с.1.

俄国金融资本的形成

续表

年份	公债	国家担保的铁路债券	共计	贵族与农民银行的债券	总计	注释
1893	2090	623	2713	—	2713	笔者基于 А. И. 维什涅格拉茨基的数据对《有价证券现存量》的数据进行校正的结果
1900	?	?	3832	134	3966	И. Ф. 金丁的计算结果
1900	3325	568	3893	102	3995	笔者的计算结果
1904	[3567]	536	[4103]	[147]	4250	出版物《1904～1913年财政部》的数据
1908	[4642]	528	[5170]	[96]	5266	出版物《1904～1913年财政部》和《1908～1912年俄国货币市场》的数据
1909	[4684]	541	[5225]	[60]	5285	出版物《1908～1912年俄国货币市场》的数据

* ［］——笔者补充的计算。**？——无法进行计算。

因此，А. И. 维什涅格拉茨基的"方法"可以说明：国家和政府担保债券中的俄国外债不能超过最高限额。按照这种"方法"计算的结果（见表40）表明，И. Ф. 金丁得到的数值偏高。这一结果与《有价证券现存量》编者提出的数值有什么关系呢？两者之间的差额（3.04亿卢布）应该主要是由 А. И. 维什涅格拉茨基没有核算的那部分以金属货币发行的债券造成的，这部分贷款在俄国确实存在，但没有被列入"现存量"中。根据俄国和国外的息票支付数据，1893年该部分占"现存量"总额的42.9%，① 即1.84亿卢布。而剩下的1.2亿卢布——恰恰是 А. И. 维什涅格拉茨基认为的在国外以信用卢布发行的俄国债券。② 由于这些债券没有

---

① Наличность государственных и гарантированных правительством процентных бумаг в государственных, общественных и частных кредитных учреждениях, казначействах и страховых обществах. На 1-е января 1912 г. СПб., 1912, с. XII.

② Вышнеградский А. Указ. соч., Прил. 1, с. 3.

在国外得到清偿，出版物编者不能将这一数值计算在内。笔者仍有必要修正他们的计算结果。与此同时，还有 1 亿卢布属于公债债券，2000 万卢布属于政府担保的证券。①

我们没有任何有关 1900 年的官方数据。И.Ф. 金丁对这一时间②以及 1893 年的计算基于与国家和受担保证券"现存量"有关的数据。正如我们所看到的，他使用这些数据的方法并不能保证他得出的结果毫无争议。

因此，笔者使用了一种不同的方法，计算的基础是与 1904 年 1 月 1 日前俄国国家有价证券分配有关的官方数据，并用 1900 年和 1904 年初有关这些有价证券在俄国的"现存量"的数据对上述数据进行修正。这种情况下所使用方法的实质是，在初步计算中，将 1900~1903 年证券数额中"非存量"的增加（或减少）都归因于外债的变化，然后对所得数额进行调整。

对于表明 1900~1903 年证券"非存量"增长的国有证券来说，初步计算使我们能够确定 1900 年 1 月 1 日前的最低增长额，在国外发放的证券量不可能低于该数额。实际上，这一部分无疑更大，因为有部分留在俄国的证券也未被计入"现存量"，为精确计算结果，必须从增加总额中减去这一部分。1904 年，国有证券中"非存量"证券所占比例为 18.2%。假设这与它们在 1900~1903 年该数额的增长中所占的份额相同，那么，为了得到 1900 年的相应数据，就需要对 1904 年在国外发放的俄国国家证券的指数做出修正：3.51 亿卢布 -0.64 亿卢布 = 2.87 亿卢布。

而 1900~1903 年，有政府担保的铁路公司股票和债券的非存量减少了。如果所有的减少额都与在国外发行的证券有关，那么就能得到 1900 年 1 月 1 日之前铁路公司债券非存量减少额的最大值。事实上，这种减少额可能较低，因为未计入"现存量"的铁路证券减少额中有部分是留在

---

① 根据 А.И. 维什涅格拉茨基所提供的数据进行的划分具有近似性。
② Гиндин И.Ф. Русские коммерческие банки: Из истории финансового капитала в России. М., 1948, с.446.

俄国的证券。按照上文的方式计算完这部分后，我们将得到以下修正过的数据：3700万卢布-500万卢布=3200万卢布。

1904年、1908年及随后年份的数据被公布在以下出版物中：《1904～1913年财政部》和《1908～1912年俄国货币市场》。但是，如上所述，由于在国外发行的国家有价证券中不仅包括公债债券，还有国营抵押银行的债券，需要将后者单独列出来。

直到90年代末贵族银行才开始在国外发放抵押债券。[①] 但从1904年至1912年，贵族银行和农民银行都在俄国出售了自己的新债券。[②]

根据这些信息，我们能够分析出国有抵押银行证券"现存量"的增长情况（见表41）。正如我们所见，1893～1894年流通的此类证券中只有一半多一点的证券处于"现存量"中。其余的仍然处于"持仓"状态。在接下来的两年里，情况发生了变化：贵族银行和农民银行债券的"现存量"增长大于其流通量的增长。换句话说，这些证券"现存量"的增长不仅是因为发行了新证券，也是由于证券的"持仓"量减少。但从1897年开始，国营抵押银行债券的"非存量"恢复增长。1897～1900年，"非存量"的增长消耗了这些新发行债券总额的2/3左右，这只有在国外发行相应数量的债券时才能实现。在随后的八年里，国营抵押银行债券的"非存量"只在1903年有所增长。1901～1902年和1904～1908年，尽管流通中的国营抵押银行债券总额逐年增加，但那些债券的"非存量"则不断下降，这说明了在国外发行的部分证券回流俄国。然而，从1909年起，国营抵押银行债券的"非存量"又开始增长。而且其增长率远远高于流通中的债券总额和"现存量"的增长率。由于国营抵押银行在

---

① Наличность государственных и гарантированных правительством процентных бумаг в государственных, общественных и частных кредитных учреждениях, казначействах и страховых обществах. На 1-е января 1912 г. СПб., 1912, с. XII.

② Министерство финансов, 1904–1913. Диагр. XIV; Русский денежный рынок, 1908–1912. Диагр. 22.

第三章 在俄的外国资本

1909~1911年没有将其证券投放到国外市场，因此仍假设在俄国出售的债券开始流向国外。①

表41　1893~1912年国营抵押银行的债券发行情况

单位：百万卢布

年份	1月1日前流通中的债券额					年流通量的增长或下降		
	总计	类别		发行地		总计	类别	
		"现存量"	"非存量"	俄国	国外		"现存量"	"非存量"
1893	208.9	190.9	18.0	18	—	13.1	6.8	6.3
1894	222.0	197.7	24.3	24	—	34.8	17.6	17.2
1895	256.8	215.3	41.5	41	—	29.8	34.6	-4.8
1896	286.6	249.9	36.7	36	—	59.3	64.9	-5.6
1897	345.9	314.8	31.1	31	—	71.1	31.4	39.7
1898	417.0	346.2	70.8	37	33	75.0	13.4	61.6
1899	492.0	359.6	132.4	44	88	62.6	43.4	19.2
1900	554.6	403.0	151.6	49	102	83.1	30.2	52.9
1901	637.7	433.2	204.5	56	148	89.1	98.0	-8.9
1902	726.8	531.2	195.6	63	132	85.6	89.7	-4.1
1903	812.4	620.9	191.5	70	121	138.5	100.9	37.6
1904	950.9	721.8	229.1	82	147	54.9	64.2	-9.3
1905	1005.8	786.0	219.8	85	134	36.6	58.6	-22.0
1906	1042.4	844.6	197.8	89	108	91.5	92.0	-0.5
1907	1133.9②	936.1	197.8	95	102	30.9	34.7	-3.8
1908	1164.8	971.3	193.5	97	96	76.8	106.7	-29.9
1909	1241.6	1078.0	163.6	103	60	83.8③	70.8	13.1
1910	1325.5	1148.8	176.7	109	67	133.6	84.5	49.1
1911	1459.1	1233.3	225.8	120	105	227.8	167.2	60.6
1912	1686.9	1400.5	286.4	136	150	—	—	—

---

① 根据官方数据，1904~1909年在俄国投放的抵押证券的实际增长明显低于其发行量，这一事实也证明了这一点。参阅 Министерство финансов, 1904-1913, с.30-31, диагр. XIV。

② 经译者核实，此处计算有误，但原文如此，出于对原著的尊重不予修改。——译者注

③ 经译者核实，此处计算有误，但原文如此，出于对原著的尊重不予修改。——译者注

因此，有理由认为，1897年前，国营抵押银行的债券并没有被发放到国外。这意味着那些不属于"现存量"的债券仍在俄国。1897年1月1日前，它们的数额约占流通债券总额的9%。很可能，后来当贵族银行的抵押债券开始在国外发售时，有一定比例的国营抵押银行"非存量"债券留在了俄国。这一份额不太可能增加，因为正如《有价证券现存量》编者所言，总体趋势是国家和受担保有价证券的"持仓"比例逐渐减少了。从息票支付情况来看，上述出版物的编者确定，1912年1月1日前，贵族银行在国外发售了1.5亿卢布有担保的抵押证券。因此，到那时，留在俄国但不在国营抵押银行债券"现存量"中的债券比例下降到了这些证券流通总额的8.1%。

笔者的计算基于这样的假设，即这种非常小的下降是稳定且匀速的。结果如表41所示。以这种方式计算的国营抵押银行在国外发行的债券数，使我们能够根据官方数据确定公债债券中的外债数值（见表40）。

俄国各城市的债券在地位上接近公债债券和有政府担保的债券。И. Ф. 金丁是唯一一个试图确定其在国外发售部分数值的人。[①] 笔者将使用他所得的结果。

现在让我们来看看外国投资在俄国股份制公司中的数据。尽管研究者们多次试图对其进行计算，但他们往往要么就某个日期，要么就国民经济个别部门，要么针对"外资"个别来源国进行计算。只有 П. В. 奥利成功计算出长期以来整个国民经济框架内在俄经营的股份制公司中外国投资的动态指标。

1925年 П. В. 奥利在发表的一项统计研究《一战前俄国国民经济中的外国资本》中，列举了"从1827年至1915年的88年间每年在俄国运作的"外国投资额计算结果。1880年、1890年、1900年和1915年的这

---

① Гиндин И. Ф. Русские коммерческие банки: Из истории финансового капитала в России. М., 1948, с. 391.

些总额按国民经济各部门和外国资本的"来源国"进行了细分。此外,就采矿企业而言,П.В. 奥利计算了 1869~1915 年,每年外国资本的投入额和亏损额,并将这些数额按采矿业部门和资本的"来源国"细分。①

我们只能猜测 П.В. 奥利公布的数字的来源。据了解,早在 19 世纪 90 年代后半期,他就对俄国的外国投资进行了计算,当时他是《俄国劳动》杂志出版者 С.Ф. 沙拉波夫的最亲密伙伴之一,С.Ф. 沙拉波夫曾发起了一场反对 С.Ю. 维特吸引外资进入俄国国民经济政策中的激烈运动。② 后来 П.В. 奥利的文章经常出现在《金融导报》和其他一些刊物上,其著作《有义务公开 1911~1912 年度报表的股份公司和合股公司统计数据》(彼得格勒:莫斯科金融期刊社,1915)表明,他继续收集和处理了描述俄国股份制公司活动的数据。

即使这些公司公布的年度报告、出席股东大会的股东名单、新股发行和大宗股票转售的新闻报道是非常容易获得的信息,但如果进行系统的收集,那么也可以为内行的观察者提供相当可靠的估算基础。当然,这只是一个估计,不能指望其准确性。

文献中多次提出 П.В. 奥利的数据被过分夸大。但只有 И.Ф. 金丁尝试对这些数据进行批判性分析。通过将它们与所有股本的增长数据比较,И.Ф. 金丁得出结论,"П.В. 奥利对 1915 年 1 月 1 日前外国资本的股份计算至少多出 2.5 亿卢布或 15%"。然而,在他看来,这种夸大的数据只是一战前工业高涨期(1909~1913 年)的特征。至于在此之前的数据,正如 И.Ф. 金丁所认为的,它们"与 19 世纪 90 年代外国资本流入俄国重

---

① 在 П.В. 奥利的上述统计研究之前,他在另一部作品《Иностранные капиталы в России》(Пг., 1922)中列举了 1916 年末 1917 年初外国资本参与各个股份制企业的数据。
② 关于这一点参阅 Соловьев Ю.Б. Противоречия в правящем лагере России по вопросу об иностранных капиталах в годы первого промышленного подъема. // Из истории империализма в России. М.;Л., 1959.

工业的众所周知的事实（对采矿业有一些夸大）、与这些年外国银行在俄国工业直接融资中主导地位的事实，以及最后与俄国股份和信贷统计数据并不矛盾"。①

然而，值得注意的是，研究者们对一战前或战时一些俄国工业部门中的外国投资进行了少数独立计算，但这并没有撼动 П. В. 奥利数据的地位。其中，В. С. 佳金根据文件材料对1914年的电气工业、电力企业和电力运输进行了极为详尽的计算，总结果高于 П. В. 奥利得出的相应数据。②

П. В. 奥利得出的1900年俄国国民经济中外国投资的数额——7.62亿卢布，与法国驻彼得格勒大使馆的职员、后成为北方银行行长的 М. 维斯特拉特③当时得出的同一日期的数额——7.78亿卢布非常接近。虽然 П. В. 奥利和 М. 维斯特拉特根据不同部门计算出的投资数据有很大差异，但他们都认为采矿、冶金和金属加工是外国资本投资的主要部门。

然而，笔者在法国国家档案馆发现的一份文件大大打击了这种对比所激发的乐观情绪。在1900年1月4日给外交部部长的信中，М. 维斯特拉特转引了 П. В. 奥利刚计算出的有关1900年1月1日前俄国工业中外国资本的数据。根据这一计算结果，俄国工业中的外国资本达到了4.026亿卢布。④ 正如 М. 维斯特拉特报告的那样，如果从上述俄国国民经济

---

① Гиндин И. Ф. Русские коммерческие банки: из истории финансового капитала в России. М., 1948, с. 398, 401.
② 参阅 Оль П. В. Иностранные капиталы в России, с. 148 - 1499, 160 - 161, 182 - 183, 194 - 197, 206 - 207, 220 - 223, 242 - 243, 246 - 249, 252 - 255; Дякин В. С. Германские капиталы в России: Электроиндустрия и электрический транспорт. Л., 1971, с. 268 - 269.
③ Verstraëte M. Les capitaux étrangers engagés en Russie dans les sociétés industrielles-Congrès international des valeurs mobiliers. Paris, 1900, 4-e fasc.
④ AN, F30, 340, 《Afflux des capitaux étrangers dans l' industrie russe》.

中外国资本总额中减去投入银行、保险、商业、运输和其他非工业企业中的资本，那么剩下的金额会是 П. В. 奥利计算结果的 1.5 倍。这表明，П. В. 奥利得出的 1925 年的数字是最大值，外国投资不可能超过这个限值，且很可能更低。而国内投资也相应较高，因为后者通常通过从在俄国经营的股份制公司的股本总额中减去 П. В. 奥利的数字来确定。这个数额及外国公司在其中所占的份额是根据 Л. Е. 舍别廖夫的计算得出的。①

这就是表 42 至表 44 中所列数字的来源。

表 42 显示了外国资本投资的有价证券类型。其中，到 1893 年，公债和政府担保的铁路公司股票和债券占主导地位。然而，由于一些俄国铁路被收归国有，后者所占的份额在 1893~1900 年急剧下降。

同时，投入股份公司的资本份额（不包括铁路公司的担保资本）增加了一倍以上。1893~1900 年它们的增长占外国投资增长总额的 1/3 以上。俄国股份公司和在俄国经营（或开展业务）的外国公司为增长做出的贡献大致相同。

1900~1908 年，外国投资总增长额中有 4/5 都来自外资对公债的投资。其余部分来自对股份制公司经营活动的投资。但在这个阶段，绝大多数的外国资本都流向了俄国公司，而非外国公司。

让我们通过比较来看看国内投资结构（见表 43②）。国债是国内资本的主

---

① Шепелев Л. Е. Акционерное учредительство в России. //Из истории империализма в России. М.；Л.，1959.
② 表 43 中，投入到国家有价证券、有政府担保的铁路公司股票和债券以及贵族和农民银行债券的国内资本总额是根据出版物《有价证券现存量》中公布的相应年份的这些债券总额（除去外国投资）确定的。表 42 中投入城市债券和股份公司债券的资本是基于 И. Ф. 金丁的计算结果（Русские коммерческие банки：Из истории финансового капитала в России. М.，1948，c. 444-445）列出的，而投入到股票中的资本指数是根据 Л. Е. 舍别廖夫在表 29 中的计算结果确定的，唯一的区别是这里只考虑了铁路公司中不受担保的资本。

俄国金融资本的形成

表 42 1893～1908 年按主要有价证券类型划分的外国投资情况

单位：百万卢布，%

年份 （1月1日前）	公债、政府担保的铁路公司的股票和债券总计	占比	其中公债	占比	铁路公司股票及债券	占比	贵族和农民银行的债券	占比	各城市债券	占比	股份公司的股票和债券总计	占比	其中股票总额	占比	外国公司的股票	占比	在俄国成立的公司的股票	占比	外国投资总额
1893	2713	91.9	2090	70.8	623	21.1	—	—	—	—	238	8.1	203	6.9	89	3.0	114	3.9	2951
1900	3893	79.3	3325	67.7	568	11.6	102	2.1	4	0.1	911	18.5	762	15.5	365	7.4	397	8.1	4910
1908	5170	79.8	4642	71.6	528	8.2	96	1.5	26	0.4	1187	18.3	989	15.3	399	6.2	590	9.1	6479
增长值																			
1893～1900	1180	60.2	1235	63.0	−55	−2.8	102	5.2	4	0.2	673	34.4	559	28.5	276	14.1	283	14.4	1959
1900～1908	1277	81.4	1317	83.9	−40	−2.5	−6	−0.4	22	1.4	276	17.6	227	14.5	34	2.2	193	12.3	1569

表 43 1893～1908 年按主要有价证券类型划分的国内投资情况

单位：百万卢布，%

年份（1月1日前）	公债、政府担保的铁路公司的股票和债券总计	占比	其中公债	占比	铁路公司股票和债券	占比	贵族和农民银行的债券	占比	各城市债券	占比	股份公司的股票和债券总计	占比	股票总额	占比	私人抵押银行的抵押债券	占比	投资总额
1893	3136	58.4	2712	50.5	424	7.9	209	3.9	17	0.3	782	14.6	739	13.8	1225	22.8	5369
1900	3412	45.8	2917	39.2	495	6.6	459	6.2	83	1.1	1707	22.9	1640	22.0	1784	24.0	7445
1908	4594	46.6	4060	41.2	534	5.4	1069	10.8	177	1.8	1795	18.2	1637	16.6	2224	22.6	9859
增长值																
1893～1900	276	13.3	205	9.9	71	3.4	250	12.0	66	3.2	925	44.6	901	43.4	559	26.9	2076
1900～1908	1182	49.0	1143	47.3	39	1.6	610	25.3	94	3.9	88	3.6	−3	−0.1	440	18.2	2414

俄国金融资本的形成

要投资对象。然而，其余投资对象所占的份额要低得多。排名第二的是国家和私人抵押证券。到 1900 年，对股份制公司有价证券的投资（不包括有政府担保的铁路公司股票和债券、私人土地银行债券）所占比例达到国内资本对有价证券投资总额的 1/5，此后投资额一直保持在这一水平。

表 44　截至 1900 年 1 月 1 日在俄国经营的股份企业中的投资数据

单位：百万卢布

股份公司的部门分组	投入俄国公司的金额总计	其中来自国内的投资额	来自国外的投资额	投入外国公司的金额总计	外资总额	投资总额
银行、保险、运输公司以及公共事业、贸易、混合公司	810.7	760.7	50.0	83.5	133.5	894.2
采矿、冶金和金属加工公司	517.3	290.7	226.6	242.8	469.4	760.1
纺织公司	376.6	312.7	63.9	7.5	71.4	384.1
食品公司	160.7	149.3	11.4	—	11.4	160.7
化学公司	59.3	39.6	19.7	10.1	29.8	69.4
其他*	112.5	87.1	25.4	21.0	46.4	133.5
总计	2037.1	1640.1	397.0	364.9	761.9	2402.0

* 矿物质加工、木材加工、书写用纸和印刷、动物产品加工。

到 1893 年，外国投资仅占俄国有价证券投资总额的 1/3 多一点。其中 70% 以上的资本都被投入俄国公债中。但外资只在受担保的铁路证券投资中占优势。1893~1900 年，外资对公债的投资是国内资本对公债投资的 6 倍多。因此，外资在这里占据了主导地位。

股份制经营中的外国资本所占的比重也在持续增长：1893 年为 23%，1900 年为 35%，1908 年为 40%。

第三章　在俄的外国资本

表44基于 П. В. 奥利关于外国投资的数据和 Л. Е. 舍别廖夫关于在俄国经营的股份-合股公司的股本数据编制而成，呈现了这些公司中国内投资和国外投资的比例。

到1900年初，外国资本约占俄国国民经济中有效股本的1/3。其中几乎一半是外国公司的分支机构或为了开展对俄业务专门在国外设立的公司的资本。从表44可以看出，外国资本的主要投资对象是采矿、冶金和金属加工行业（遗憾的是，我们掌握的数据无法对其进行单独研究）。3/5的外国资本集中在这些领域，显然比国内资本占优势。这些领域中一半以上的外资都被投资于外国公司。这些公司的资本占在俄外国公司总资本的2/3。上述行业中，俄国公司中的外国资本份额也很高（约44%）。

至于其余行业，外国资本只在化学行业中占重要地位（约为43%）。

因此，大部分的外国资本都被投入公债中。然而，这并不意味着，在我们感兴趣的俄国生产和资本集中进程中，外资没有发挥任何作用。根据 П. П. 米古林的数据，20世纪前10年，专门用于铁路建设的贷款约占国债的一半。投入其中的资本推动了生产铁轨和铁路机车车厢、车站设备、建筑材料和许多其他铁路所需物品的企业的成立和发展。

出售公债并将其投放到国外的业务中是俄国商业银行的独特经历，这为它们随后过渡到给工业融资奠定了基础。在开展这些业务期间，俄国银行和外国银行之间建立了联系与合作。国家有价证券的交易不仅给俄国银行带来了发行和股票投机方面的经验，还带来了可观的利润。

此外，各种形式的外国投资都是相互关联的。最初以贷款形式进入俄国后，外国资本直接流入该国国民经济的障碍似乎都已经被扫清。尽管不同作者采用了不同的计算方法和不同来源的数据，但计算俄国收支平衡的尝试证明了一点：从19世纪80年代初开始，俄国在外国投资上的支出开始超过外国投资额的增长。外贸顺差无法弥补不断增长的赤字。

俄国金融资本的形成

俄国的收支平衡只能依靠新贷款和流入国民经济的外资来维持。①

19世纪末外资规模前所未有。其特点是外国公司的比例很大。20世纪前10年，情况发生了变化。从表42可以看出，1900~1908年，外国资本对股份制经营的投资主要流向俄国公司。为了理解其中的原因，有必要将目光直接转向外国公司。

二 在俄经营的外国公司

很少有人研究在俄经营的外国公司。这些公司的理事会都在国外，但它们的一些文件材料只能存放在俄国分公司的文件处理部门。然而，大多数情况下，这类分公司的档案都没能保存下来。这就是为什么参考资料对研究外国公司而言是最重要的，它能使我们看到其整体，尽管这些资料并不像我们所希望的那样详细。

在关于20世纪初俄国股份制公司的参考资料中，信息最丰富的是上面已经提到的由 А. И. 德米特里耶夫-马蒙诺夫编辑的《帝俄现存股份制公司索引》。《帝俄现存股份制公司索引》的重要优势在于，它分两版出版包括了1903年和1905年。② 第一版涵盖了1902年12月1日之前被批准在俄经营的外国公司，第二版包括了1905年1月1日前获批的公司。第一版和第二版《帝俄现存股份制公司索引》提供了截至这两个日期的相关信息，这样就可以确定危机年代发生的变化。这是1966~1967学年笔者在莫斯科大学历史系史料学教研室主持的一个专门研讨会的主题。与会者有 Т. А. 巴布什金娜、С. А. 克留齐科娃和 В. А. 波格列宾斯卡娅。

---

① 对现有的俄国收支平衡计算方法的比较分析载于笔者的文章《外国资本在俄国的作用问题研究》中。后续研究详见 Gregory P. The russian balance of payment, the gold standard and monetary policy: a historical example of foreign capital movement.//The Journal of Economic History, 1979, vol. XXXIX, N 2.

② 在第二版《帝俄现存股份制公司索引》1907年再版时，没有加入关于股份公司变化的数据。

对《帝俄现存股份制公司索引》中所包含的外国公司信息进行统计处理的结果反映在表45中。① 在表45中，研究者们按成立的国家和所处的国民经济部门对1901年1月1日前被允许在俄经营的外国公司数量和股本数据进行了分类。

比利时在公司数量和股本金额方面都处于领先地位。值得注意的是，绝大多数比利时公司——117家中的107家，于1896~1900年在俄国开展了业务。比利时公司在俄国国民经济中的分布范围非常广泛。但它们最重要的活动领域是采矿冶金业、金属加工和机械制造业、煤炭开采和焦炭生产业以及城市交通业。这些行业占到了比利时公司股本的70%以上。比利时公司在前3个行业的外国企业中占主导地位。在砖块和陶瓷器制品生产行业，以及贵金属开采行业也是如此。在城市交通和玻璃工业中，除了比利时公司外，根本没有其他外国公司。

比利时公司中特大型公司不多。股本在500万卢布以上的公司有6家：3家煤矿公司和3家采矿冶金公司。其中最大的公司是多次提到的"俄国普罗维登斯"公司，它是唯一一家股本超过1000万卢布的比利时公司。

法国公司排在第二位。其中1/5出现在19世纪70年代后半期至80年代初，1/4以上成立于80年代末至90年代前半期，2/5成立于1898~1900年。它们的经营领域基本上与比利时公司一致，但在数量和股本金额上都不如比利时公司。法国公司仅在水泥生产、采铜与炼铜、供水和排水行业处于领先地位。法国公司的平均股本明显高于比利时公司，特别是在采矿和采矿冶金业、金属加工和机械制造业中，但在股本超过500万卢布的公司数量上两国大致相同。

英国公司在股本总额上略逊于法国公司，但它们的数量几乎仅为法国公司的一半。其中3/4于1898~1900年获准在俄经营。英国公司的经营

---

① 这项工作的主要结果发表在《Вестник Московского университета》上（Сер. 9, История, 1968, № 2）。

俄国金融资本的形成

表 45 截至 1901 年 1 月 1 日被批准在俄经营的外国股份公司情况

行业分类	德国公司数量（家）	股本额（千卢布）	英国公司数量（家）	股本额（千卢布）	法国公司数量（家）	股本额（千卢布）	比利时公司数量（家）	股本额（千卢布）	其他外国公司数量（家）	股本额（千卢布）	公司总数（家）	股本总额（千卢布）
煤炭开采和焦炭生产	2	6002	1	3388	5	15712	10	26258	1	340	19	51700
采油与炼油	—	—	13	54395	1	1116	1	1500	—	—	15	57011
采铜与炼铜	—	—	1	946	2	3375	—	—	—	—	3	4321
贵金属开采	—	—	1	300	1	7959	4	10330	—	—	6	18589
其他矿产开采	—	—	1	189	1	7500	2	2033	1	781	5	10503
采矿冶金	2	1774	1	11352	9	33210	15	50264	—	—	27	96600
金属加工和机械制造	3	4337	1	239	3	10503	27	32161	3	492	37	47732
砖块和陶瓷制品生产	—	—	—	—	1	1125	12	6808	—	—	13	7933
水泥生产	—	—	—	—	4	3394	1	750	—	—	5	4144
玻璃工业	—	—	—	—	—	—	6	7258	—	—	6	7258
化学工业	3	2197	—	—	3	3537	3	2100	—	—	9	7834
林业、木材加工和火柴	—	—	—	—	1	309	3	1125	1	1546	5	2980
纺织和皮革工业	—	—	1	1279	4	12737	6	9265	2	3158	13	26439
食品和面粉工业	—	—	1	1655	—	—	1	750	—	—	2	2405

第三章 在俄的外国资本

续表

行业分类	德国公司数量（家）	股本额（千卢布）	英国公司数量（家）	股本额（千卢布）	法国公司数量（家）	股本额（千卢布）	比利时公司数量（家）	股本额（千卢布）	其他外国公司数量（家）	股本额（千卢布）	公司总数（家）	股本总额（千卢布）
电气和煤气	7	10592	—	—	2	2273	4	9190	—	—	13	22055
供水和排水	—	—	—	—	2	1106	—	—	—	—	2	1106
城市交通	—	—	1	18920	—	—	21	20413	—	—	21	20413
其他	1	300	1	18920	4	6228	1	1295	1	1478	8	28221
总计	18	25202	22	92663	43	110084	117	181502	9	7795	209	417244

· 201 ·

范围要窄得多。在这些行业的每个行业中通常只有一家英国公司。唯一的例外是石油工业——英国公司在俄经营的主要目标，英国各公司平均持股额最高。其中 5 家公司拥有 500 万卢布以上的股本，里面包括 3 家股本在 1000 万卢布以上的公司。

至于德国的公司，它们也仅在相对较少的行业中树立了自己的地位：电气和煤气业、金属加工业、采矿冶金业、化学工业。

大部分德国公司——18 家中的 11 家，都是在 19 世纪 60~80 年代被允许进入俄国的。1896~1900 年，其余 7 家公司在俄国开设业务。德国公司的平均持股额与比利时公司大致相同。其中只有两家公司的股本超过了 500 万卢布。

表 46 根据第二版《帝俄现存股份制公司索引》中的数据编制而成，反映了 1901 年 1 月 1 日至 1905 年 1 月 1 日在俄外国公司的构成变化。在这四年里，共计 66 家外国公司被允许在帝俄领土上开展生产活动。这其中有 27 家英国公司，11 家比利时公司，9 家法国公司，6 家德国公司。英国公司主要对石油工业以及贵金属和铜的开采感兴趣。而新加入的比利时、法国和德国公司的行业结构非常多样化。遗憾的是，《帝俄现存股份制公司索引》中只有 45 家新公司的资本信息。值得注意的是，这些公司的总股本中超过 2/3 是由英国企业的资本构成的。1901~1904 年被批准经营的 7 家公司直到 1905 年 1 月 1 日才开始运营。

第二版《帝俄现存股份制公司索引》中出现了 1905 年 1 月 1 日前未运营的，或到那时已不再运营的外国公司专门清单，这为研究《帝俄现存股份制公司索引》中列出的其余公司提供了基础。但由于《帝俄现存股份制公司索引》中缺少这些公司的经营结果，因此，很可能的情况是，要么清单不完整，要么许多"现存公司"是虚构的。由于无法根据《帝俄现存股份制公司索引》中的信息解决这一问题，我们认为有必要在表 46 中列出那些经营结果仍未知的公司的数据。我们所研究的停业公司包

表46　1901~1904年在俄外国公司的构成变化

行业分类	1901~1904年被允许在俄经营的公司总数（家）	其中资本信息已知的公司数量（家）	股票（千卢布）	债券（千卢布）	1905年前未开业的公司数量（家）	股票（千卢布）	债券（千卢布）	1901~1904年停业的公司数量（家）	股票（千卢布）	债券（千卢布）	截至1905年1月1日仍在经营的公司总数（家）	其中资本信息已知的公司数量（家）	股票（千卢布）	债券（千卢布）	其中经营结果未知的公司数量（家）	股票（千卢布）	债券（千卢布）
煤炭开采和焦炭生产	1	1	1875	1417	—	—	—	2	2965	—	18	18	53845	22429	1	3000	548
采油与炼油	13	11	25931	—	2	10406	—	—	—	—	26	24	70686	7163	12	24404	—
采铜与炼铜	4	4	7308	—	—	—	—	2	2062	519	5	5	9380	—	3	2962	—
贵金属开采	7	5	15450	—	1	1500	—	2	4328	—	10	8	26383	2364	3	14663	—
其他矿产开采	6	4	2813	—	1	37	—	1	1875	—	9	7	11064	4009	3	2776	—
采矿冶金	—	—	—	—	—	—	—	10	40932	15190	17	17	57497	11574	1	2625	—
金属加工和机械制造	10	4	2942	—	1	1714	—	12	10723	441	34	28	33937	7927	—	—	—
砖块和陶瓷制品生产	1	1	412	—	—	—	—	6	3211	64	8	8	5288	87	1	412	—
水泥生产	—	—	—	—	—	—	—	3	2175	—	2	2	1969	884	—	—	—
玻璃工业	2	1	1750	—	—	—	—	3	2193	—	5	4	5424	1580	1	833	—
化学工业	3	2	1230	—	—	—	—	1	750	—	11	10	8524	451	—	—	—

· 203 ·

俄国金融资本的形成

续表

行业分类	1901~1904年被允许在俄经营的公司总数（家）	其中资本信息已知的公司数量（家）	股票（千卢布）	债券（千卢布）	1905年前未开业的公司数量（家）	股票（千卢布）	债券（千卢布）	1901~1904年停业的公司数量（家）	股票（千卢布）	债券（千卢布）	截至1905年1月1日仍在经营的公司总数（家）	其中资本信息已知的公司数量（家）	股票（千卢布）	债券（千卢布）	其中经营结果未知的公司数量（家）	股票（千卢布）	债券（千卢布）
林业、木材加工和火柴	5	3	2160	—	1	112	—	3	2540	—	6	4	2469	—	3	2284	—
纺织和皮革工业	1	1	206	—	—	—	—	1	1688	150	13	13	23564	2474	—	—	—
食品和面粉工业	—	—	—	—	—	—	—	—	—	—	2	2	2405	—	1	1655	—
电气和煤气	3	3	5512	244	—	—	—	—	—	—	16	16	29450	14058	1	1200	244
供水和排水	2	2	2154	—	—	—	—	—	—	—	4	4	3233	—	—	—	—
城市交通	2	1	600	469	1	375	—	3	1219	445	19	18	17012	13745	2	1725	469
其他	6	2	1965	2048	—	—	—	—	—	—	14	10	30452	2048	2	20795	—
总计	66	45	72308	4178	7	14144	—	49	76661	16809	219	198	392582	90793	34	79334	1261

·204·

括：（1）仍然存在但在俄国停止运作的公司；（2）已经清算或正在清算的公司；（3）被宣布为无力偿还债务的公司；（4）被移交管理的公司。最后一种假设可能会引起反对的情况是合理的，因为被移交的公司会继续运营。但由于这些公司已经失去了自己的股本，并且被债权人把控，在其被管理期间，它们不再作为公司运营。

1901~1904年，49家外国公司停止了经营，其股本为7670万卢布，此外还有1680万卢布的债券。其中，有6家是法国公司（股本为1400万卢布，债券额为710万卢布），41家是比利时公司（股本和债券额分别为6080万卢布和970万卢布）。在此期间，不存在终止运营的德国或英国公司。

这些数字只给我们提供了一个有关外国股东和债券持有人损失情况的粗略概念，因为他们通常都得到了某种补偿，尽管这种补偿通常非常少。一些被移交管理的公司后来会再度崛起，但它们的财务整顿需要大量额外投资。最后，应该记住，许多到1905年1月1日尚未清算的公司实际上注定要失败，它们的破产只是时间问题。因此，大量公司的经营结果都是未知的。当时尤其缺少后来在俄国石油工业中几乎被清算的所有英国企业的运营信息。

表47基于《帝俄现存股份制公司索引》中的报表数据编制而成，可以使我们形成一些对1901~1904年在俄外国公司经营结果的认识。从表47中可以看出，在经营结果已知的外国公司中，一半以上的公司当时盈利了。然而需要提醒的是，资本规模和公司运营结果仍未知的外国公司相当多——55家，即占总数的1/4。盈利公司在电力和煤气、化学工业和城市交通等领域占比较高。此外还在采矿冶金业中占主导地位。但这里亏损的公司也不少。

亏损公司主要集中在石油开采和精炼、铜和贵金属开采、砖块和陶瓷制品生产、玻璃工业、皮革工业中。在采煤和金属加工业中，虽然盈利和亏损公司的数量相当，但未盈利公司仍然较多。

俄国金融资本的形成

表 47 按经营结果划分的 1901~1904 年在俄外国公司分布情况

部门分组	经营信息已知的公司数量(家)	股票(千卢布)	债券(千卢布)	盈利的公司数量(家)	股票(千卢布)	债券(千卢布)	未盈利的公司数量(家)	股票(千卢布)	债券(千卢布)	亏损的公司数量(家)	股票(千卢布)	债券(千卢布)
煤炭开采和焦炭生产	17	50845	21881	7	25087	13574	10	25758	8307	7	21577	8307
采油与炼油	12	46282	7163	5	24974	6811	7	21308	352	7	21308	352
采铜与炼铜	2	6418	—	1	—	—	2	6418	—	1	4730	—
贵金属开采	5	11720	2364	—	6000	2364	4	5720	—	3	1220	—
其他矿产开采	4	8288	4009	4	8288	4009	—	—	—	—	—	—
采矿冶金	16	54872	11574	9	32247	6074	7	22625	5527	7	22625	5527
金属加工和机械制造	28	33937	7927	13	14855	2522	15	19082	5405	13	17582	4912
砖块和陶瓷制品生产	7	4876	87	1	1031	—	6	3845	87	3	2130	70
水泥生产	2	1969	884	1	884	509	1	1125	375	1	1125	375
玻璃工业	3	4591	1580	1	2222	—	2	2369	1580	1	307	360
化学工业	10	8524	451	8	7249	451	2	1275	—	1	1050	—
林业,木材加工和火柴	1	185	—	1	185	—	—	—	—	—	—	—
纺织和皮革工业	13	23564	2474	5	14288	2438	8	9276	36	6	7401	—
食品和面粉工业	1	750	—	—	—	—	1	750	—	1	750	—
电力和煤气	15	28250	13814	11	23697	10814	4	4553	3000	4	4553	3000
供水和排水	4	3233	—	4	3233	—	—	—	—	—	—	—
城市交通	16	15287	13276	11	13287	9404	5	2000	3872	3	1250	355
其他	8	9657	2048	2	4125	—	6	5532	2048	5	5001	2048
总计	164	313248	89532	84	181612	58943	80	131636	30589	63	112609	25306

·206·

英国公司中亏损公司占一半以上，比利时公司中亏损公司约占2/5，法国公司中亏损公司约占1/3，德国公司中亏损公司占1/5以上。但比利时亏损公司的数量很多——33家（股本为5230万卢布，债券额为1790万卢布）。应该指出的是，在绝大多数行业中，各盈利公司的平均股本比亏损公司的平均股本高。换句话说，外国公司的规模和它们的业绩之间存在着直接关联。

如表48所示，还有另一种相关性：外国公司在俄活动的时间越长，其中停业或出现亏损的公司就越少。在1901年前进入俄国的外国公司中，19世纪最后10年里开业的公司表现最差。这其中只有1/5的公司盈利，几乎1/3的公司在危机年代不复存在，1/3以上要么亏损，要么未提供有关其经营结果的信息，这表明这些公司普遍经营困难。但在1891~1901年开业的公司中，在俄外国股份制公司占比高达3/4。很明显，它们的经营结果令人失望。可能这就是为什么，1900~1908年，投资俄国工业的外国资本开始集中投资在俄国本土而非国外建立的股份制公司。这产生了相当重要的影响。

表48 按成立时间和经营结果划分的在俄外国公司分布情况

单位：家

成立时间	公司总数	其中1901~1904年停止运营的公司数量	1901~1904年盈利的公司数量	1901~1904年未盈利的公司总数	其中亏损的公司数量	1901~1904年经营结果信息未知的公司
1866~1880年	10	—	9	1	1	—
1881~1890年	30	2	23	5	3	—
1891~1895年	16	3	8	4	4	1
1896~1900年	153	47	33	58	43	15
1901~1904年	66	4	11	12	12	39

第二节 外国企业在俄国发展的主要趋势：
1899~1903年危机的影响

一 20世纪初外国企业在俄国发展的特点和趋势

到20世纪初，外国企业在俄国发展的特点和主要趋势开始显现。

外资在俄国国民经济中的组织形式和应用领域因其引进国不同而存在显著差异。借助 P. 日罗①、Д. 麦克-凯②和 Ю. Б. 索洛维约夫③的研究，现在我们能更好地研究法国资本的"行为"和经营结果。19世纪90年代其驱动力是银行。巴黎-荷兰银行和法国银行"总公司"发挥了主导作用。俄国的一些工业企业是由巴黎的罗斯柴尔德银行和国家核算局创办的。19世纪90年代后半期，巴黎国际银行开始积极参与俄国事务。一些其他银行和银行机构也产生了兴趣。在成立工业企业时，银行普遍利用法国工业企业的技术援助。在19世纪90年代后半期的创业热潮下，职业

---

① Girault R. Emprunts russes et investissements francais en Russie, 1887-1914. Paris, 1973.
② McKay J. P. Pioneers for profit. Foreign entrepreneurship and russian industrialization, 1885-1913. Chicago; London, 1970; Idem. Foreign businessmen, the tsarist government and the Briansk company.//The journal of european economic history, 1973, vol. 2, N 2.
③ Соловьев Ю. Б. Петербургский Международный банк и французский финансовый капитал в годы первого промышленного подъема в России（образование и деятельность "Генерального общества для развития промышленности в России"）.// Монополии и иностранный капитал в России. М.; Л., 1962; Он же. Петербургский Международный банк и французский финансовый капитал накануне кризиса 1900-1903 гг.//Очерки из истории экономики и классовых отношений в России конца XIX-начала XX в. М.; Л., 1964; Он же. Петербургский Международный банк и французский денежный рынок в конце XIX в.//Проблемы истории международных отношений. Л., 1972; Он же. Русские банки и французский капитал в конце XIX в.//Французский ежегодник, 1974. М., 1976. А. А. 富尔先科、В. А. 纳尔多娃、С. И. 波托洛夫和 Л. Н. 科洛索夫的作品中也涉及了19世纪末20世纪初法国资本在俄国的活动，这些作品专门研究了俄国石油工业的垄断史。

第三章 在俄的外国资本

投机者和股票经纪人在俄国的企业组织者中占据了突出位置。在这些人中，也有一些被在法国的俄国金融代理 A. 拉法洛维奇称之为"金融强盗"的人。①

法国资本主要投资于煤矿、冶金和机械制造、石油开采和石油精炼业。根据 P. 日罗的计算，到 1900 年顿巴斯的 16 家大型采煤公司中有 9 家被法国人控制了。它们占该地区煤炭开采量的 38%。在东布罗夫煤矿区，该地区 41%的产量都由 4 家法国公司贡献。② 法国资本家控制了俄国南部、波兰王国和乌拉尔-伏尔加矿区的许多冶金企业。1900 年布良斯克轧轨炼铁机械公司控制权的转让大大加强了法国资本在俄国机械制造业中的地位。以罗斯柴尔德银行为代表的法国资本在采油与炼油以及从俄国输出石油产品方面发挥了重要作用。

法国资本与比利时资本紧密相连。许多在俄国经营的比利时公司就资本成分而言是法国公司。银行和交易所经纪人也在比利时的资本输出中发挥了积极作用，但其中工业企业发挥了主要作用。比利时人在俄国控制的很大一部分公司都是各个比利时公司的子公司。

投资煤炭和冶金业的比利时资本经常和法国资本合作。如上所述，两国资本特别感兴趣的领域是城市交通、建筑材料生产和金属加工业的一些部门（特殊铸件、各种金属制品、珐琅器、磨坊和工厂设备制造）。

至于德国资本，B. C. 佳金着力研究了其在俄国投资的一个重要领域——电气工业。③ 德国资本在波兰王国的采矿冶金业和金属加工业中的作用也得到了充分的阐释。④ 化学工业就更不用说了，德国资本在这一

---

① Соловьев Ю. Б. Русские банки и французский капитал в конце XIX в. , с. 147.
② Girault R. Op. cit. , p. 264-265.
③ Дякин В. С. Германские капиталы в России: Электроиндустрия и электрический транспорт. Л. , 1971; Наниташвили Н. Л. Германский капитал в Закавказье: Деятельность фирмы "Сименс и Гальске", 1860-1917. Тбилиси, 1982.
④ Pustula Zb. Poczatki kapitalu monopolistycznego w przemysle hutniczo-metalowym Krolestwa Polskiego (1882-1900). Warszawa, 1968, s. 89-110.

· 209 ·

俄国金融资本的形成

领域也占有重要地位。德国银行和俄国银行之间的关系需要进一步研究。①

根据 В. С. 佳金的说法,到1900年,在俄国现存的10家电气公司中,有6家由德国资本主导。在电工技术和电力工业领域,德国资本占投资总额的一半。② 大多数德国资本控制的金属加工企业都集中在波兰王国,它们占该行业经营公司股本的 2/5 以上。③

德国资本在俄国建立的企业的一个特点是,除少数例外情况,它们不只是大型德国工业公司的子公司,而是生产上与它们紧密相连的分公司。德国银行通常扶植这些公司在俄国的业务。

我们已知的20世纪初之前英国资本在俄活动的展开也主要与俄国工业垄断化进程的研究相关。在这方面特别重要的是 A. A. 富尔先科的著作《19世纪50年代至1918年的石油托拉斯和世界政治》,该书讲述了俄国石油工业领域的垄断史,该领域是90年代英国资本家的主要兴趣对象。

自1897年起,当两个敌对的伦敦集团几乎同时收购了石油工业家 Г. З. А. 塔吉耶夫和 С. М. 希巴耶夫在巴库的企业后,俄国石油业中的英国投资开始迅猛增长。20世纪前10年,英国人拥有巴库地区的11家石油公司和格罗兹尼地区的7家公司。他们总共控制了6500万卢布的股本。④

英国人利用常见的多级控股公司制度来收购俄国的现有企业或创

---

① 目前只做了与俄国个别工业部门垄断化进程相关的研究。除了上述 В. С. 佳金的作品外,还可参阅 Фурсенко А. А. Нефтяные тресты и мировая политика, 1880-е годы — 1918 г. М.; Л., 1965。

② Дякин В. С. Германские капиталы в России: Электроиндустрия и электрический транспорт. Л., 1971, с. 36, 40, 268-269.

③ Pustuła Zb. Op. cit., s. 104.

④ Фурсенко А. А. Нефтяные тресты и мировая политика, 1880-е годы — 1918 г. М.; Л., 1965, с. 134.

建新企业。英国石油公司在巴库地区和格罗兹尼地区的控制权以这种方式扩大，这最终导致了两个强大的集团——"壳牌石油公司"和斯图尔特-格拉斯顿公司为争夺石油市场的垄断权而展开激烈的竞争。

19~20世纪之交，美国资本刚刚在俄国迈出了第一步。1897年于彼得格勒成立了俄国"辛格公司"，同名美国公司的子公司在1902年前一直从事贸易活动。[①] 美国资本在俄国工业中的另一个产物——1898年成立的威斯汀豪斯股份公司，[②] 此时也处于起步阶段。

笔者依据"来源国"对外国资本在俄主要投资领域的划分是有条件的。投资于俄国国民经济的外国资本无疑受到了经济和法律条件的影响，也受到将其输出的西欧货币市场历史传统的影响。这决定了不同"来源国"的外国资本在行为方式和投资领域上的差异。然而，同一"来源国"的外国资本从未形成过一个由共同利益联结起来的统一集团。取而代之的是彼此之间竞争激烈的金融资本主义集团。

同时，不同"来源国"的外国资本在利益上不存在必然的对立关系。到20世纪初，国际资本融合已经有了显著的发展，特别是在新兴的企业经营部门，如石油的开采、精炼和运输，电气工程和电能，这些部门在其成立阶段已经成为跨国资本联盟形成的舞台。

然而，投资于俄国国民经济的同一"来源国"的外国资本都存在一定的"专门化倾向"。最终，在"自己"国家竞争的金融资本主义集团把资本投入它们熟悉的行业中，加入俄国本土的竞争中。而在这场斗争中，它们使用了已经发展到垄断阶段的西方先进资本主义国家

[①] Шарохина М. П. Финансовые и структурные связи "Компании Зингер" с российским и иностранным капиталом.//Самодержавие и крупный капитал в России в конце XIX - начале XX в. М., 1982.

[②] "威斯汀豪斯股份公司"是美国"威斯汀豪斯电气公司"的孙公司，因为它是由英国资本创立的——"伦敦威斯汀豪斯电气公司"。

俄国金融资本的形成

制定的方法。

此外，90年代后半期创业热潮背景下，由于在俄国经营的外国金融资本主义集团内部存在着相当尖锐的矛盾，相互竞争的企业往往发现自己处于各自的势力范围内。因此，90年代末，在部分金融资本主义集团的范围内以及在后者之间建立合作关系的基础上，外国企业在俄国的集团化程度越来越高。外国资本固有的垄断趋势在20世纪前10年完全表现了出来。

外国资本虽然重要，但绝不是俄国经济发展的决定性因素。自20世纪60年代初，俄国经济的半殖民地依赖论被否定后，这一观点就已经在苏联历史文献中站稳脚跟。专门从事外国资本在俄国问题研究的当代外国作者也持这种观点。麦克-凯认为，"外国投资融入国民经济中，并不限于建立孤立的殖民地"。他指出，投资"为国内市场服务"的行业在其中占主导地位，并断定"这种投资不能脱离当地经济"。①

超过2/3的生产性外国投资②用于铁路建设。铁路建设在不同阶段主要由国家或由国家支持和控制的私营公司负责，这是由俄国社会制度的经济需求和战略需求决定的。修建铁路是为逐步实现俄国国民经济的资本主义改造创造条件，同时维持地主和地主阶级的政治统治地位。③ 俄国公债（用于铁路建设）和沙皇政府担保的铁路公司债券中的外国资本不

---

① McKay J. P. Pioneers for profit..., p. 37.
② 生产性投资指的是那些投入铁路建设、股份制企业经营活动、城市建设的资本。根据 П. П. 米古林的数据 [Русский государственный кредит (1769-1906). Харьков, 1907, т. 3, с. 1086]，由公债组成的贷款中有大约一半用于建造铁路。因此，笔者通常将公债中一半的外资理解为用于铁路建设的投资。根据 И. Ф. 金丁的计算，这种投资占公债中外资总额的 4/5 以上，但他没有说明是如何计算的（Гиндин И. Ф. Русские коммерческие банки: Из истории финансового капитала в России. М., 1948, с. 394）。
③ 参阅 Соловьева А. М. Железнодорожный транспорт России во второй половине XIX в. М., 1975。

能决定俄国铁路修建的方向,也不能决定铁路的运行状态。①

外国资本以企业的形式发挥了更加独立的作用,但即使在这种情况下,它最终也融入正在进行的资本主义演变过程,这一过程是由国内社会结构发展中的内部因素和全球资本主义压力之间复杂的相互关系决定的。

外国资本转向俄国工业,面向国内市场,满足了俄国国民经济的迫切需求。同时这意味着它必须与主导国内市场的国内资本建立长期关系。换句话说,外国资本只有在适应俄国的经济、社会和法律条件时才能在该国国民经济中取得成功。

在工业高涨期,俄国工业家们从自身出发,试图吸引外国资本来扩大他们的企业,这促进了这种适应。因此,90年代外国资本涌入俄国还伴随着与国内资本的交织、融合。

文献中包含大量关于这种融合的事实,虽然这些史料还没有得到充分的研究。俄国企业主经常参与外资在俄国创办的企业,甚至也参与外

---

① 1900~1901年,在法国投放的定期俄国公债首次与沙皇政府承诺建设法国政府坚持要建设的某条铁路线有关。1899年8月,法国外交部长 T. 德尔卡塞抵达彼得堡后试图使法俄结成联盟,一起反英,并谈到了遏制英国的措施,包括建设奥伦堡-塔什干铁路的必要性,俄国财政大臣 С. Ю. 维特声明,它的建设"需要耗费大量资金",这些资金"要从更有效益的任务——对俄国具有重要经济意义、极其必要的道路建设中调出来"。反过来,在答复1899年秋沙皇政府提出的关于允许贵族银行的抵押债券在巴黎交易所流通的要求时,T. 德尔卡塞提议在法国发行特别铁路债券,用于建设上述线路。在拒绝了发售特别债券的提议后,С. Ю. 维特表示,如果法国政府同意在未来两年内将价值2亿卢布的俄国国有证券投放到法国,他愿意继续修建奥伦堡-塔什干铁路。法国政府很快就同意了这一提议。两年后,T. 德尔卡塞回忆起了法俄联盟的反德特征,提议建设另一条战略线路:博洛戈耶-谢德尔采铁路线。这一次,С. Ю. 维特立即向法国提出了给沙皇政府提供贷款的问题。1902~1904年双方达成了相关协议。1904年春,当沙皇政府再次要求巴黎方面提供贷款时,T. 德尔卡塞要求将这笔贷款的一部分专门用于建设博洛戈耶-谢德尔采铁路。参阅 Ананьич Б. В. Россия и международный капитал, 1897–1914. Л., 1970, c. 39–40, 61–70; Bovykin V. I. The franco-russian alliance.//History, 1979, vol. 64, N 210。因此,由于需要新的贷款,沙皇政府对法国货币市场产生了金融依赖,20世纪前10年这种依赖开始影响其铁路建设问题的决策,但这种影响是有限的。

俄国金融资本的形成

资在国外成立的股份公司。无论外国创始人是否以俄国银行为中介,他们的合作伙伴中通常都包括被已成立的外国公司接管的工厂、矿场或油田的前所有者。然而,19世纪90年代外国资本通常都与俄国银行合作建立大型企业。

但是,也有外国工业家直接与俄国银行接触的情况。例如,在接到俄国交通部的大订单后,法国布埃公司意识到需要在俄国工厂中制造蒸汽机车,于是向彼得堡私人银行提议共同为建造这种工厂成立一家股份公司。最终,俄国蒸汽机车制造和机械公司成立。[1]

外国银行与当地银行共建此类公司是更常见的情况。由于彼得堡国际银行的文件保存得较为完好,我们对外国信贷机构与该银行合作的业务有了更多的了解。

1895年,巴黎-荷兰银行及其伙伴巴黎国际银行,与彼得堡的银行——贴现贷款银行、国际银行一起,在彼得堡成立了俄国金矿开采公司。巴黎-荷兰银行的理事会非常重视这项业务,认为有必要在1896年5月8日提交给股东大会的年度报告中提到它:"我们与俄国和法国的合作者一起,为创建出一个辉煌成功的企业——俄国('帝俄')金矿开采公司做出了贡献,它的活动范围可以扩展到帝国所有大规模的产金区。"[2]

随后,在1896年,该银行集团在巴黎成立了另一家合资企业(但巴黎国际银行和彼得堡国际银行起到了更积极的作用)——乌拉尔-伏尔加冶金公司。[3]

同时,作为德累斯顿银行的合伙人,彼得堡国际银行和彼得堡贴现

---

[1] 参阅 Бовыкин В. И. Зарождение финансового капитала в России. М., 1967, с. 262-263; McKay J. P. Pioneers for profit, p. 217-218。

[2] Archives PARIBAS. Assemblées générales ordinaires. Rapport du Conseil d'Administration. Rapport du 8 mai 1896, p. 8.

[3] Ibidem. Rapport du 8 mai 1897 (p. 4); 也可参阅 Бовыкин В. И. Указ. соч., с. 225-226; Girault R. Op. cit., p. 289-294。

第三章　在俄的外国资本

贷款银行参与了俄国哈特曼机械制造公司的建立。①

由于打算于1897年在俄国建立一个大型贸易运输企业，因此巴黎的罗斯柴尔德家族也向彼得堡国际银行寻求援助。1898年初，这个被称为"马祖特"的企业成立了。② 同年，在国际银行的参与下，彼得堡成立了另外两家由外国资本主导的俄国股份制公司：俄国"西门子-塔尔斯克"公司和俄国"联合"公司。在前者中，国际银行与德累斯顿银行合作，在后者中——与德意志银行合作。③

根据保存下来的零星资料来看，彼得堡的其他银行也与德国银行就创办和发行业务开展合作。这其中包括彼得堡私人银行在法国迪尔和巴卡兰公司的倡议及巴黎-荷兰银行的支持下于1897年参与了上伏尔加铁路材料公司的建立。④

1898年，巴黎-荷兰银行与俄国工商业银行、贴现贷款银行共同在俄国成立了莫斯科机电和机械制造公司，即原魏切尔特公司。⑤

90年代后半期，当俄国工业有价证券的创办和发行业务变得相当普遍时，外国银行和相关的工业、股票经纪人，在俄国银行和工业家的参与下，开始设立专门的公司，用于购买和在后来转售已成立企业的股票和债券，或对它们进行控制。

这就是1896年在巴黎成立俄国工业总公司的目的。从法国方面来说，巴黎国际银行在其中发挥了主导作用，巴黎-荷兰银行和一些银行机构也参与其中。而俄国方面的参与者是彼得堡国际银行。事实证明，后者并

---

① ЦГИА СССР, ф.23, оп.24, д.268, л.73; 也可参阅 Бовыкин В. И. Указ. соч., с.220-222; McKay J. P. Op. cit., p.171, 217。
② 参阅 Фурсенко А. А. Нефтяные тресты и мировая политика, 1880-е годы — 1918 г. М.; Л., 1965, с.95-104。
③ 参阅 Дякин В. С. Германские капиталы в России, с.31-33。
④ ЦГИА СССР, ф.23, оп.24, д.8; Archives PARIBAS. Rapport du 8 mai 1897, p.4.
⑤ ЦГИА СССР, ф.22, оп.24, д.146, л.48.

· 215 ·

俄国金融资本的形成

不打算仅仅做其法国合作伙伴意愿的执行者。但法国合作伙伴也不想受其支配。此外，该公司巴黎方面的参与者对其任务的理解并不一致。所有这些都使俄国工业总公司陷入瘫痪。①

俄国的采矿和冶金业总公司（奥姆尼乌姆公司）的效益更高，该公司于1897年由法国银行"总公司"在比利时设立，一些俄国银行（俄国工商业银行、贴现贷款银行、彼得堡-亚速银行）以及大量法国和比利时的银行家和工业家也参与其中。② 奥姆尼乌姆公司被法国银行"总公司"完全控制。法国银行"总公司"保留了2/3的普通股和大约一半的优先股。奥姆尼乌姆公司的理事会包括法国银行"总公司"行政部门的四名成员和它赞助的俄国顿涅茨克煤炭和工厂工业公司的两名代表。在俄国成员方面，俄国工商业银行获得了一个席位。

奥姆尼乌姆公司的股本为2500万法郎。此外，该公司还发行了价值1480万法郎的债券。所有这些资金都用于收购俄国工业有价证券。奥姆尼乌姆公司一成立就持有了比利时银行"总公司"新成立的鲁琴科夫矿业公司几乎所有的股份（32000股中的31840股），以及当时与"总公司"银行利害相关的其他3家公司：俄国顿涅茨克煤炭和工厂工业公司、戈鲁博夫斯基·别列斯托沃-博古杜霍夫矿业公司和丘尔科夫煤炭生产公司的股份。

在此之后，奥姆尼乌姆公司收购了1897年秋在比利时成立的俄国熔

---

① 详细参阅 Соловьев Ю. Б. Петербургский Международный банк и французский финансовый капитал в годы первого промышленного подъема в России.
② 由于入股奥姆尼乌姆公司的俄国银行档案几乎完全丢失，Ю. Б. 索洛维约夫当时不无根据地提出，"'奥姆尼乌姆'的历史……根本无法恢复"（«Петербургский Международный банк и французский финансовый капитал в годы первого промышленного подъема в России», с. 379）。笔者也未能在法国银行"总公司"的档案馆中找到有关讲述奥姆尼乌姆公司诞生情况的资料。然而，法国国家档案馆的法国有价证券持有者协会资料库中保存了奥姆尼乌姆公司的章程、其理事会向股东大会提交的年度报告，这使我们能够复原该公司发展历史中的主要阶段。

铁、制铁、铸钢厂总公司中超过 1/3 的股份、1898 年初成立的另一家比利时公司——拉赫曼诺夫卡-克里沃罗格铁矿公司 1/6 的股份，并得到了 1895 年在法国成立的、位于叶卡捷琳诺斯拉夫省的法俄化工产品和炸药公司的控股额。①

为了说明选择这些企业的理由，奥姆尼乌姆公司理事会在 1898 年 10 月 12 日股东大会的报告中指出，它试图"组成一个一流的资产组合，以确保奥姆尼乌姆公司在俄国国家工业的未来发展成果中占有重要份额"。理事会还指出，成立俄国熔铁、制铁、铸钢厂总公司是为奥姆尼乌姆公司争取"在采煤业中的利益，并在俄国南部的大型冶金工厂中占据一席之地"。②

最终，截至 1898 年 6 月 30 日，即成立 16 个月后，奥姆尼乌姆公司持有的俄国企业的股份总额为 3820 万法国法郎（1430 万卢布）。③

到 1899 年底，奥姆尼乌姆公司持有的证券总量价格已经上升到 4120 万法郎（1540 万卢布）。④

奥姆尼乌姆公司成立不久后，法国外交部领事和商业事务司司长 M. 邦帕德向法国财政部部长 Г. 科舍里报告："M. 维特斯特拉特注意到，一些资本过剩的公司在未来远未得到保障，其发起人并不总能成功向大众出售过剩的证券。为了摆脱这种不良局面，所谓的奥姆尼乌姆公司成立了，过去几天里该公司试图在法国市场上销售 30000 份利率为 4% 的债券，每份价格为 500 法郎。"⑤

1898 年春，比利时出现了另一家中介企业——俄国金融公司。其创始人 Г. 莱格里、Ф. 梅斯和 Э. 哥特是与法国银行"总公司"合作过的著名投机者，也是奥姆尼乌姆公司的创始人之一，并且是其主要股东。麦

---

① AN，65 AQ，K 193. Statut；rapport du 12 oct. 1898.
② Ibidem. Rapport du 12 oct. 1898, p. 6-7.
③ Ibidem, p. 9.
④ Ibidem. Rapport du 11 oct. 1899.
⑤ Girault R. Op. cit., p. 269.

俄国金融资本的形成

克-凯认为，法国银行"总公司"把俄国金融公司"当作在俄国实施可疑道德行动的掩护和代理人"。[1] 1898~1899 年该公司在比利时成立的两家公司——波贝登卡煤矿公司[2]和"黄河"矿业公司（克里沃罗格）[3] 的不幸遭遇都证实了这种观点。俄国商人也参与到俄国金融公司，以及一些其他类似的组织中来。

到 19 世纪 90 年代末，在俄国建立和资助工业企业的实践推动了其他形式联盟的诞生，其中外国资本与俄国资本紧密相连。1899 年 2 月，"1899 年大俄国辛迪加"——一个为俄国各种电气公司融资的银行财团诞生。由于汇集了德国、法国、荷兰、瑞士的银行，自然，还有俄国的银行、银行机构和主要电气公司，因此该公司已经具备跨国性质。[4]

同年春，当俄国公司的股票和债券在法国货币市场上泛滥成灾时，巴黎-荷兰银行、法国银行"总公司"与它们的彼得堡伙伴一起，希望带着这些证券走向英国市场，试图在伦敦建立一个特别的英俄工业银行。[5]

90 年代后半期，除了俄国银行参与外国资本在俄国设立的公司外，外国信贷机构参与到俄国银行设立的股份制公司中来也成为一种寻常现象。

19 世纪末，外国资本在与俄国资本的交织融合中出现了与俄国资本同化的趋势。[6] 一般来说，外国企业仍与资助它们的外国银行和工业集团保持着密切联系。但与此同时，它们也成为俄国国民经济不可分割的一部分。外国资本以最新资本主义的组织形式融入俄国国内资本。同时，作为俄国经济的一个组成部分，它必须根据当地的章程行事。

---

[1] McKay J. P. Op. cit., p. 58.
[2] ЦГИА СССР, ф. 23, оп. 24, д. 501.
[3] ЦГИА СССР, ф. 23, оп. 24, д. 768.
[4] 参阅 Дякин В. С. Германские капиталы в России: Электроиндустрия и электрический транспорт. Л., 1971, с. 66-81.
[5] 参阅 Соловьев Ю. Б. Петербургский Международный банк и французский финансовый капитал накануне кризиса 1900-1903 гг., с. 94-110.
[6] 麦克-凯在其书中详细分析了这种趋势的具体表现。

二 法国两大银行对在俄法国企业的记录

通过上文我们看到了关于危机对在俄经营的外国公司影响的统计数据。一些按照章程属于俄国公司,按照资本构成属于外国公司的企业也同样经历了不幸。这些企业建立于创业热潮期,缺乏工程技术和经济基础,通常情况下仅仅是为了得到创业利润,在危机条件下它们开始像纸片屋一样分崩离析。

受危机影响的不仅仅是俄国工业有价证券的小型外国持有人和那些未能预见经济形势转折的大大小小的商人。危机还对那些在俄国存在利益的国际金融寡头造成了严重的打击。为了更好地了解危机对代表这些利益的外国企业的影响,让我们看一下法国最大的两家银行——巴黎-荷兰银行和法国银行"总公司"理事会的会议记录。[①]

根据巴黎-荷兰银行理事会的会议记录,它与自己在俄国的企业的困境甚至始于危机前。

巴黎-荷兰银行最重要的产物是伏尔加-维舍拉采矿冶金公司(以下简称伏尔加-维舍拉公司),该公司于1897年夏根据俄国章程成立,旨在开采乌拉尔地区的铁矿,并在喀山附近的帕拉托夫建立一个轧钢和机械制造厂。

伏尔加-维舍拉公司的股本在当时是一个庞大的数字——980万卢布(2500万法郎),而事实证明将其变现不是件容易的事。1898年9月27日,考虑到公司股票在货币市场上的情况,银行理事会授权公司管理层重新发售这些股票,[②] 以使其价格维持在一定水平。同时,必须为该公司

[①] 笔者借此机会感谢巴黎-荷兰银行和法国银行"总公司",在它们的帮助下笔者查阅到这些银行的档案,并特别感谢巴黎-荷兰银行的名誉行长 Ж. 卡贝和支持笔者工作的法国银行"总公司"管理处的女同事 Д. 托罗。

[②] Archives PARIBAS. Procès-verbaux du Conseil d'Administration, 27 sept. 1898.

发放45万卢布的贷款。① 显然，银行理事会对业务的技术层面并不满意，因为理事会于1898年11月10日召集了与伏尔加-维舍拉公司利害相关的工业公司举行会议。② 到1898年底，情况仍未改善，巴黎-荷兰银行的经理不得不将为出售伏尔加-维舍拉公司股份而建立的银行财团的工作期限延长到1899年底。③ 此后，其又向该公司提供了一笔大额贷款。④

自1899年5月，巴黎-荷兰银行就伏尔加-维舍拉公司与索尔莫沃公司的合并进行谈判。⑤ 虽然9月"索尔莫沃"公司的临时股东大会批准了这一合并方案，但合并并没有实现，显然这是因为"索尔莫沃"公司的新股无法发行。⑥ 同时，该银行继续向伏尔加-维舍拉公司提供贷款。1899年底，理事会研究出另一种联合的方案：成立一个新股份公司，将伏尔加-维舍拉公司正在帕拉托夫建设中的工厂转让给该公司。⑦ 当时，银行的投资组合中有超过6000股的伏尔加-维舍拉公司股票（总数为5万股）。⑧ 1900年夏，帕拉托夫轧钢和机械制造厂建成，但这不能改变什么。1901年3月，M.维斯特拉特从彼得堡写信给时任法国外交部长T.德尔卡塞："1897年，伏尔加-维舍拉公司打着俄国的旗号，利用法国资本，并在包括巴黎-荷兰银行、克鲁索和万德尔在内有影响力的集团参与下成立，不幸的是，它辜负了这种鼓励所激发出的合理希望：完全耗尽了25000000法郎的资本；它正在寻找新的资本，但可能找不到，恐怕在这种情况下，它将不得不宣布破产。导致这种困难局面出现的原因原则上源于那些声称来自巴黎的管理乌拉尔地区工业企业的人缺乏经验。由

---

① Ibidem, 3 nov. 1898.
② Ibidem, 8 nov. 1898.
③ Ibidem, 27 dec. 1898.
④ Ibidem, 24 janv., 14 mars 1899.
⑤ Ibidem, 6, 13, 20 juin, 11 juil, 9 août 1899.
⑥ Ibidem, 17 oct. 1899.
⑦ Ibidem, 12 dec. 1899.
⑧ Ibidem, 24, 31 oct. 1899.

于不熟悉这样一个偏远地区的特殊工作和劳动条件,他们遇到了困难,但由于专业经验不足,他们无法克服这些困难,并且犯了严重的错误,如果他们的自尊心不强,其实很容易避免这些错误。"①

展望未来,笔者认为,巴黎-荷兰银行不会允许伏尔加-维舍拉公司破产,但也无法挽救它。它只能拖延该公司的清算工作,并在尽可能少的损失下进行清算。至于帕拉托夫轧钢和机械制造厂,1901年11月,银行理事会批准了该公司理事会关于停止工厂建设的提议。会议决定利用一切可用的资源,"在更有利的总体条件下,维护现有的建筑物和设备"。②1904年底至1905年上半年,银行理事会反复考虑将帕拉托夫轧钢和机械制造厂出售给乌拉尔-伏尔加冶金公司的方案。然而,这一方案未能落实。③

巴黎-荷兰银行资助的另外两个企业:上伏尔加铁路材料公司和原魏切尔特公司也没有取得成功。会议记录显示,它们经常给银行添麻烦。在1899年6月27日的会议上,理事会表示,各种情况使上伏尔加铁路材料公司的股票无法在货币市场上出售。为此成立的银行财团被解散,而银行的投资组合中约有该公司的3000股(已发行的股票为16000股)。1900年2月,上伏尔加铁路材料公司的业务情况是银行理事会决定对其财务状况进行专门的研究。④ 从4月起,它必须与公司的债权人就如何对他们做出赔偿进行谈判。⑤

1900年下半年,巴黎-荷兰银行被迫与彼得堡贴现贷款银行一起,对原魏切尔特公司进行财务重组。⑥

---

① AN,F30,344. M. Verstraete-T. Delcassé 25 mars 1901.
② Archives PARIBAS. Procès-verbaux..., 19 nov. 1901.
③ Ibidem, 25 oct., 22 nov., 6 dec. 1904, 9 mail 1905.
④ Ibidem, 6, 13 fev. 1900.
⑤ Ibidem, 10, 19 avr., 24 juil., 28 août 1900.
⑥ Ibidem, 28 août, 4 dec. 1900.

俄国金融资本的形成

　　如会议记录所示，当时巴黎-荷兰银行与其他一些公司存在利益关系：里海工厂、图拉轧铜弹药厂、"切拉季"公司。

　　后来，由巴黎国际银行[①]及在巴黎-荷兰银行参与下创办的俄国工业总公司被清算。由此产生了出售当时公司投资组合中持有的证券的问题。[②] 对其遗产的清算揭示了巴黎-荷兰银行与乌拉尔-伏尔加冶金公司之间也存在利益关系。

　　1900~1903年，理事会的工作重点是维持银行的旧"业务"，通常拒绝参股新公司。然而，1903年夏，当法国政府同意在巴黎发售有沙皇政府担保的弗拉季高加索和梁赞-乌拉尔铁路公司债券时，理事会决定参与这一业务。此外，在彼得堡国际银行的建议下，它承担了莫斯科-基辅-沃罗涅日、梁赞-乌拉尔和莫斯科-温达沃-雷宾斯克铁路公司债券在巴黎证券交易所上市的相关手续办理工作。[③]

　　到1904年，最大的困难已经过去。接下来的几年里，在扶持老企业的同时，银行逐渐入股新的企业（马利佐夫公司、北方银行、布良斯克公司、"石油"公司、"索尔莫沃"公司等）。但所有这些入股都是被动的，且金额不大。

　　现在让我们来看看法国银行"总公司"理事会的会议记录。

　　1900年5月15日。理事会专门讨论了"银行对俄国投资业务"的问题。这些投资（1930万法郎）的分配情况如下：鲁琴科夫矿业公司——990万法郎；奥姆尼乌姆公司——270万法郎；俄国熔铁、制铁、铸钢厂总公司——670万法郎。

　　这显然是关于银行自身的投资组合内容。事实上，它在俄国工业中涉及的利益要广泛得多。首先，利益延伸到奥姆尼乌姆公司控股的那些

---

① 巴黎国际银行与另一家被清算的银行——法国南非银行合并。法国工商业银行由此诞生，其理事会主席是著名政治家 M. 卢维尔。
② Archives PARIBAS. Procès-verbaux..., 5 fev., 2 juil. 1901.
③ Ibidem, 23, 30 juin 1903.

企业。其次，银行将更多与自己有利益关系的企业的大部分股票和债券以次级参与的形式转让给合作伙伴，并在客户群中发售。如果我们根据理事会做出的派遣银行代表参加各公司股东大会的决定来做出判断，那么在银行利益范围内的公司还包括：伊斯季亚公司、克里沃罗格铁矿公司、在俄国的橡树提取物公司、布良斯克公司。①

法国银行"总公司"向俄国的冶金与铸钢厂和莫斯科中央电力公司提供了大额贷款，这也证明了其利益关系。②

许多由法国银行"总公司"直接或在其设立的中介公司帮助下设立和资助的公司情况也很困难。早在1898年，丘尔科夫公司就已经前途无望。与此同时，其他一些企业在技术和财务方面的弱点也开始显露。

正如法国银行"总公司"理事会会议记录所示，其与巴黎-荷兰银行的领导层一样，认为他们在危机中的任务是找到某种方式来延长濒临倒闭的企业的生命，以期待更有利的经济形势的到来。法国银行"总公司"1901年在彼得堡成立的北方银行是解决这一问题的重要手段。

对于法国银行"总公司"来说，与它合作的银行——俄国工商业银行、彼得堡-亚速银行和彼得堡私人银行自身陷入了非常困难的境地，这一情况可能使在俄国设立分支机构的需要更加迫切。

笔者无法确定法国银行"总公司"的管理层何时产生了在俄国建立分支机构的想法。这可能是由他们在1900年1月做出的"参与圣彼得堡-亚速银行业务"的提议引发的。在考虑过该提议后，理事会最终决定不与这家实际上已经破产的银行打交道。③ 一年后，即1901年2月，理事会听取了理事长埃利·德乌塞尔访问俄国的相关报告，并在此期间探讨了基于俄国章程在那里建立独立银行作为法国银行"总公司"分行的

---

① Ibidem, 24 juil. 1900, 21 mars, 2 avr. 1901.
② Ibidem, 21 mai 1901, 27 oct. 1903.
③ Ibidem, 16, 23 janv. 1900.

俄国金融资本的形成

可行性。① 半年后，一家这样的银行开业了。

北方银行在维护法国银行"总公司"在俄国工业中的利益方面发挥了重要作用。② 但是，正如 P. 日罗在研究中所表明的那样，它扮演法国银行"总公司"分支机构的角色很快就与俄国银行的职能，在俄国银行体系中树立自己的、相当稳固地位的必要性发生了冲突，没有这一点它就没有成功的机会。③ 北方银行成立几年后，行长 T. 隆巴多注意到这种矛盾，凄凉地写道："我们被迫做总公司喜欢的事情。但这些都是完全超出我们业务范围的事情。"④

1899~1903年的危机只导致外国资本流入俄国工业出现了短暂的停顿。1904年起，外国资本恢复对俄国工业的投资。但在危机的影响下，外国资本运作的组织形式开始改变。危机加快了外国资本与国内资本的交织、融合过程，也促进了外国资本固有的垄断趋势。

值得注意的是，在法国外交官和领事关于1901~1902年俄国经济状况的报告中，垄断组织被视为应对危机的正常手段。法国外交部领事和商务司司长向贸易部部长 A. 米勒兰报告了其中一种情况，他们在1901年10月8日写道："大型制造公司不希望徒劳地竞争，而是打算就未来的订单分配达成协议。如今，'卡特尔'的组织基础似乎已经奠定。这种想法在生产者，至少在国外生产者的头脑中根深蒂固，由此，可以说现在他们之间存在默契……"⑤ 这封信的作者显然夸大了外国工业家在俄国的和谐度，但他说，俄国工业中垄断组织成立的基础已经奠定，这种观点是正确的。外国资本家在后者的组织过程中发挥了突

---

① Ibidem, 21 fev. 1901.
② 北方银行保存至今的公文资料证明了这一点（ЦГИА СССР, ф. 637），其中最有趣的部分是其领导层之间的通信。
③ Girault R. Op. cit., p. 358-361.
④ ЦГИА СССР, ф. 637, оп. 1, д. 90. Ломбардо-Тальманну 15 (28) сентября 1907 г.
⑤ AN, F12, 7175.

出作用。

  P. 日罗合理地指出,法国银行"总公司"在俄国垄断的确立过程中发挥了重要作用。① 巴黎-荷兰银行也没有袖手旁观。Φ. 莫特是负责在俄国建立外国公司的著名商人,1900 年 9 月,正是他建议巴黎-荷兰银行在建立俄国冶金厂辛迪加的项目中承担将法国和比利时企业的利益结合起来的任务。因此,在 1900 年 12 月在彼得堡举行会议研究应对冶金业危机的措施之前,利益相关的法国公司决定各派出一名管理人员为代表在巴黎-荷兰银行举行会议,提前讨论上述方案。② 然而,越来越明显的是,随着俄国工业中垄断组织的建立和运营,它们的命运与其说取决于外国资本家的决定,不如说取决于在俄运营的金融工业集团之间真正的力量对比。

---

① Girault R. Op. cit. , p. 354-358.
② Archives PARIBAS. Procès-verbaux du Conseil d'Adm. , 25 sept. , 6 nov. 1900.

第四章
垄断的确立

В. И. 列宁在描述"欧洲垄断组织历史的主要结果"时写道:"(1) 19世纪60年代和70年代是自由竞争发展的顶点即最高阶段。这时垄断组织还只是一种不明显的萌芽。(2) 1873年危机之后,卡特尔有一段很长的发展时期,但卡特尔在当时还是一种例外,还不稳固,还是一种暂时现象。(3) 19世纪末的高涨和1900—1903年的危机。这时卡特尔成了全部经济生活的基础之一。资本主义转化为帝国主义。"①

正如研究所表明的,俄国垄断组织的历史也经历了同样的阶段。俄国垄断确立的过程开始于"不明显的萌芽"② 的出现。如果对先进资本主义国家来说,1873年的危机是卡特尔广泛发展的起点,那么在俄国,卡特尔发展的起点则是80年代初的危机。③

在这个阶段,垄断组织在俄国和在西方一样,都是罕见现象。虽然通过卡特尔协议限制竞争的尝试现在更加系统化,并已被推广到许多行

---

① Ленин В. И. Полн. собр. соч., т. 27, с. 317. 照录《列宁全集》第27卷,人民出版社,1990,第337~338页。——译者注
② Лаверычев В. Я. К вопросу о возникновении монополистических объединений в царской России. //Вестн. МГУ. Сер. 8, История, 1974, № 5。
③ 详细参阅 Бовыкин В. И. Зарождение финансового капитала в России. М., 1967, с. 99-200。

业，但仍只有少数行业出现了相对稳定的卡特尔：冶金业、金属加工业、机械制造业、石油工业和甜菜制糖业。此外，当19世纪90年代的危机和长期萧条被工业的飞速崛起所取代时，这些卡特尔中的大多数似乎已不复存在。

然而，在垄断发展的这一阶段，卡特尔的合理性已经明显表现出来。这首先表现在对已成为卡特尔发展区的行业进行了相当明确的划分。它们的特点都是生产高度集中，为垄断性生产的销售集中化提供了有利条件。卡特尔一旦出现在这些行业，就会在其崩溃的情况下一次又一次地被重建。反复尝试建立垄断组织，寻找实现垄断的最有效方法，这导致了"典型"组织形式的发展。其中最简单的是组织销售联盟，追求某个一次性目标——划分销售市场，将特定时期的价格维持在固定水平（季节或展销期等），通过提前分配国家订单来消除市场上的竞争等。

然而，在19世纪80年代，俄国的一些工业行业，主要是那些服务于铁路建设和运营的行业中，出现了具有更复杂和长期目标的销售联盟。它们不仅监管价格，还控制产量，甚至负责接收和分配订单。其中只有那些成员非常有限的联盟没有负责解决日常问题的常设理事机构。大多数情况下，80年代的卡特尔都设立这一机构。同时，也需要一个机构来监督成员对协议条款的遵守情况，记录他们对垄断产品的销售情况，并保存必要的文件。80年代的许多协议都设想建立这样一个机构，有时其职能被委托给联盟的一个成员。

随着销售联盟将其机构与市场的联系集中在自己手中，这些最初主要履行监督、核算和分配职能的机构，已经逐渐成为一个"销售办事处"，在联盟成员和客户之间发挥中介作用。然而，由于俄国法律禁止商人之间达成提高市场价格的协议，垄断联盟不公开的立场妨碍了这种作用的发挥。销售垄断联盟活动的隐蔽性与其公开合法组织的必要性之间的矛盾，使这些联盟或者更准确地说，使它们的机构——"销售办事处"

以特殊的形式合法化。

80~90年代,销售垄断联盟的公开合法组织经常以行业代表组织("钢轨工厂主联盟""钢轨扣件工厂主联盟""铁路配件制造厂联盟""车厢联盟""巴库煤油生产商联盟"等)或各种经营办事处的名义运作。这使它们更容易与客户进行业务往来,但并没有彻底解决问题。为了使"销售办事处"不仅能与客户商谈订单,还能与客户达成交易,它们必须拥有法人的权利。换句话说,这种组织必须符合法律条文。

经过长时间的探索,组织最终被找到了。其实质是,成员将销售垄断联盟非法存在的"销售办事处"的职能转移到了一个完全合法的专门贸易公司中。1890年3月,3家公司——"里加线材生产"公司、"贝克尔合伙"公司和彼得堡轧铁线材公司在签订联合销售电线和钉子的协议中首次应用了这种方法。① 因此,20世纪初,俄国的垄断组织向带有"销售办事处"、在股份公司幌子下运作的典型销售垄断联盟迈出了重要一步。

应该强调的是,80年代的卡特尔协议是在危机和随后的萧条时期,因工业企业在产品销售方面的竞争加剧而形成的。在生产集中达到一定程度时,竞争企业达成协议的趋势就会压倒导致它们分离的矛盾,因为这在经济上比长期的、破坏性竞争更有利,而这种斗争的结果在竞争者之间实力相当时是无法预见的。竞争者之间达成协议意味着它们关系中的向心趋势比离心趋势更强。换句话说,这种协议是基于其缔约方的一些重叠的,即共同的利益。为了通过共同努力确保这些共同利益,它们以某种方式限制自己的独立性。

但相互竞争的资本主义企业之间利益的重叠和共性并不是一个稳定

---

① 协议中写道:"签订了协议的3家公司将利巴瓦销售办事处的管理权转交给'蒂尔曼斯合伙公司'","将彼得堡销售办事处的管理权转交给'俄国钉子和电线厂'——'代贝尔公司';业务管理也委托给在路易先生指示下成立的代贝尔公司负责"。参阅 Кафенгауз Л. Б. Синдикаты в русской железной промышленности: К вопросу о концентрации производства в России. М., 1910, c. 246-248。

的因素。它的出现受制于瞬息万变的环境,如经济形势、竞争者的力量对比等。因此,生产同一产品的企业之间为限制或消除其销售领域的竞争而达成的卡特尔协议总是有一定期限的,往往在最后期限到期前就破裂了。换句话说,基于参与者自愿协议成立的垄断联盟密切依赖于那些客观条件的维持,这些条件导致竞争公司之间关系的向心力加强,从而使它们的利益具有某种共性。

通常,卡特尔成员只会转让它们的部分权利。卡特尔联盟并没有比消除销售领域中的竞争更进一步。它们只在需要调节供求比例时,即只在调节生产规模方面影响生产。这些联盟的成员在组织上有完全的自由。但在销售领域,这些联盟的权利也是有限的,因为它们通常只与某一部门有关,负责合同所精确规定的一个或几个相关的产品销售。这些联盟的成员在销售自己生产的其他类型产品时拥有充分的自主权。因此,同一公司可能是多个这种类型联盟的成员。

工业高涨年代,竞争已经转移到另一个方面。当需求超过供应时,制造企业间的竞争因成品销售而减弱,此时它们作为原材料和燃料的买家开始展开激烈的竞争。因此它们希望获得自己的原料和燃料来源。后一条道路导致"联合制"诞生,用 В. И. 列宁的话说,它"把不同的工业部门联合在一个企业中,这些部门或者是依次对原材料进行加工(如把矿石炼成生铁,把生铁炼成钢,可能还用钢制造各种成品),或者是一个部门对另一个部门起辅助作用(如加工下脚料或副产品,生产包装用品,等等)"①。

因此,危机期间在单一部门中出现横向联合趋势,而在高涨期出现纵向、跨部门的联合趋势。自然,这里谈论的是普遍趋势。作为生产集中的统一过程,这两种趋势一直是紧密相连的,但在经济周期的不同阶段,其

---

① Ленин В. И. Полн. собр. соч., т. 27, с. 312. 照录《列宁全集》第 27 卷,人民出版社,1990,第 334 页。——译者注

中一种或另一种会更为明显。每一种趋势都有自己的组织形式。第一种趋势体现在卡特尔的发展上。第二种趋势则是随着部分股份制公司中出现联合企业而开始显现的，这一趋势在19世纪90年代后半期变得尤为明显。

然而，事实证明，一个企业即便是在股份制的基础上创立的，它的业务范围对于联合发展来说也是很狭窄的。因此，"参与制"成为联合发展中一个越来越重要的形式。19世纪90年代后半期，在俄国南部的采矿冶金工业以及一些其他工业部门中外国和国内工业金融集团开始广泛采用这一形式。银行与工业的融合对其起到了促进作用。

我们现在掌握的事实材料表明，到20世纪初，俄国垄断组织发展的主要趋势和方向已经显露出来，成为垄断化发源地的俄国工业部门确定了。垄断的形成经历了资本主义周期的各个阶段，适应了经济形势的变化，在此期间，几乎所有后来已知的垄断联盟的组织形式都得到了发展。

如果俄国垄断企业的"童年和青春期"是大规模生产只在部分俄国工业部门中占主导地位的时期，那么由于90年代的工业高涨，情况发生了变化。这种高涨在迅速提高俄国工业生产的发展水平和集中度的同时，也从整体上为其垄断化创造了前提条件。在1899~1903年危机和随后的不稳定竞争期，俄国工业被卷入了整个垄断联盟体系中。我们试图研究这个体系。

第一节　卡特尔转变为经济生活的基础之一

一　研究垄断联盟的文献基础

垄断联盟在俄国所处的特殊情况，对我们所掌握的关于它们的信息的性质产生了重大影响。

沙皇政府一般不使用法律规定的惩罚措施来对付垄断联盟，不干涉

第四章　垄断的确立

它们的存在。① 相反，在某些情况下，他们直接支持这些联盟。同时，《刑法典》中禁止商人罢工的第 913 条和第 1180 条不仅没有被沙皇政府废除，还在 1903 年出版的《刑法典》第 242 条中得到了认可。因此，正如 19 世纪末 20 世纪初的司法实践所表明的那样，将某一垄断联盟认定为非法的危险并没有被消除。②

这种法律上禁止和实际上允许之间的矛盾导致垄断联盟以上文提到过的各种半合法形式存在，这决定了文献中垄断联盟活动所反映的一些特征。

正如我们所看到的，报纸已经对垄断联盟的准备和成立进行了相当广泛的报道，但很少谈及它们的活动目标和性质。这是因为，没有人隐瞒垄断联盟的存在，因为它们没有受到沙皇政府的迫害，但报道它们的活动属于违法行为，这在商界等同于泄露商业秘密。这些特征在十月革命前的文献中也很常见。报道有关俄国垄断组织任何信息的书籍和期刊文章通常不标明引用来源。为数不多的例外之一是 Л. Б. 卡芬豪斯的研究《俄国钢铁业中的辛迪加——论俄国的生产集中》（莫斯科：И. Д. 瑟京合伙印刷厂，1910）。作者不仅使用了垄断组织的文件，而且还附加了包括当时"线材销售辛迪加"契约合同在内的一些文件。另一个例外是 1914 年 А. Э. 沃尔姆斯公布的"金属销售辛迪加"与其交易方的示范合同。③

十月革命前的期刊、资产阶级代表组织的出版物和政治书籍中关于俄国垄断组织的信息是不完整的，这些资料主要介绍了其活动的外部方

---

① 20 世纪前 10 年，一些股份公司的章程得到批准，"金属销售辛迪加""煤炭销售辛迪加""车厢销售辛迪加"等就是打着这些股份公司的旗号成立的，沙皇政府很清楚这些公司的真实性质。参阅 Крупина Т. Д. К вопросу о взаимоотношениях царского правительства с монополиями. //Ист. зап., 1956, т. 57.

② Крупина Т. Д. К вопросу о взаимоотношениях царского правительства с монополиями. //Ист. зап., 1956, т. 57, с. 145.

③ Вормс А. Э. Источники торгового права. М., 1914, с. V, 386-398.

· 231 ·

面。尽管这些信息具有无可争议的价值,但我们不能通过它们来研究垄断联盟的内部运作机制。

通过查阅档案,苏联史学家了解到,还存在期刊没有报道过的那些垄断联盟。这丰富了我们对垄断组织形式的认识。然而,已经清楚的是,进一步研究20世纪前10年俄国出现的销售垄断组织的可能性尽管还没有耗尽,但已经非常有限。即使是那些在股份公司的幌子下运作因而可能有独立公文处理部门的垄断联盟的文件材料,充其量也只是作为曾经存在的文件集的片段而得以幸存。"煤炭销售辛迪加"的档案和公文资料已经消失得无影无踪。"金属销售辛迪加"中心机构的文献集也经历了相似的命运。该辛迪加只有两个办事处的公文资料被保存了下来——下诺夫哥罗德办事处和萨拉托夫办事处。现存于苏联中央国家历史档案馆的"金属销售辛迪加"资料库是档案馆工作人员对曾经存在的该辛迪加档案集修复的结果。

其他一些辛迪加的资料库规模非常小,其中包括"屋顶铁皮"、"车厢销售辛迪加"、"钉子辛迪加"、"线材销售辛迪加"、"铜业辛迪加"、俄国水泥贸易公司(存于苏联中央国家历史档案馆)、俄国火柴贸易公司(存于苏联中央国家历史档案馆列宁格勒分馆)的资料。

以各种"联盟"、企业家协会或不具备法人资格的中介办事处的名义运作的垄断组织的文件资料情况甚至更糟。虽然它们的数量不少,而且很可能比注册为股份制公司的辛迪加多得多,但其中只有一个——"蒸汽机车制造厂代表委员会"("蒸汽机车销售辛迪加"),保存了一些残余公文,这些资料现存于苏联中央国家历史档案馆的一个单独资料库中。

许多股份公司——俄国辛迪加的协议方和其他销售联盟成员的文件集也已丢失。卫国战争期间,保存在乌克兰苏维埃社会主义共和国档案馆的冶金和煤炭公司的大部分资料都已被销毁。

因此,研究俄国最强大和最重要的垄断联盟——"金属销售辛迪加"和"煤炭销售辛迪加"是最为困难的。而且这些联盟存在的前几年里,即它们成立时期的文件被保存下来的特别少。20世纪50年代档案馆进行的密集调查工作带来了非常重要但不具有普遍性的发现,这并没有为"金属销售辛迪加"和"煤炭销售辛迪加"这段已知的历史带来根本性的补充。①

1946年 П. И. 梁士琴科公布的"金属销售辛迪加"②的交易合同是1909年签订的,自然,在所附文章中对该合同的分析也针对的是它的有效期(1909~1912年)。但 П. И. 梁士琴科的《苏联国民经济史》第二卷中关于"金属销售辛迪加"的大篇幅内容也主要涉及这个时期。

众所周知,П. И. 梁士琴科公布的资料促使档案研究工作活跃起来。А. Л. 楚克尔尼克为查明苏联各档案馆中有关"金属销售辛迪加"的资料做了很多工作,首次尝试在严谨的文献基础上阐述其历史。特别是,他发现并公布了1902年"金属销售辛迪加"的铁板交易合同,自铁板销售垄断化起,"金属销售辛迪加"就开始了自己的业务。③ 然而,А. Л. 楚克尔尼克在根据研究结果撰写的《"金属销售"辛迪加》(莫斯科:社会经济文献出版社,1959)一书中,对我们所感兴趣时期该联盟历史的叙述只占几页。

文件集《1900~1917年俄国冶金业中的垄断》(莫斯科、列宁格勒:苏联科学院出版社,1967)是进一步集体研究的结果,其中近80份涉及"金属销售辛迪加"一战前历史的资料中,只有15份属于辛迪加运作前六年的资料。尽管其中一些文件极其珍贵(包括1904年"金属销售辛迪

---

① 十月革命前时期关于俄国垄断组织的出版物和文献数据最完整的汇编包含在 Г. В. 齐佩罗维奇的书《Синдикаты и тресты в дореволюционной России и в СССР》(Л., 1927)中,而关于"金属销售辛迪加"和"煤炭销售辛迪加"历史的汇编在 Д. И. 什波良斯基的研究《Монополии в угольно-металлургической промышленности Юга России в начале XX в.》(М., 1953)中。
② 参阅 Ист. зап., 1946, т. 20, с. 150-188。
③ Материалы по истории СССР. М., 1959, т. 6, с. 381-393。

俄国金融资本的形成

加"的铸铁管交易合同、1907年的铁梁和槽铁交易合同），但它们只反映了"金属销售辛迪加"成立的最重要阶段。保存在苏联中央国家历史档案馆资料库中的文件也是如此。特别是，那里缺少1902~1908年"金属销售辛迪加"理事会的会议记录，没有这些就很难了解辛迪加的运行情况。然而，应该指出的是，布良斯克州立国家档案馆的布良斯克轧轨炼铁机械公司资料库中保存了一套规模相当可观的有关"金属销售辛迪加"的文件，其中包括1902~1908年的文件。

研究"车厢销售辛迪加"和"蒸汽机车销售辛迪加"具备最有利的条件。幸存的公文中包括构成这些联盟基础的全套协议、管理机构的文件、统计资料以及与交易方的来往信件。"车厢销售辛迪加"和"蒸汽机车销售辛迪加"交易方企业的档案也保存得比较好。[1]

档案研究在修正对20世纪前10年石油业[2]、纺织业[3]、铜业[4]和电机

---

[1] 对其交易方销售垄断组织档案资料库结构的分析参阅 Массовые источники по социально-экономической истории России периода капитализма. М., 1979；Наумова Г. Р. Российские монополии（источниковедческие проблемы）. М., 1984。

[2] 大批研究者在该领域做了工作。其结果是最有价值的文件集《Монополистический капитал в нефтяной промышленности России》（М.；Л., 1961）以及文件集绪论中提到的 А. А. 富尔先科、П. В. 沃洛布耶夫、С. И. 波托洛夫、Л. Н. 科洛索夫等人的作品。

[3] 这里的功劳几乎完全属于 В. Я. 拉韦里切夫，他是研究俄国纺织业垄断化进程的先驱，对该行业运营过的工商业企业档案资料库做了大量的研究工作。Э. Э. 克鲁泽也给我们所感兴趣的时期带来了宝贵的发现。

[4] А. Д. 布雷特曼对俄国炼铜业垄断历史的研究做出了重大贡献。早在20年代，他就在"铜业"公司的资料中发现了一整套协议，这些协议决定了采矿和炼铜企业的垄断组织的结构和运作模式。但所有这些文件都属于一战前和一战时期。从 А. Д. 布雷特曼查明的情况（以及从20世纪前10年的报纸报道）来看，很明显，除了炼铜厂的联合之外，还存在某种轧铜企业组织。然而 А. Д. 布雷特曼并没有研究这个问题。在撰写《Монополии в металлургической промышленности России》一书时，以 М. П. 维亚特金和 Э. Э. 克鲁泽为首的列宁格勒历史学家小组，不仅公布了"铜业"辛迪加早期的文件，还公布了一整套轧铜厂协议，这向人们展示了一个覆盖俄国铜业的高度复杂而又紧密联系的单一部门垄断联盟体系。

业①垄断史的阐释中做出了重要贡献。值得注意的是，这一工作主要依赖于工商业企业的资料库。这为进一步研究垄断化的进程指明了方向。

仔细研究国家档案馆中保存的股份公司资料，可能还会给我们带来一些令人惊讶的发现。对其中垄断联盟的零散文件进行清点、全面检查，将目前散落在各个档案馆资料库的许多档案碎片纳入系统，对其进行专门的处理——所有这些无疑将加深我们对俄国垄断的认识。然而，即使是通过我们现在掌握的信息，也能进行一些研究。

二 各工业部门中的垄断组织

正如档案馆中发现的垄断联盟及其参与者的文件资料所示，关于20世纪前10年俄国垄断组织的报纸信息不完整、不准确。但报纸上正确地反映了俄国工业垄断化进程的动态、主要方向和最重要表现。

让我们研究一下1900~1908年的垄断联盟，关于这些联盟我们现在掌握了相当可靠的且足够完整的信息，即能够了解这些联盟性质、组成和运作时间的信息。让我们首先尝试利用它们来编撰一部关于俄国主要工业部门中垄断形成的编年史。

煤炭工业

С. И. 波托洛夫明确了煤炭工业中垄断联盟产生的一些特征。19世纪90年代后半期，顿涅茨克的煤炭生产商在向铁路（其主要消费者）供应大量煤炭时，开始相互签订协议。同时代的人认为，这就是1898~1900年煤炭供需不平衡的原因。国家检查员 П. Л. 洛布科在1900年2月4日给交通大臣 М. И. 希尔科夫的信中指出，煤炭市场上形成的情况"是煤

---

① В. С. 佳金的书《Германские капиталы в России》（Л.，1971）是对有关工业企业和银行档案材料进行极其透彻研究的结果。其中一章专门介绍了20世纪前10年资本集中的过程和电气工业中垄断组织的形成。

俄国金融资本的形成

矿工人罢工的结果"。①

煤炭工业中垄断组织确立的历史，特别是"煤炭销售辛迪加"形成的历史，仍需要进一步的研究。研究人员多次提到了它，② 但许多问题现在仍不清楚。

"煤炭销售辛迪加"。顿涅茨克矿物燃料贸易股份公司（后来缩写为"煤炭销售辛迪加"）的创始人是代表法国银行"总公司"在俄利益的 Н. С. 阿夫达科夫，以及与另一家法国银行——"国家贴现银行"有关的森塞兄弟集团的代表曼齐亚利·德·杰里内斯蒂。③

他们的请愿书于1904年2月20日被送到财政部。而在2月28日的一封信中，北方银行行长 М. 维斯特拉特通知法国银行"总公司"的经理 Л. 多里松："根据我收到的信息，俄国政府接纳了您的良好建议，可能会赞成成立煤炭辛迪加，并将迅速给予必要的许可。"④

"煤炭销售辛迪加"的创始人显然很着急。应 Н. С. 阿夫达科夫的要求，1904年3月17日，著名实业家、多家股份公司的理事会成员 Ф. Е. 伊纳基耶夫给财政部写了一封信。他表示希望新公司的章程"在不久的将来能被提交给大臣委员会"，并直言不讳地指出："尽快批准上述章程是成立绝大多数煤矿主所期待的辛迪加的必要条件。"⑤

1904年5月11日，顿涅茨克矿物燃料贸易股份公司的章程获得了沙

---

① Полотов С. И. Из истории монополизации угольной промышленности Донбасса в конце XIX в. // Из истории империализма в России. М.; Л., 1959, с. 22.
② Гольдштейн И. М. Синдикат "Продуголь" и кризис топлива. М., 1913; Шполянский Д. И. Монополии в угольно-металлургической промышленности Юга России в начале XX в. М., 1953; Волобуев П. В. Из истории синдиката "Продуголь". // Ист. зап., 1956, т. 58; и др.
③ ЦГИА СССР, ф. 23, оп. 25, д. 414, л. 1. Прошение учредителей. 有关森塞兄弟集团的更多信息可参阅 McKay J. P. Pioneers for profit. Foreign entrepreneurship and russian industrialization, 1885–1913. Chicago; London, 1970, p. 67–69。
④ ЦГИА СССР, ф. 637, оп. 1, д. 6, л. 144–145.
⑤ ЦГИА СССР, ф. 23, оп. 25, д. 414, л. 14.

皇的批准。① 但现在创始人似乎对这个公司失去了所有的兴趣。11 月初，有报纸报道说，法国银行"总公司"正在阻止其成立。Н. С. 阿夫达科夫发表了反驳意见。1904 年 11 月 27 日，在给财政部贸易司长 М. М. 费奥多罗夫的信中，他写道："因总公司无法执行顿涅茨克矿物燃料贸易股份公司的章程而对其进行攻击，是毫无根据的，而且彼得堡通讯社在报纸上发表的电报具有私人性和偏见。"②

然而北方银行资料中还保留了一份文件——1904 年 11 月 19 日的《"奥姆尼乌姆"管理层就"煤炭销售公司"的成立方案》。③ 它表明，上述谣言有一定的依据。该"方案"的匿名作者写道，"考虑到煤炭辛迪加，建立一个以销售煤炭和焦炭为基本目的且由'奥姆尼乌姆'集团直接控制的'燃料和金属销售公司'是非常有用且及时的"。④ 该文件显示，"煤炭销售辛迪加"的发起人——法国银行"总公司"与核心企业为俄国南部岩盐与煤炭开采公司的森塞兄弟集团之间产生了分歧。该方案的作者指出，"似乎不可能在岩盐集团的参与下成立一个公司，因为它想立即占据主导地位"。⑤

因此，"煤炭销售辛迪加"的创立推迟了。直到 1905 年 9 月，М. 维斯特拉特收到了来自巴黎的消息："煤炭辛迪加终于成立了。"⑥

1906 年 2 月 25 日，举行了顿涅茨克矿物燃料贸易股份公司的股东成立会议。根据其会议记录，"煤炭销售辛迪加"包括以下企业：（1）鲁琴

---

① ЦГИА СССР, ф. 23, оп. 25, д. 414, л. 16.
② ЦГИА СССР, ф. 23, оп. 25, д. 414, л. 17–18.
③ ЦГИА СССР, ф. 637, оп. 1, д. 73, л. 8–20（рус. текст），34–46（фр. текст）.
④ ЦГИА СССР, ф. 637, оп. 1, д. 73, л. 9, 35.
⑤ ЦГИА СССР, ф. 637, оп. 1, д. 73, л. 9, 35.
⑥ ЦГИА СССР, ф. 637, оп. 1, д. 6, л. 473–474. 1905 年 9 月 7/20 日，М. 维斯特拉特给 Л. 多里松的信。法国"里昂信贷"银行金融信息部的专家在 1906 年 1 月 25 日的说明中写道："顿涅茨克煤炭辛迪加运行了约 2 年，最终将走向终结。"参阅 Archives CL, EF, 11852.

科夫矿业公司；（2）戈鲁博夫斯基·别列斯托沃-博古杜霍夫矿业公司；(3) 叶卡捷琳诺斯拉夫矿业公司；（4）俄国南部岩盐与煤炭开采公司；(5) 俄国-顿涅茨克煤炭与工厂工业公司；（6）南俄煤炭工业公司；（7）伊尔米诺煤炭公司；（8）"科列涅夫与希皮洛夫"顿涅茨克煤炭合伙公司；（9）克里沃罗格铁矿公司；（10）法俄别列斯托沃-克伦斯基煤矿公司；（11）俄国-比利时冶金公司。① 到 1906 年底，加入其中的有：布良斯克煤矿和矿山公司，尼基托夫煤矿公司，以及俄国水路、公路和二级铁路公司（原马尔科瓦公司）。② 到 1909 年 2 月，当阿列克谢耶夫采矿公司成为"煤炭销售辛迪加"的成员时，该辛迪加已经囊括 17 个企业。③

根据矿业司的数据，1906 年"煤炭销售辛迪加"煤炭出口量占顿涅茨克矿区煤炭公司总出口量的 42%~44%，1907 年占 43%~46%，1908 年占 42%~45%。④

向国营铁路供应煤炭的协议。文献表明，"煤炭销售辛迪加"的直接前身是 1906 年就协调煤炭公司参与国营铁路煤炭供应的招标而达成的卡特尔协议。⑤ 哈尔科夫-尼古拉耶夫铁路负责人 B. H. 沃尔科夫向交通部铁路局汇报招标结果时指出，由于存在一个规定价格的"辛迪加"，国营

---

① ЦГИА СССР, ф. 23, оп. 25, д. 414, л. 35-36.
② ГА Донецкой обл., ф. 38, д. 21, л. 105-107（1906 年 10 月 5 日，煤矿企业就 1907 年向铁路供应煤炭的条件达成了协议，其中已提到"顿涅茨克矿物燃料贸易股份公司"中的布良斯克煤矿和矿山公司、尼基托夫煤矿公司）；ГА Донецкой обл., ф. 38, д. 21, л. 124-126（1906 年 12 月 2 日"俄国公司"理事会的会议记录、1906 年 11 月 29 日该公司董事 Р. Ф. 希沃特的信、1906 年 11 月 25 日"煤炭销售辛迪加"理事会报告副本）。
③ 除了已经提到的公司外，还有 3 家公司：国有贝马克煤矿和矿山公司、乌斯宾斯克奥利霍维高炉公司、苏林公司。参阅 Ист. зап., 1965, т. 78, с. 248-271）。根据矿业局的数据，1906 年 13 家企业（除"煤炭销售辛迪加"第一次股东大会记录中列出的布良斯克煤矿和矿山公司、尼基托夫煤矿公司外）加入了"煤炭销售辛迪加"，1907 年有 3 家公司加入，即国有贝马克煤矿和矿山公司，俄国水路、公路和二级铁路公司（原马尔科瓦公司）以及乌斯宾斯克奥利霍维高炉公司，1908 年有 1 家公司（苏林公司）加入。参阅//ЦГИА СССР, ф. 37, оп. 67, д. 1082, л. 2-3, 5-6.
④ ЦГИА СССР, ф. 37, оп. 67, д. 1082, л. 5-6.
⑤ Волобуев П. В. Из истории синдиката "Продуголь". //Ист. зап., 1956, с. 112-113.

第四章　垄断的确立

铁路煤炭供应委员会在1906年为降低参与公司提出的价格而做出的所有尝试都"一无所获"。他写道:"这个实际存在并由巴黎和布鲁塞尔管理的辛迪加组织非常严密,以至于那些少数保持独立的公司(大多是二级公司)在与辛迪加的斗争中完全无能为力,起不到任何作用……"① 正如档案资料所证明的那样,交通部铁路局掌握的档案中也包括煤矿主之间签订的售前协议——1905年9月6日33家公司"为调节不同矿区的供应量和销售价格而签订的1906年向国营铁路供应煤炭"的协议。②

法国"里昂信贷"银行金融信息部的一位专家评论该协议的结果时,在1906年1月25日的说明中写道:"值得注意的是,煤矿主之间首次成功达成共识。四五年来,在向铁路供货的招标中,煤矿主们曾试图就最低价格达成协议。但在最后一刻,每个人都独立行事,违背了事先的书面承诺。"③

在"煤炭销售辛迪加"存在期间,在下一次招标前,即1906年10月5日,煤矿主们也达成了一项类似的协议。从内容上看,它与1905年9月6日的协议差别不大。④ 最显著的差异如下。1905年9月6日协议的所有缔约方都为自己说话,而在1906年10月5日的协议中,29个缔约方中的13个以"顿涅茨克矿物燃料贸易股份公司的联合公司"身份出现。这意味着,向铁路供应煤炭的卡特尔协议和"煤炭销售辛迪加"没有相互取代或排斥。这种卡特尔协议在"煤炭销售辛迪加"出现之前就已经存在了,即使在"煤炭销售辛迪加"开始运营后,这种卡特尔协议依旧有存在的必要。

1906年10月5日的协议在成员构成上比"煤炭销售辛迪加"宽泛得多。阿列克谢耶夫采矿公司、南俄第聂伯冶金公司、日洛夫公司、H. A.

---

① ЦГИА СССР, ф. 273, оп. 9, д. 3502, л. 10-11.
② ЦГИА СССР, ф. 273, оп. 9, д. 3502, л. 35-36.
③ Archives CL, EF, 11852.
④ ГА Донецкой обл., ф. 38, д. 21, л. 105-107(текст соглашения).

· 239 ·

卡尔波夫的继承人等几乎所有的主要竞争对手都参与到该协议的签订中来。

文献中有关于其他采煤区——波兰、乌拉尔和西伯利亚地区也存在煤矿主卡特尔联盟的零碎信息。①

石油工业

相比煤炭工业，俄国石油工业垄断化进程得到了更好的研究。文件集《1883~1914年俄国石油工业中的垄断资本》②，П. В. 沃洛布耶夫、А. А. 富尔先科、В. А. 纳尔多娃、С. И. 波托洛夫、Л. Н. 科洛索夫、И. А. 佳科诺娃的研究阐述了石油工业垄断化的主要阶段，揭示了该行业的特点。后者包括以下内容。早在19世纪80年代俄国石油工业发展的初期，两家大型联合公司——诺贝尔兄弟公司和罗斯柴尔德集团支持的里海-黑海公司就已经占据了垄断地位。在夺取了向销售市场运输石油和石油产品的主要渠道后，这些公司不仅能够对小型石油生产商，而且还能对聚集在它们周围的中型甚至大型采油和炼油企业发号施令。

到19世纪末，诺贝尔兄弟公司和罗斯柴尔德集团之间的竞争有所缓和，因为诺贝尔兄弟公司虽然向国外出口石油产品，但主要仍面向国内市场，而罗斯柴尔德集团尽管没有放弃在俄国的石油产品业务，但主要从事石油产品的出口。为了在俄国开展业务，1898年后者与彼得堡国际银行一起建立了一个专门的贸易和运输企业——"马祖特"公司，这导致两个集团之间的竞争加剧。

"诺贝马祖特"。危机条件下，相互竞争的诺贝尔兄弟公司和罗斯柴尔德集团更愿意就市场上的合作达成协议。这在诺贝尔兄弟公司与"马祖特"公司签订的卡特尔协议中得到了体现。该协议的文本尚未找到，

---

① Лившин Я. И. Монополии в экономике России. М., 1961, с. 26-27.
② Монополистический капитал в нефтяной промышленности России, 1883-1914. М.; Л., 1963（далее: МКНПР）.

其签订的时间也尚未确定。文献中有观点认为，该协议于 1903 年签署。①早在 1901 年末，M. 维斯特拉特在给 Л. 多里松的信中就注意到了诺贝尔家族和罗斯柴尔德家族之间的密切关系。② 1902 年 2 月 25 日，M. 维斯特拉特报告说，为了提供货物预付款，他们提出了建立一个巴库石油生产商辛迪加的想法，该辛迪加在形式上是一个具有大量资本的股份制公司。③

无论如何，1905 年初，"诺贝马祖特"卡特尔的存在成为一个不争的事实，因为从这个时候开始，诺贝尔兄弟公司和"马祖特"公司在面对一些仍保持相对独立性的大公司时共同行动。1905~1907 年诺贝尔兄弟公司和"马祖特"公司与它们的主要局外企业——"С. М. 希巴耶夫合伙公司"④、俄国石油和液体燃料开采公司"奥列乌姆"⑤、"А. И. 曼塔舍夫合伙公司"⑥ 签订了协议。根据协议，这些局外企业放弃了国内市场上独立的石油产品贸易，将其销售权转交给"诺贝马祖特"卡特尔。协议的签订确定了"诺贝马祖特"卡特尔在俄国石油工业中的地位。

黑色冶金业

黑色冶金业中的垄断组织引起了十月革命前和苏联时期垄断研究者的极大兴趣。这或许是因为垄断化进程在俄国工业的这一部门中表现得最为明显。

钢轨卡特尔。1900 年 2 月 15 日，俄国南部的 5 家冶金企业——新罗西斯克公司、布良斯克轧轨炼铁机械公司、南俄第聂伯冶金公司、俄国-

---

① МКНПР, с. 701.
② ЦГИА СССР, ф. 637, оп. 1, д. 5, л. 93.
③ ЦГИА СССР, ф. 637, оп. 1, д. 5, л. 155.
④ МКНПР, с. 323-331.
⑤ МКНПР, с. 426-428.
⑥ МКНПР, с. 404-405.

俄国金融资本的形成

比利时冶金公司和顿涅茨克钢铁生产公司签订了成立钢轨卡特尔的协议。① 前3个公司是1890～1895年"钢轨厂联盟"的成员。显然,由于19世纪90年代中期出现了一批新冶金企业,该联盟已不复存在。② 其中两个现在已经加入重组的卡特尔中。

"金属销售辛迪加"。1900年,外国资本家就在俄国建立一个更广泛和更全面的冶金企业组织开始进行谈判。如上所述,关于这个问题我们已知的第一次会议于1900年11月在巴黎-荷兰银行举行。法国有关方面的代表出席了会议。1901年1月,在布鲁塞尔的比利时银行"总公司"也举行了一次类似的会议。③ 与会者决定于2月在巴黎再次开会。法国银行"总公司"理事会在1901年1月10日听到关于这次会议的消息后,决定紧急派其代表——理事会副主席埃利·德乌塞尔男爵和银行经理 Л. 多里松前往俄国研究这个问题。④ 1901年1月他们在彼得堡举行谈判之后,又在巴黎的法国银行"总公司"和布鲁塞尔的比利时银行"总公司"中举行了一系列会议。⑤

1901年,俄国也开展了一场关于这个问题的讨论,并在此过程中提出多种方案。塔甘罗格冶金公司经理 Г. 特拉岑斯特提出了最激进的方案——将南俄的所有冶金企业合并成一个股份公司。但这一提议并没有

---

① Монополии в металлургической промышленности России, 1900-1917. М.; Л., 1963 (далее: ММПР), с. 19, 21.
② 参阅 Бовыкин В. И. Бовыкин В. И. Зарождение финансового капитала в России. М., 1967, с. 117-118。
③ Archives PARIBAS, Procès-verbaux du Conseil d'Administration, 6 nov. 1900.
④ Archives SG, Procès-verbaux du Conseil d'Administration, 10 janv. 1901. 也可参阅 Girault R. Emprunts russes et investissements français en Russie, 1887-1914. Paris, 1973, p. 355-356. P. 日罗推断在比利时银行"总公司"举行会议的时间是1901年1月10日,但他错了,因为正是在这一天,从法国银行"总公司"的委员会会议上传来了关于布鲁塞尔会议的消息。
⑤ AN F30, 340. Записка о ходе переговоров для посла Франции в Петербурге от 22 февраля 1902.

得到其他相关方的支持。南俄第聂伯冶金公司经理 И.И. 亚休科维奇的方案更符合他们的意向,该方案计划通过将缔约公司所有产品的独家销售权转让给一个联合建立的贸易代理机构来联合其销售。

这个方案得到了在1901年10~11月举行的第二十六届南俄矿商大会的支持。然而,在实际实施中该方案却遇到了无法逃避的纯法律性困难。① 这时又出现了赋予未来协会中央办事处以股份制公司形式的想法。其组织者很容易就从当时的俄国财政大臣 С.Ю. 维特那里得到了对该想法的支持。② 解决缔约公司之间的矛盾要困难得多。

1902年2月2日,俄国南方19家冶金厂的代表在彼得堡召开了会议。在通知法国财政部长他们即将召开会议时,М. 维斯特拉特很悲观:"这几天将举行冶金厂商会议,他们想设立一个销售办事处。他们能否成功似乎令人怀疑。"③ М. 维斯特拉特是对的,但不尽然。

1902年2月2日至6日,俄国南方冶金厂的代表举行了为期五天的会议,事实上在会议中并没有签订任何一项协议。但这是朝着它迈出的重要一步。在2月6日的最后一次会议上,在与会公司理事会研究过会议期间制定的文件后,理事会代表决定将再次举行会议以签订最终协议。④

在会议期间制定的文件中,特别令人感兴趣的是在大会第一次会议上成立的配额委员会的资料。⑤ 由此可以推断,辛迪加的组织者假定自己将集中销售其成员企业的所有主要产品。该委员会制定的分配表包括半

---

① 参阅 Шполянский Д. И. Монополии в угольно-металлургической промышленности Юга России в начале XX в. М., 1953, с. 46 - 48; Тарновский К. Н. Из истории синдиката "Продамета". //Учен. зап. МГУ. М., 1954, вып. 167, с. 197 - 199; Цукерник А. Л. Указ. соч., с. 14–16。

② ММПР, с. 21.

③ AN F30, 331. Верстрат-Кайо, 30 янв. /12 фев. 1902 г.

④ AN. F30, 340 Procès-verbal de la reunion des gélégués des usines métallurgiques de la Russie Méridionale, du 6/19 fev. 1902. Л. 多里松将会议的全套资料送到了法国财政部。

⑤ Ibidem. Протокол заседаний комиссии 2 - 6 февраля 1902 г. и выработанная ею таблица распределения квантумов.

俄国金融资本的形成

成品、供市场销售的铁和矿用钢轨、铁丝、横梁、铁路用钢轨、铁路扣件、轮箍和车轴、薄片铁和生铁。然而，辛迪加组织者的这一愿望遭到了一些工厂的反对，这些工厂主要生产钢轨，其销售已经被卡特尔化。一位法国商人从彼得堡寄出了一封信（这封信是凭借对在那里举行的冶金厂代表会议的印象写的），他注意到计划成立的辛迪加受到了顿涅茨克钢铁生产公司（德鲁日科夫卡）和俄国-比利时冶金公司的阻碍。因此他写道："巴黎方面很难影响到俄国-比利时冶金公司，但很可能会影响顿涅茨克钢铁生产公司，它与佛罗伦萨（当时意大利的首都）的关系您是知道的。我有充分的理由相信，该信贷机构可能会反对协议的签订。"将此信转交给法国财政部部长卡约时，巴黎国际银行理事会前主席埃·梅伊解释说，顿涅茨克钢铁生产公司处于"里昂信贷银行的影响之下"。①

顿涅茨克钢铁生产公司的领导人是否受到了影响，不得而知。但当1902年5月在彼得堡再次举行俄国南方冶金厂代表会议时，其中两个工厂——德鲁日科夫卡（顿涅茨克钢铁生产公司）和尤佐夫（新罗西斯克公司）的代表没有出席会议。法国银行"总公司"秘书长 Б. 科尔布在向该银行理事会主席埃利·德乌塞尔通知会议结果时写道："虽然我们没有达成必要的共同协议，但我相信我们已经取得了非常有价值的结果。首先，19个相关公司中的17个在所有方面都达成了协议。其次，部长的赞成会让顽固者三思而后行。"然而，Б. 科尔布毫不掩饰他对顿涅茨克钢铁生产公司拒绝加入协议的气恼，"法国金融集团的影响力"受到了损害。他在信的最后说："希望我们在佛罗伦萨另一方的朋友明白代表大会的责任以及他们的立场所带来的普遍严重后果。"②

---

① Ibidem. Мей-Кайо, 6 мая 1902. 埃·梅伊只转发了1902年2月15日给他的一封信的前两页副本。因此无法确定信的作者。

② Ibidem. Кольб-Эли д'Уасселю, 29 апр./11 мая 1902.

第四章　垄断的确立

尽管如此，法国有关方面还是很满意。1902年5月9日，在协议签订后的第二天，法国驻彼得堡大使蒙特贝罗侯爵给法国外交部部长T.德尔卡塞写信说，顿涅茨克钢铁生产公司和新罗西斯克公司代表的缺席"并没有阻止会议进行，昨天的会议上决定继续召开会议并计划批准所制定的章程"。①

1902年7月5日，俄国冶金厂产品销售公司的章程得到了沙皇的批准。②

尽管根据该章程，俄国冶金厂产品销售公司的成立是为了从事"生铁、钢、铁以及各种冶金工业制品的交易"③，起初加入其中的只是约定共同销售铁板和宽幅铁的企业。这样的企业有12家，分别是南俄第聂伯冶金公司、顿涅茨克钢铁生产公司、乌拉尔-伏尔加冶金公司、"俄国普罗维登斯"公司、尼科波尔-马里乌波尔采矿冶金公司、马克耶夫铸钢总公司、布良斯克轧轨炼铁机械公司、俄国哈特曼机械制造公司、"古特班科夫"公司、奥斯特罗维茨基炼铁制铁公司、塔甘罗格冶金公司、维克萨采矿公司。

正是这些公司的代表参加了1902年10月3日举行的"金属销售辛迪加"第一次"股东"会议。④ 一周后每家公司又与"金属销售辛迪加"签订了协议，转让其生产的所有铁板和宽幅铁的销售权。⑤ 1903年位于叶卡捷琳诺斯拉夫的轧管厂（原绍杜阿尔公司）也加入了辛迪加，还有3家波兰公司也加入其中——"Б.甘特克"公司、索斯诺维茨基轧管炼铁公司、劳拉皇家联合公司（"叶卡捷琳娜"），它们自1904年7月1日起

① AN, F12, 7175; F30, 340.
② ЦГИА СССР, ф.23, оп.25, д.321, л.19.
③ ЦГИА СССР, ф.23, оп.25, д.321, л.12, 82.
④ ММПР, с.21（протокол собрания）.
⑤ 参阅 Материалы по истории СССР, т.6, с.381-393（договор между администрацией по делам Урало-Волжского металлургического о-ва и "Продаметой" от 10 октября 1902 г.）; ММПР, с.147-148, 580。

245

退出辛迪加。但1904年11月15日起，后两家公司又重新成为"金属销售辛迪加"的协议方。同年，顿涅茨克-尤里耶夫冶金公司也加入了该辛迪加，1907年又有两家公司加入其中，它们分别是新罗西斯克公司和苏林公司。①

在1902年11月23日举行的"金属销售辛迪加"第二次"股东"大会上，其4个"股东"——南俄第聂伯冶金公司、塔甘罗格冶金公司、"古特班科夫"公司和奥斯特罗维茨基炼铁制铁公司，希望将它们生产的所有车轴和轮箍的销售权转让给"金属销售辛迪加"。② 1903年4月，它们签订了相应的合同。③ 而在1904年10月，又有4家公司，即布良斯克轧轨炼铁机械公司、科洛姆纳机械制造公司、索尔莫夫钢铁机械公司和普梯洛夫公司，与"金属销售辛迪加"签订了该类产品的协议。④

1903年，一批公司与"金属销售辛迪加"签订了另一份合同，将它们生产的铁梁和槽铁的销售权转让出去。除了与"金属销售辛迪加"签订了其他类型产品合同的公司——南俄第聂伯冶金公司、顿涅茨克钢铁生产公司、塔甘罗格冶金公司、布良斯克轧轨炼铁机械公司、马克耶夫铸钢总公司、"俄国普罗维登斯"公司和"Б.甘特克"公司，还有一些新公司加入进来：俄国-比利时冶金公司和顿涅茨克-尤里耶夫冶金公司。1904年，奥斯特罗维茨基炼铁制铁公司加入（持续到1906年），1907年——博戈斯洛夫采矿公司和新罗西斯克公司加入。⑤

---

① ММПР, с. 147, 148.
② ММПР, с. 24.
③ ММПР, с. 146, 580.
④ ММПР, с. 146, 580. 布良斯克轧轨炼铁机械公司的协议有效期到1908年12月31日，其他三家公司的协议有效期到1906年12月31日。
⑤ ММПР, с. 141. В ММПР опубликован договор "Продаметы" с администрацией по делам Богословского о-ва от 25 января 1907 г. (с. 42 – 51); в ГА Брянской обл. сохранился аналогичный договор с О-вом Брянского завода от 29 декабря 1908 г. (ф. 220, оп. 3, д. 27, л. 1–8).

第四章　垄断的确立

1905年，5家铸铁管生产公司将这些产品的销售权转交给"金属销售辛迪加"。布良斯克州立国家档案馆的布良斯克轧轨炼铁机械公司资料库中保存的一些文件可以说明这些企业与"金属销售辛迪加"签订协议的背景。

关于集中销售铸铁管的谈判持续了数年。文件显示，其中一位发起人是布良斯克轧轨炼铁机械公司的董事。在这些文件中，我们发现了一份1903年8月28日通函的复印件，内容是："在过去的1902年，轧管厂大会没有就有关共同销售铸铁管的协议做出最后决定，因为没有找到该协议成形和获得司法保护的正式形式。目前，这个问题得到了圆满解决，因为在政府批准的章程基础上，俄国冶金厂产品销售公司联合了铁板生产工厂，它们已经合作了大约一年的时间，这期间没有产生任何争执。根据这一成功经验，我们希望重新召开轧管厂大会，讨论建立一个专门的股份制公司，其任务是联合轧管厂销售铁管和生产建筑材料……"后来报道，这次大会"暂定于1903年10月2日召开"。①

通函中附有拟成立的"铸铁管和供水及排水设备销售联盟"的章程草案，以及该联盟与公司（其成员）的合同。从上述方案预先指定的公司名单来看，大会上至少应该有16家公司。但1903年9月13日的一封新通函中指出："鉴于最近情况的变化，以及计划中的铸铁管销售和供水及排水设备生产的公司章程不太可能得到政府的批准，在今年10月2日召开轧管厂代表大会为时过早……"②

尽管如此，谈判仍在继续，但其性质略有不同。1904年11月15日，只有5家工厂的代表参加了在哈尔科夫举行的定期会议：布良斯克轧轨炼铁机械工厂、马克耶夫铸钢厂、苏林工厂、上第聂伯冶金工厂和南俄

---

① ГА Брянской области, ф.220, оп.1, д.65, л.3-4.
② ГА Брянской области, ф.220, оп.1, д.65, л.29; 也可参阅 Шполянский Д. И. Монополии в угольно-металлургической промышленности Юга России в начале XX в. M., 1953, c.53.

第聂伯冶金工厂。与会者认识到，"工厂之间的协议是非常可取的"，在会议记录中记录了"理由"。会议记录的第一条是："建立统一的管道销售，将销售业务委托给个人或单独公司，或建立一个新的股份公司"。会议记录中也规定了签订协议的公司在订单总数中完成的份额。① 然而，在将这些会议记录寄给布良斯克轧轨炼铁机械公司理事会时，出席会议的工厂代表说，他"没有赞同""关于工厂之间的订单分配问题"。②

从随后的通信中可以看出，为配额而进行的斗争几乎到了与"金属销售辛迪加"缔结协议的地步。③ 选择"金属销售辛迪加"作为铸铁管销售中介的这一想法是南俄第聂伯冶金工厂的代表 И.И. 亚休科维奇提出的。它得到了布良斯克轧轨炼铁机械公司和马克耶夫铸钢总公司理事会的支持。④ 尽管对此并不感兴趣，但苏林工厂厂长也表示赞同。为了回应布良斯克轧轨炼铁机械工厂关于该提议的电文，他于1905年1月23日发来电报："我对将业务交给'金属销售辛迪加'的协议感到极为悲哀。我认为这是一个坟墓。这等于拒绝以任何方式参与销售过程。成立一个独立的股份制公司不是更好吗？毕竟，'金属销售辛迪加'的经理们都是 И.И. 亚休科维奇的亲属或代理人。我对'金属销售辛迪加'只有抱怨。无论如何，我都不会毁掉这个方案，并同意尝试，但期限不能超过一年半。上第聂伯冶金公司实际上不可能同意承担5%的订单，所以不能给它们5%的订单量，但如果该公司不参加，又会带来严重的影响。因此，没有必要改变已确定的份额，否则我们将永远无法达成共识。该协议必须抓紧时间签订，否则所有的春季订单都会流失，协议将成为一纸空文。"⑤

---

① ГА Брянской области, ф. 220, оп. 1, д. 65, л. 38.
② ГА Брянской области, ф. 220, оп. 1, д. 65, л. 41（письмо от 18 ноября 1904 г.）.
③ ГА Брянской области, ф. 220, оп. 1, д. 79, л. 19（телеграмма Брянского о-ва Генеральному о-ву от 4 апреля 1905 г.）.
④ ГА Брянской области, ф. 220, оп. 1, д. 79, л. 84–85, 90.
⑤ ГА Брянской области, ф. 220, оп. 1, д. 79, л. 86–87.

在这封电报发出的两天前，工厂在其理事会会议上讨论了将铸铁管的独家销售权转交给"金属销售辛迪加"的提议。理事会主席 П. Г. 达西在他的报告中补充道，"布良斯克轧轨炼铁机械工厂和马克耶夫铸钢厂以及 Н. П. 帕斯图霍夫的苏林工厂将铸铁管销售权转让给销售联盟的条件是，应由联盟的哈尔科夫办事处分配订单，而且协议中所包含工厂的代表组成的委员会负责定价，其所在地也是哈尔科夫市"。

然而，"金属销售辛迪加"委员会不接受这一条件。它决定"接受上述工厂的铸铁管销售订单，但只能基于联盟现有的铁板和工字梁合同，并根据这些合同目前遵守的规则在缔约方之间分配订单"。① 1905 年 4 月，布良斯克轧轨炼铁机械工厂、马克耶夫铸钢厂、南俄第聂伯冶金工厂和 Н. П. 帕斯图霍夫的苏林工厂还是与"金属销售辛迪加"签订了合同。7 月，位于顿河河畔罗斯托夫的 Д. А. 帕斯图霍夫轧管厂加入进来。②

最终，在 1908 年底，一批生产条铁和异型铁的公司与"金属销售辛迪加"达成了协议。很显然，这次的主动权掌握在"金属销售辛迪加"的手中。无论如何，我们已知的关于这一问题的谈判是在"金属销售辛迪加"理事会给哈特曼机械制造公司理事会的一封信中首次提及，该信指出，在 1908 年 4 月举行的"条铁生产工厂初次代表大会上，讨论了从今年 5 月 1 日至 1909 年 1 月 1 日期间各工厂出售上述铁制品协议问题"。③

这一协议是否达成不得而知。但在 1908 年 11 月底，哈特曼机械

---

① ГА Брянской области, ф. 220, оп. 3, д. 12, л. 162（протокол заседания Совета "Продаметы" от 21 января 1905 г.）.

② ММПР, с. 28 – 38（договор между "Продаметой" и владельцем Сулинского завода Н. П. Пастуховым от 9 апреля 1905 г.）; ГА Брянской обл., ф. 220, оп. 1, д. 79, л. 5-10（договор между "Продаметой" и О-вом Брянского завода от 9 апреля 1905 г.）, л. 165（письмо "Продаметы" правлению О-ва Брянского завода от 19 июля 1906 г.）.

③ ММПР, с. 55–56.

俄国金融资本的形成

制造公司理事会通知该公司卢甘斯克工厂厂长，11月28日，"10个工厂（第聂伯、尼科波尔-马里乌波尔、普罗维登斯、苏林、尤兹[1]、察里津[2]、塔甘罗格、布良斯克、顿涅茨克-尤里耶夫及我们工厂）之间签订了关于转交条铁和条钢销售权给'金属销售辛迪加'的初步协议"。[3] 1908年12月29日，所有上述公司，以及俄国-比利时冶金公司、卡马公司和康斯坦丁诺夫卡轧铁公司与"金属销售辛迪加"签订了关于转让条铁和异型铁独家销售权的合同。这些合同于1909年1月1日生效。[4]

根据文献中的零碎信息可知，"金属销售辛迪加"的领导人也努力想得到冶金厂一些其他产品的销售权。特别是1905年2月21日的理事会会议讨论了"与生产铁块和钢坯的冶金厂之间达成协议的可行性"，即它们将这种产品的"独家销售权"转让给"金属销售辛迪加"的可行性。[5] 然而，该协议并未达成。

因此，到1909年初，在"金属销售辛迪加"的帮助下成立了5个高度专业化的销售联盟。

特种铸铁辛迪加。1902年出现了销售特种铸铁（硅铁、镜铁）的辛迪加。这其中包括6个南方工厂：顿涅茨克-尤里耶夫冶金工厂、南俄第聂伯冶金工厂、新罗西斯克工厂、奥利霍夫卡工厂、俄国-比利时冶金工厂、亚历山德罗夫工厂。彼得堡商行"莱辛临时代办处"开始履行辛迪

---

[1] 新罗西斯克工厂。
[2] 乌拉尔-伏尔加冶金公司的工厂。
[3] ММПР, с.56.
[4] ММПР, с.153-154, 583. 很快一批波兰工厂也与"金属销售辛迪加"签订了类似的合同，这些工厂包括"古特班科夫"工厂、奥斯特罗维茨基炼铁制铁厂、索斯诺维茨基轧管炼铁厂、斯特拉霍维茨基工厂、"Б. 甘特克"工厂、米列维茨基制铁厂、"叶卡捷琳娜"工厂、"普希金"工厂、"博泽霍夫"工厂，以及彼得堡轧铜厂、"菲尼克斯"工厂、利巴夫金属厂和莫斯科金属厂。
[5] ГА Брянской обл., ф.220, оп.3, д.12, л.162.

加销售办事处的职能,辛迪加成员与其签订了一份合同,将产品的独家销售权转让给特种铸铁辛迪加。①

"俄国轧管厂协议"。1902年,显然,一些冶金厂达成了一项出售钢管和铁管的协议。协议文本没有保存下来。但1908年10月10日签订的合同文本表明,在1902年3月17日之前,生产铁管的企业联盟就已经开始运作了。来自两个集团的8家企业参与了1908年协议的签订:西部集团("索斯诺维茨基轧管炼铁厂、"雷纳德伯爵"矿业工厂、劳拉皇家联合工厂、彼得堡的北方轧管机械厂)和东部集团(俄国轧管厂、塔甘罗格冶金工厂、叶卡捷琳诺斯拉夫轧管轧铁厂、俄国哈特曼机械制造厂)。此外,尼科波尔-马里乌波尔采矿冶金工厂和维克萨采矿厂以特殊条件加入了"俄国轧管厂协议"。②

"钉子"辛迪加。一些线材制钉生产企业——莫斯科金属生产合伙公司、彼得堡轧铁线材公司、里加"埃特纳"金属生产公司、俄国-波罗的海铁丝与钉子生产公司(原"斯塔尔合伙"公司)、利巴夫金属生产公司(原"贝克尔合伙"公司)、"里加线材生产"公司及其他一些公司签订了共同行动的协议,形成了一个更广泛的销售联盟。③

1903年10月9日,这些公司以及"Б.甘特克"公司、南俄第聂伯冶金公司、顿涅茨克钢铁生产公司、"古特班科夫"公司和布良斯克轧轨

---

① Шполянский Д. И. Монополии в угольно-металлургической промышленности Юга России в начале XX в. М. , 1953, с. 64. 遗憾的是,作者没有引用来源,但 Ад. 莱辛商行成为俄国生产的镜铁和锰铁的唯一销售商,这一事实被档案文件所证实:ГИАЛО, ф. 1309, оп. 1, д. 7 (протокол правления О-ва Путиловских заводов от 18 сентября 1903 г.)。

② ММПР, с. 344, 365。

③ Ю. Н. 内特辛详细阐述了"钉子"辛迪加出现的情况。参阅其文章《Синдикаты "Гвоздь" и "Проволока" /1903-1914 гг. /》в《Ист. зап. 》, 1961, т. 70。反映"钉子"公司筹备和成立历史的文件参阅ЦГИА СССР, ф. 23, оп. 25, д. 339; ф. 1563, оп. I, д. 2, 4。

俄国金融资本的形成

炼铁机械公司签署了关于铁丝垄断销售的初步协议。① 11月30日，在华沙召开的线材制钉和轧钢厂代表大会上，它们就共同销售线材制钉产品的参与份额达成协议。②

12月2日，召开了线材制钉企业代表成立大会，即"钉子"公司"股东"成立大会，③ 大会履行该辛迪加的销售办事处的职能。但事实上，该大会直到1904年夏天才召开，当时俄国生产铁丝和线材制钉产品的主要企业与"钉子"股份公司签订了承包合同。④

1904年底，35家企业进入了该辛迪加。然而1908年该辛迪加就解散了。同年10月24日举行的"钉子"公司股东会议决定对其进行清算。⑤ 1908年11月17日，"线材销售"公司的章程获得批准，⑥ 这次在该公司的名义下成立了波罗的海地区、彼得堡和莫斯科线材制钉厂的新区域性销售联盟。加入其中的有利巴夫金属生产公司（原"贝克尔合伙"公司）、"里加线材生产"公司、俄国-波罗的海铁丝与钉子生产公司（原"斯塔尔合伙"公司）、莫斯科金属生产合伙公司、彼得堡轧铁线材公司、蒂尔曼斯兄弟合伙公司（科夫诺）、弗鲁姆金兄弟的兰德瓦罗夫公司和 П. 阿里斯托夫的涅瓦工厂。⑦

销售"商用铁"的波兰工厂卡特尔。早在1902年2月12日，波兰王国的5家冶金企业——"Б. 甘特克"公司、米列维茨基制铁公司、奥斯特罗维茨基炼铁制铁公司、斯特拉霍维茨基采矿公司和"普希金"制铁公司就签订了关于"在波兰王国共同销售商用铁"的卡特尔协议。但到年底，

---

① ЦГИА СССР, ф. 1563, д. 2, л. 22-23.
② ЦГИА СССР, ф. 1563, д. 2, л. 27-31.
③ ЦГИА СССР, ф. 1563, д. 4, л. 3-10.
④ 当时 Б. В. 卡芬豪斯公布了"钉子"公司的交易合同文本。
⑤ ЦГИА СССР, ф. 1563, д. 42, л. 2-5.
⑥ ЦГИА СССР, ф. 1564, д. I.
⑦ Анализ деятельности синдикатов "Гвоздь" и "Проволока" см.: Нетесин Ю. Н. Промышленный капитал Латвии (1860-1917 гг.). Рига, 1980.

该卡特尔就解体了。1903年9月，一些波兰冶金厂再次尝试与华沙的销售办事处建立一个区域性联盟。① 同时，在"古特班科夫"公司、"Б.甘特克"公司与斯特拉霍维茨基采矿公司的倡议下，"华沙钢铁贸易联盟"于1904年5月成立。然而它直到1913年才开始运作。②

1904年的乌拉尔屋顶铁皮工厂卡特尔。乌拉尔冶金企业区域性联盟的组织历史可以追溯到1902年。同年12月4日，乌拉尔矿厂代表大会上成立了一个特别委员会，旨在制定乌拉尔工厂关于销售金属的协议。其目的是"确定金属——铸铁、型铁和屋顶铁皮的售价"。③ 有利害关系的乌拉尔工厂主就建立"乌拉尔金属厂产品销售联盟"达成的协议草案是该委员会的工作成果。该委员会还编写了该联盟的章程草案和与承包商的示范合同。④ 但这些草案仍然没有被付诸实施。

从1903年3月起，各工厂开始就一种产品——屋顶铁皮的生产规模和销售条款进行谈判。新成立的委员会在1903年5月29日的会议上得出结论——屋顶铁皮销售协议的必要条件是生产定额化。⑤ 在这种情况下，可以推断除了乌拉尔的工厂外，南方和波兰王国的企业也加入了该协议。

1904年6月，在下塔吉尔、雷斯瓦、卡马、上伊谢季、阿拉帕耶夫、谢尔吉-乌法列伊和克什特姆工厂的代表会议上，达成了在1905年限制屋顶铁皮生产的协议。然而，该协议有一个附带条件："签署该协议的乌拉尔工厂要承认，只有俄国其他地区的屋顶铁皮工厂也加入定额化生产时，该

---

① 参阅 Пустула З. Монополии в металлургической промышленности Царства Польского и их участие в "Пролмете"..//Ист. зап., 1958, т.62, с.100-102, 104。

② ЦГИА СССР, ф.23, оп.25, д.394（дело об учреждении Варшавского о-ва для торговли железом и сталью）。

③ ММПР, с.198-200（доклад комиссии о выработке соглашения уральских заводов от 12 декабря 1902 г.）。

④ ЦГИА СССР, ф.64, оп.1, д.1, л.3-18, 53-57; ф.880, оп.1, д.794, л.17-30, 32-36。

⑤ ММПР, с.594。

俄国金融资本的形成

协议才能生效。"① 但乌拉尔工厂主可能无法与其他地区的代表达成协议。

1904年10月6日,阿拉帕耶夫、舒瓦洛夫、雷斯瓦、斯特罗加诺夫、乌法列伊、杰米多夫、下塔吉尔和克什特姆工厂的代表签订了关于共同规范屋顶铁皮生产规模并确定基本价格的协议。为此,他们要成立一个由参与协议的工厂代表组成的特别委员会。根据该协议最后一条,只有在"有一定数量的工厂主(其工厂的总产量至少占乌拉尔地区屋顶铁皮总产量的75%)参与该协议的情况下,协议才会生效"。②

到1904年底,在乌拉尔矿商大会委员会的积极协助下,又有6家工厂加入了该协议,它们分别是上伊谢季工厂、别洛列茨工厂、锡姆工厂、卡马股份公司的工厂、南卡马工厂和列夫达工厂。12月21日,它们共同签署了一份新的协议,其内容与10月缔结的协议相同。③ 1905年1月1日起,该协议开始生效。

"屋顶铁皮"资料库(位于苏联中央国家历史档案馆)中的部分文件及其协议方的一些文件显示,乌拉尔铁厂主销售联盟的发起人并没有放弃在股份制的基础上建立像"金属销售辛迪加"那样的销售办事处的想法。1905年他们制定了几个版本的公司章程草案及其与协议方的合同。④ 1904年12月21日协议的瓦解促成了这种公司的建立。

在1906年12月24日举行的屋顶铁皮销售委员会会议上,其成员得出结论,"经验证实,除了道义外,没有任何东西担保的协议没有任何价值",并决定"宣布该协议不存在"。与此同时,一个"在新的基础上废除或订立

---

① ММПР, с. 200—201.
② 该协议文本参阅 ЦГИА СССР, ф. 37, оп. 74, д. 583, л. 1 - 3; ф. 880, оп. 1, д. 794, л. 39—41。其详细叙述参阅 Цукерник А. Л. Из истории синдиката "Кровля". //Ист. зап., 1955, т. 52, с. 118—120。
③ Текст его опубликован в ММПР, с. 203—207.
④ ЦГИА СССР, ф. 64, оп. 1, д. 1; ЦГИА, ф. 1252, оп. 1, д. 3396, 3397; ф. 1278, оп. 1, д. 735, 736, 1129, 1137.

第四章　垄断的确立

协议"的委员会成立。①

"屋顶铁皮"辛迪加。这次会议之后，即1906年2月18日，会议上成立的委员会成员向工商业部提出请求，要求批准他们作为"屋顶铁皮"股份公司创始人制定的章程。② 1906年7月13日，他们提交的草案获得批准，③ 8月10日举行了新公司的"股东"成立会议。④ 这样成立的屋顶铁皮销售辛迪加中包括：阿拉帕耶夫、上伊谢季、谢尔吉-乌法列伊、斯特罗加诺夫、雷斯瓦、下塔吉尔、克什特姆、卡马（股份公司）和别洛列茨工厂。1906年底，南卡马工厂加入了它们。⑤

马口铁销售协议。早在1906年12月1日组建"屋顶铁皮"联盟时，雷斯瓦矿区的管理总局就与它签订了一份合同，该联盟承诺出售雷斯瓦工厂生产的马口铁。⑥ 1907年末1908年初，当该合同到期时，俄国最大的3家马口铁生产商——雷斯瓦和乌拉尔的阿拉帕耶夫工厂，以及莫斯科的Н.С.拉斯捷利亚耶夫合伙公司商议共同销售它们生产的马口铁，该业务本应通过中介——"屋顶铁皮"公司来实现。⑦ 此后，这3家公司试图与其他马口铁生产商达成协议。1908年7月2~3日，在彼得堡的"屋顶铁皮"公司所在地举行了一次会议，所有生产各种类型马口铁的俄国公司的代表都受邀参加。会议制定了马口铁生产商之间关于向"屋顶铁皮"公司转交销售权的协议。8月1日举行了"屋顶铁皮"公司马口铁协议方成立会议，8月7日召开了

---

① ЦГИА СССР, ф.64, оп.1, д.1, л.139（Журнал заседаний Комитета）.
② ММПР, с.213, 216.
③ ЦГИА СССР, ф.64, оп.1, д.4, л.2-16.
④ ММПР, с.214-216.
⑤ ММПР, с.231. "屋顶铁皮"的交易合同参阅ЦГИА СССР, ф.64, оп.1, д.5, 7. л.129, 7. Один из них（с Алапаевскими заводами наследников С.С.Яковлева）опубликован в ММПР, с.219-231.
⑥ ЦГИА СССР, ф.51, оп.1, д.33, л.129, 78-81.
⑦ 关于这一点详细参阅 Китанина Т.М. Из истории монополизации металлургической промышленности России（синдикат "Жесть"）.//Ист. зап., 1971, т.88, с.97-99.

在这次会议上选出的"马口铁委员会"第一次会议。① 到 1908 年 10 月,"屋顶铁皮"公司马口铁协议方中包括 17 家公司:3 家乌拉尔企业(雷斯瓦、阿拉帕耶夫和波热夫工厂)、1 家莫斯科公司(H. C. 拉斯捷利亚耶夫合伙公司)、3 家彼得堡公司、4 家敖德萨公司、3 家里加公司,以及罗斯托夫、利巴夫和列巴尔公司。② 这样一来,"屋顶铁皮"公司不仅成为乌拉尔屋顶铁皮制造商区域性辛迪加的销售办事处,而且也成为全俄马口铁工厂辛迪加的销售办事处。

铜冶炼和铜加工业

铜冶炼和铜加工行业中相互关联的垄断协议复杂地交织在一起。早在 19 世纪 80 年代就出现了铜加工厂销售联盟。1886 年 4 月,签订了两项协议:(1)原罗森克兰茨公司与法俄公司就订单执行的条件和共同确定青、黄铜管与铜板价格签订的协议;(2)原罗森克兰茨公司与科尔丘金黄铜和轧铜公司就蒸汽机车炉膛及其零部件以及红铜板、红铜棒订单签订的协议。其中第一份协议在 1887 年 9 月 1 日被一份新的协议所取代,新协议详细规定了合同双方在执行某种产品订单时要承担的份额。1888 年,原罗森克兰茨公司与科尔丘金黄铜和轧铜公司之间达成了另一项销售黄铜的协议。1895 年,从 1887 年 9 月 1 日的协议中拆分出了一个只涉及管道的新协议。除了原罗森克兰茨公司和法俄公司外,它的参与者还有华沙的"诺尔布林、布赫与 T. 维尔纳"公司。我们掌握的零碎数据显示,有关蒸汽机车炉膛的协议直到 19 世纪 90 年代末都依旧有效。③ 这就是为什么有理由认为,下面提到的轧铜企业在

---

① Китанина Т. М. Из истории монополизации металлургической промышленности России (синдикат "Жесть"). //Ист. зап., 1971, т. 88, с. 101-102; ММПР, с. 244-246.
② ММПР, с. 246-247.
③ 详细参阅 Бовыкин В. И. Зарождение финансового капитала в России. М., 1967, с. 143-146。

第四章　垄断的确立

1910 年代初签订的协议，是它们 80~90 年代卡特尔协议的直接延续。

铜管厂卡特尔。1902 年 7 月，法俄公司、原罗森克兰茨公司和"诺尔布林、布赫兄弟与 T. 维尔纳"公司签订了一项合同，即通过共同的销售办事处——"俄国铜管厂代表处"联合销售无缝红铜、黄铜管。[①] 正如我们所看到的，与 1895 年的协议一样，铜管厂卡特尔的构成没有变化，缔约方在执行订单时需要承担的份额也没有改变。1903 年，合同的缔约方与图拉轧铜弹药厂联盟达成的协议是对该合同的补充，协议赋予后者通过"俄国铜管厂代表处"销售烟道管的权力。[②]

轧铜厂卡特尔。1903 年，轧铜厂之间达成了在俄国领土上联合销售其产品的协议。原罗森克兰茨公司、科尔丘金黄铜轧铜公司、法俄公司和图拉轧铜弹药厂签署了该协议。它们要承担的份额按照以下 8 类产品分别确定：（1）用于铁路的产品；（2）用于蒸汽机车制造厂的产品；（3）红铜板、红铜条、红铜棒；（4）红铜制品；（5）黄铜和其他合金（白铜除外）；（6）茶炊零件；（7）黄铜、其他合金制品；（8）黄铜、其他合金棒。[③] 该合同似乎也将 19 世纪 80 年代的 3 份协议的对象纳入进来：（1）青、黄铜板；（2）蒸汽机车炉膛；（3）黄铜。该合同还涉及一些新型产品。与此同时，哈特曼机械制造公司和图拉轧铜弹药厂达成了一项协议，根据该协议，为了获得补偿金，哈特曼机械制造公司不再生产蒸汽机车炉膛，并将其所占的订单份额转让给图拉轧铜弹药厂，承诺向其提供自己的蒸汽机车炉膛订单。[④] 后来，为了获得补偿金，施腾博

---

① 合同参阅 ММПР, с. 374-381。该合同的有效期被延长了两次，分别是在 1904 年（没有任何改变）和 1908 年（股份比例稍有变化）。
② Живцов Ю. Б. Из истории монополизации медеобрабатывающей промышленности России（соглашения 1902 и 1903 гг.）. //Вестн. МГУ. Сер. 8, История, 1976, № 5.
③ 合同参阅 ММПР, с. 382-396。关于其签订日期，Ю. Б. 日夫佐夫在文章中提出了具有说服力的观点。
④ ММПР, с. 396-397.

俄国金融资本的形成

克-费尔莫尔伯爵继承人的财产管理总局停止了铜轧产品的生产。[1] 1905年，П. П. 杰米多夫继承人的管理总局参与轧铜厂主合同的履行，[2] 1908年，莫斯科的"В. 阿列克谢耶夫、П. 维什内科夫和 А. 沙姆申"合伙公司也参与进来。[3]

电缆厂卡特尔。1903 年的轧铜厂协议包含一个特殊条件，即除了科尔丘金黄铜轧铜公司外，所有成员都要承诺不生产铜线。这个条件将我们研究的销售联盟与另一个协会——电缆协会联系起来。1901 年 4 月 24 日，俄国"西门子-加尔斯克"电气工程公司、"里本"公司与电线电缆公司以及科尔丘金黄铜轧铜公司之间签订了一份协议。根据该协议，这几家公司联合销售它们所生产的电话线。[4] 1906 年，该协议的两个缔约方——俄国"西门子-加尔斯克"电气工程公司和"费尔腾与吉约姆"公司（原"里本"公司）与俄国"通用电气公司"一起成立了"联合电缆厂"公司，它们将自己旗下所有生产电缆线等的企业都转让给该公司。[5] 因此，1907 年 12 月 1 日，"联合电缆厂"股份公司和科尔丘金黄铜轧铜公司之间达成了新的协议。与 1901 年协议不同的是，该协议仅规定了电话线的生产和销售，其中包括：用于电力传输和电缆制造的所有类型电线、绝缘电线和所有类型的电缆。[6]

"铜业"辛迪加。1908 年，冶铜厂销售组织对轧铜企业卡特尔协议进

---

[1] ММПР，с. 203.
[2] ММПР，с. 398-399.
[3] ММПР，с. 483-439.
[4] Немецкий архив народного хозяйства в Потсдаме，ф. Сименс，д. 3570. 这份合同是莫斯科国立大学历史系的一名学生 Ф. 桑普福在档案中发现的，并用在其毕业论文《Монопольные организации в электропромышленности России》（1957 年）中。
[5] ММПР，с. 401-402（протокол учредительного собрания акционеров О-ва "Соединенных кабельных заводов"）.
[6] ЦГИА г. Москвы，ф. 335，оп. 1，д. 122（текст договора）.

第四章　垄断的确立

行了补充，并打着"铜业"股份公司的旗号设立了销售办事处。① 它们之间的纽带是"沃高合伙"商行。②

机械制造和金属制品生产

复杂的销售联盟网络也覆盖了俄国工业的这一部门。

"蒸汽机车销售辛迪加"。早在1899年业内就开始就成立蒸汽机车制造厂垄断联盟展开谈判。③ 但直到在1901年12月3日的蒸汽机车制造厂代表大会上，各工厂才就它们之间签订"关于分配蒸汽机车和煤水车"协议的"最重要理由"达成共识。④ 当天，科洛姆纳机械制造公司、俄国蒸汽机车制造和机械公司、俄国哈特曼机械制造公司、布良斯克轧轨炼铁机械公司、普梯洛夫公司和"索尔莫沃"工厂的代表签署了该协议。⑤ 按照协议，涅瓦合伙公司也参与其中，但由于当时合伙公司的所有股份都在国家银行的投资组合中，因此其董事无法提供抵押票据以确保协议的执行。因此，虽然不是联盟的正式成员，但合伙公司实际上加入了该联盟。

---

① ММПР, с. 416-418（протокол учредительного собрания "акционеров" О-ва "Медь" от 8 января 1908 г.）.

② 参阅 ММПР, договор Торгового дома "Вогау и К°" с медепрокатными заводами от 1 января 1908 г. о покупке ими у него всей необходимой для переработки русской меди （с. 403-416）и договор между О-вом "Медь" и Торговым домом "Вогау и К°", от 31 января 1908 г. о передаче последнему исключительного права продажи всей меди, производимой контрагентами общества （с. 424-435）. Организация О-ва "Медь" и ее отношения с Торговым домом "Вогау и К°" подробно освещены А. Д. Брейтерманом в его монографии «Медепромышленность СССР и мировой рынок» （Л., 1930, ч. 3, с. 93-125）.

③ Кононенко В. И. Утверення і діяльність монополістичного обеднання паровозобудівних заводів. —В кн.: Економічні передумови Великої Жовтневої соціалістичної революції. Київ, 1967, с. 80-81; Кубицкая О. А. Становление паровозостроительной монополии в России （1900-1907 гг.）. —В кн.: Самодержавие и крупный капитал в России в конце XIX-начале XX в. М., 1982, с. 139-140.

④ ЦГИА СССР, ф. 120, оп. 1, д. 1, л. 1.

⑤ ЦГИА СССР, ф. 120, оп. 1, д. 1, л. 2-4.

俄国金融资本的形成

　　1901年12月10日，根据蒸汽机车制造厂代表委员会签署的协议，联盟成员们举行了首次组织会议。① 1902年1月9日的委员会会议上，主席报告说，"他与涅瓦造船与机械合伙公司理事会成员就目前这一协议的对象进行了交谈……并从他们那里了解到，涅瓦造船与机械合伙公司理事会认为：（a）协议是合理的，因此在签署的过程中没有遇到障碍；（b）协议为涅瓦造船与机械合伙公司划定的份额……是正确的，如果该工厂一年无法生产如此多数量的蒸汽机车，则理事会要将剩余部分交由其他工厂执行；（c）如果需要为新型蒸汽机车定价或修订现有的价格，那么有效的方法是与其他蒸汽机车制造厂协商"。②

　　1907年，使涅瓦造船与机械合伙公司成为蒸汽机车制造厂联盟正式成员的方法终于找到了。1907年2月27日，蒸汽机车制造厂联盟理事会给"蒸汽机车销售辛迪加"理事会写信道："由于蒸汽机车制造厂代表委员会表示……同意接受涅瓦造船与机械合伙公司为其成员，理事会对委员会决议负有道义义务，以取代章程规定的担保期票发行业务，涅瓦造船与机械合伙公司理事会意识到自己的义务是不破坏蒸汽机车制造厂代表委员会的决议，因此涅瓦造船与机械合伙公司理事会真诚地请求委员会吸收涅瓦造船与机械厂为会员。"在1907年2月28日的会议上，"蒸汽机车销售辛迪加"的理事会接受了这一提议。③

　　蒸汽机车制造厂联盟并不急于以股份公司的名义使自己合法化。直到1908年2月，"蒸汽机车销售辛迪加"委员会的代表才向工商业部提

---

① "蒸汽机车销售辛迪加"（该联盟的正式名称）理事会会议记录的印刷副本被保存在一些档案馆资料库中。其全套资料被保存在苏联中央国家历史档案馆。部分资料被保存在"蒸汽机车销售辛迪加"协议方的资料库中：科洛姆纳机械制造公司资料被保存在莫斯科国家历史档案馆；布良斯克轧轧炼铁机械公司资料被保存在布良斯克州立国家档案馆；等等。几乎全套1901~1905年的理事会会议记录被保存在列宁国家图书馆中。
② ЦГИА СССР, ф. 120, оп. 1, д. 2, л. 7 (протокол заседания Совета).
③ ЦГИА СССР, ф. 120, оп. 1, д. 11, л. 95.

交了"俄国蒸汽机车制造厂产品贸易公司"的章程草案。① 然而,与其他一些采取股份制公司形式的辛迪加不同,蒸汽机车制造厂联盟从未获得过这方面的许可,或者说,也许没有再去寻求许可。②

"车厢销售辛迪加"。继蒸汽机车制造厂之后,也成立了一个车厢制造厂销售联盟。车厢制造厂的卡特尔协议在19世纪80~90年代屡次诞生又瓦解。已知的最后一项协议于1898年11月失效。8家生产车厢的工厂签订了该协议,它们分别是普梯洛夫工厂、布良斯克工厂、"利里波普、劳和莱文斯坦工厂"、科洛姆纳工厂、俄国-波罗的海车厢工厂、马利佐夫工厂、"索尔莫沃"工厂和莫斯科车厢制造工厂。③

在苏联中央国家历史档案馆中的参议员 Д. Б. 内德加特审查的资料中,有一份1900年合作分配货车订单协议的胶版复印本。这很有可能是一份协议草案。有11家公司参与该协议的订立,其中包括上述所有公司,还有上伏尔加铁路材料公司的特维尔工厂、"费尼克斯"公司的里加工厂和"发动机"公司的雷瓦尔工厂。④ 如果这是一份已经签署的协议,那么很快,最晚到1903年3月,它就会被一份新协议取代,新协议不仅适用于货车,而且适用于客车。⑤

1904年初,车厢制造厂联盟的代表向财政部申请批准他们成立的"俄国车厢制造厂产品贸易股份公司"的章程。这个问题的解决速度出乎意料。1904年6月25日,提交的章程草案获得了沙皇批准。⑥ 但直到两

---

① ЦГИА СССР, ф. 23, оп. 12, д. 385, л. 1.
② 该股份公司档案中关于股份公司"蒸汽机车销售辛迪加"成立问题的研究历史资料,没有被保存在工商业部资料中。
③ 参阅 Бовыкин В. И. Зарождение финансового капитала в России. М., 1967, с. 128 - 131。
④ ЦГИА СССР, ф. 1333, оп. 2, д. 12, л. 33-35.
⑤ Материалы по истории СССР, т. 6, с. 303; ЦГИА г. Москвы, ф. 318, оп. 1, д. 1646, л. 135-136; д. 2442, л. 93; ГА Брянской обл., ф. 220, оп. 1, д. 61, л. 116.
⑥ ЦГИА СССР, ф. 1517, оп. 1, д. 2.

俄国金融资本的形成

年后,1906年夏天起,"俄国车厢制造厂产品贸易股份公司"("车厢销售辛迪加")才开始运营。① 而直到1908年2月,它才与联盟成员达成承包合同。② 想必车厢制造厂联盟没有必要以"贸易股份公司"的形式使其"销售办事处"合法化,它完全也能以卡特尔的形式履行其职能。③ 在签订承包合同之前,"车厢销售辛迪加"中包括14家工厂。后加入上述工厂的有:尼古拉耶夫车厢制造厂、南乌拉尔车厢制造厂和彼得堡车厢制造厂。

电车生产工厂卡特尔。根据其章程,"车厢销售辛迪加"负责包括电车在内的所有类型车厢的购买、销售和租赁工作。在"车厢销售辛迪加"1908年签订承包合同之前生效的车厢制造厂协议显然不适用于电车。承包合同也不适用于电车。最终,出现了一个与"车厢销售辛迪加"并行的、有趣的电车生产企业联盟。它是通过签订两个卡特尔协议组织起来的:(1)1907年10月15日,科洛姆纳机械制造公司与莫斯科车厢制造股份公司(梅季申)之间签订了卡特尔协议,以便"在莫斯科和彼得堡市参议会"的电车供应"招标中""团结一致"④;(2)1908年10月16日,科洛姆纳机械制造公司与位于尼古拉耶夫的造船与铸造公司为了"在市参议会"(除首都圣彼得堡与莫斯科外,省城成立的各类订购商协会)的电车供应"招标中""保持团结一致"而签订了卡特尔协议。⑤

柴油发动机供应协议。上文的第二项协议还涉及"为省城的有轨电车、照明及其他公共企业提供并安装柴油发动机"的合同。1908年,还达成了一项关于向国家机构和铁路供应柴油机的协议。科洛姆纳工厂、

---

① 1906年8月22日,该公司正式开门营业。8月末起其理事会开始运行。ЦГИА СССР, ф. 1517, оп. 1, д. 5, л. 8.
② ЦГИА СССР, ф. 1517, оп. 1, д. 15.
③ 该联盟的参与公司,特别是科洛姆纳机械制造公司和布良斯克轧轨炼铁机械公司文件中所载的零星证据证实了该联盟从1902年末至1903年初的运行。
④ ЦГИА г. Москвы, ф. 318, оп. 1, д. 198, л. 89-90.
⑤ ЦГИА г. Москвы, ф. 318, оп. 1, д. 392, л. 17-24.

尼古拉耶夫工厂、"Л. 诺贝尔"工厂（彼得堡）和"费尔泽合伙公司"（里加）参与进来。①

桥梁建造工厂协议。已知的第一个桥梁工厂卡特尔是普梯洛夫、布良斯克与"利里波普、劳和莱文斯坦"签订的卡特尔协议，该协议可以追溯到1884年，而且有效期非常长，一直持续到1892年末。② 在根据参议员 Д. Б. 内德加特的审查资料编写的《关于辛迪加的说明》中，详细描述了与桥梁工厂后续协议有关的历史。③ 这份说明提到了1896年桥梁工厂之间"为了以预先确定的价格获得订单"而签订的协议，1897年4月8日"关于在获得订单和工作分配方面相互协作"的合同，以及1901年"桥梁工厂之间的某种协议"。然而，审查资料中没有任何文件证据能证实这些信息。更多的文件记载了桥梁建造工厂协议的后续历史。这段历史中的一个重要里程碑是1902年1月15~23日在哈尔科夫举行的南俄矿商特别大会，金属加工厂和机器制造厂的代表出席了会议。在讨论过"南俄机器制造业"的情况后，大会在其决议中承认有必要"促进工厂之间的交流，以使各个工厂的专业化程度更高，防止生产过剩并建立共同的产品销售办事处"。④ 为了"机械厂之间的进一步交流"，该委员会成立了小组委员会，为了"桥梁建造工厂之间的关系……"，小组委员会委托一些人起草制定这种办事处所需的基本规则。⑤

哈尔科夫大会上出现的问题成为1902年2月7日在彼得堡召开的16家桥梁和沉箱建造工厂代表会议的主题。在这次会议中各工厂意识到

---

① Лившин Я. И. Монополии в экономике России. М., 1961, с. 332.
② 参阅 Бовыкин В. И. Зарождение финансового капитала в России. М., 1967, с. 118-121.
③ Материалы по истории СССР, т. 6, с. 280-303.
④ Тр. Экстренного съезда горнопромышленников Юга России. Харьков, 1902, с. 15.
⑤ Тр. Экстренного съезда горнопромышленников Юга России. Харьков, 1902, прил. 3, с. 44.

俄国金融资本的形成

"有必要制定一份总协议",并在会上选举出一个委员会来起草协议。①

1902年4月2~4日在彼得堡举行了一次新的会议,有28家桥梁工厂的代表参加。会上对预备草案的讨论异常激烈。确定各工厂承担的份额问题引起了一场激烈的辩论。与会人员甚至无法就各区域的份额达成共识。在其他一些问题上也存在争议。②

1902年6月,桥梁工厂的18家代表再次聚集在彼得堡讨论协议草案。③ 然而,只有11④家公司参与签订了1903年3月1日的卡特尔协议,这其中包括普梯洛夫公司、布良斯克公司、科洛姆纳公司、杰巴利采沃机械公司、位于塔甘罗格的"А.涅夫、维尔德机器制造与锅炉合股"公司、尼古拉耶夫公司、位于华沙的"К.鲁茨基合股"公司、位于华沙的"罗恩、泽林斯基合股"公司和"米克拉舍夫斯基、穆申斯基与宾科斯拉夫斯基"公司。⑤ 但在1903年秋天,桥梁建造卡特尔就已经开始瓦解了。1904年1月24日,在一次成员会议上,大多数人支持解除协议。而在前一天,他们中的5家公司——普梯洛夫公司、布良斯克公司、科洛姆纳公司、"К.鲁茨基合股"公司和"利里波普、劳和莱文斯坦"公司签订了一份新合同。然而,这份合同在1906年3月1日到期后没有续约。根据Д.Б.内德加特的审查资料,后来在1909年12月达成新的永久性卡特尔协议之前,桥梁建造业中只存在临时协议。⑥

道岔卡特尔。《关于辛迪加的说明》中还指出,1902年生产铁路道岔的工厂之间达成了一项卡特尔协议。其目的是"在参与的工厂之间分配

---

① ЦГИА СССР, ф.1333, оп.2, д.1, л.3-4(гектографирования копия протоколов совещания).
② ГА Брянской обл., ф.220, оп.3, д.115, л.1-6(протокол совещания).
③ Материалы по истории СССР, т.6, с.282-283.
④ 原文如此。——译者注
⑤ ЦГИА СССР, ф.1333, оп.2, д.1, л.58-61(текст соглашения).
⑥ Материалы по истории СССР, т.6, с.295-297.

所有的订单,这其中包括提供给国营和私营铁路的全套道岔及其零件订单,以及来自各部门、工厂和个人的订单"。有 13 家工厂参与签订该协议,协议的有效期为一年,但事实证明在截止日期前协议就已经失效了。① 1904 年 10 月 11 日,"为了合理分配道岔及其零部件的订单,并确定这些产品的价格",一个较小的卡特尔成立了。其组织者包括:布良斯克工厂、黑海机械与锅炉厂(在尼古拉耶夫)、埃斯坦帕奇工厂(在下第聂伯河)和佩雷努德公司工厂(在莫斯科)。② 事实证明,这个卡特尔的存在时间更久。

炮弹卡特尔。参议员 Д. Б. 内德加特与加林审查了 1908~1911 年军事机构向私营公司授予承包合同的规章制度,并在此期间发现存在一些在不同程度上组织起来的卡特尔,它们垄断了弹药和各种军事装备的供应。

参议员在审查的过程中,从一些股份公司理事会之间的通信中查获的文件表明,1902 年,生产炮弹的工厂在招标前夕就已经在谈判订单的分配和交货条件(价格、期限等)。例如,"利里波普、劳和莱文斯坦"公司理事会在 1902 年 4 月 25 日给他们的彼得堡代表的电报中说:"请将 6384 枚炮弹的战斗军用单价申报为每枚价格为 34 卢布 80 戈比。如果申请得到批准,我们至少需要生产单价接近 40 卢布的 3192 件制品。如果有必要,所有接受工作的人将用现金补偿不接受工作的人。"但根据 1902 年的文件,工厂之间的谈判并不意味着它们最终总能达成协议。这就是为什么当时通常在"没有协议"的情况下就在书信往来中定下所谓的"军用"价格。③

在招标前夕,工厂之间首次尝试签订订单分配的初步协议,这是炮弹生产工厂垄断组织非常复杂而又相当漫长的形成过程的开端。

---

① Материалы по истории СССР, т. 6, с. 318-319.
② ЦГИА СССР, ф. 120, оп. 1, д. 42, л. 1-4(текст соглашения).
③ Материалы по истории СССР, т. 6, с. 329-330.

俄国金融资本的形成

　　1904年，在"利里波普、劳和莱文斯坦"公司理事会与其在彼得堡代表的通信中出现了"联盟工厂"一词，该词指的是共同竞标炮弹供应的工厂。① 1909年，有8个这样的工厂：普梯洛夫工厂、布良斯克工厂、"索尔莫沃"工厂、彼得堡金属厂、尼古拉耶夫工厂、"К. 鲁茨基合股"公司、"利里波普、劳和莱文斯坦"工厂和"帕尔维亚宁"工厂。

　　此时，上述工厂无疑已经达成了一份长期协议，该协议规定了它们在当前的炮弹订单总额中需要承担的份额。笔者在炮弹制造工厂协会的成员企业（普梯洛夫工厂、尼古拉耶夫工厂、"帕尔维亚宁"工厂、彼得堡金属厂、布良斯克工厂、"索尔莫沃"工厂）档案资料库②中进行的搜索工作没有产生积极的结果。该协议的文本已经无法找到，签订日期也无法确定。然而，参议员内德加特审查材料中一些文件证实，存在类似协议的假设成立。例如，1909年7月1日的信中，"利里波普、劳和莱文斯坦"公司的彼得堡代表别利斯基向华沙通报了"每个协议方"收到的炮弹订单量，并指出，除了普梯洛夫工厂和布良斯克工厂外，其他工厂的份额"都差不多，而普梯洛夫工厂和布良斯克工厂根据协议收到了最多的订单"。③"利里波普、劳和莱文斯坦"公司的彼得堡副代表在1909年9月30日的信中指出，"尼古拉耶夫工厂和普梯洛夫工厂的产品数量不足"，他顺便提醒道："根据条款，普梯洛夫工厂收到的订单是其他工厂的两倍。"④

---

① Материалы по истории СССР, т. 6, с. 330-331.
② ГИАЛО, ф. 1309 (правление О-ва Путиловских заводов); ф. 1314 (Русское о-во для изготовления снарядов и военных припасов, бывш. "Парвиайнен"); ф. 1357 (Компания Петербургского металлического завода); ф. 1446 (О-во "Сормово"); ЦГИА г. Москвы, ф. 313 (О-во Брянского завода); ГА Брянский обл., ф. 220 (О-во Брянского завода); ЦГА ВМФ, ф. 512 (О-во Николаевских заводов и верфей); ГАГО, ф. 2014 (правление О-ва "Сормово").
③ ЦГИАЛ, ф. 1333, оп. 2, д. 17, л. 89 (курсив мой — В. Б.).
④ ЦГИАЛ, ф. 1333, оп. 2, д. 17, л. 89 (курсив мой — В. Б.).

第四章 垄断的确立

辎重车队卡特尔。另一个在向军事部门的供应中占有重要份额的垄断组织是生产辎重车队（炮车、两轮马车、火炮前车等）的工厂联盟。从参议员内德加特在普梯洛夫工厂代表泰赫曼的公寓里搜查时发现的文件可以看出，1906年11月21日，5家工厂——彼得堡车厢制造厂、"利里波普、劳和莱文斯坦"工厂、俄国-波罗的海车厂、"密涅瓦"工厂和普梯洛夫工厂的代表，商定在11月22日联合投标后决定在后续的投标中也联合行动。①

根据这一决定，两年时间里（1907~1908年），每次辎重车队投标前夕，工厂之间都就当前的订单分配进行了协商。别利斯基于1908年7月11日的信件让我们了解了事情的进展，它反映了1908年6月10日招标会上订单分配的谈判结果。我们在这封信中读到，"直到最后一刻，我不知道该如何行动和说什么，因为我没有得到理事会的指示。在招标的前一天晚上达成了一项协议，普梯洛夫工厂在之前协议的基础上得到了订单。由于担心我们拿不到订单，我不得不耍两面派，强行争取订单，直到最后一刻，当我的同行们要求我算上未经招标而拿下的270辆两轮马车的包工合同时，我们之间爆发了长时间的争执。最终，我承认他们是公平的，并同意将该订单计入通过辛迪加获得的订单中，但条件是这次我们不用支付10%的赔偿金"。②

1909年1月12日，制造辎重车队的工厂之间达成了一项永久性协议。该协议指出："假定所有已接受的订单量为100个单位，那么下列工厂的分配情况如下：普梯洛夫工厂、'利里波普、劳和莱文斯坦'工厂、俄国-波罗的海车厂、'发动机'工厂、圣彼得堡车厂、'索尔莫沃'工厂和'密涅瓦'工厂（雷科什）各占12.5%，'克里斯托夫·布伦父子'工厂（泽林斯基工厂）和沙维尔工厂各占6.25%。如果有任何一方退出

---

① Материалы по истории СССР, т. 6, с. 320-321.
② ЦГИА СССР, ф. 1393, оп. 2, д. 318, л. 46.

俄国金融资本的形成

长期协议或有新的一方加入协议，则每一方的新订单量将按其份额所占比例增加或减少。获得订单的每一方都应支付所收订单总额的10%，而且这一金额应无一例外地按照本协议的所有缔约方所占比例划分。"①

电气工业

В. С. 佳金详细描述了20世纪前10年俄国电气工业的垄断化进程。该过程的一个特点是它与西欧的类似过程有直接联系，因为俄国电力工业是在国际金融集团活动的范围内。1900~1909年，在俄运营的三大国际康采恩终于形成，它们是"西门子-加尔斯克"公司、А. Э. Г. 公司和危机年代实力显著增强的比利时银行"总公司"集团。1909年，它们之间达成了一项卡特尔协议。

俄国电力工业的力量配置由三家巨头之间的关系决定，它们主导了俄国绝大多数的电气企业，20世纪前10年出现了一些有针对性的卡特尔型垄断组织。其中第一个是1901年成立的实力强大的彼得堡照明公司卡特尔。随后，俄国三大电气公司——"西门子-加尔斯克"公司、В. К. Э. 公司和"威斯汀豪斯"公司形成，它们就电车设备供应达成了协议。最后，1908年，为铁路供应电气设备的卡特尔诞生。②

化学工业

化学工业的垄断历史实际上尚未得到研究。然而，我们掌握的零碎信息表明，垄断化进程也覆盖了这个行业。随着个别部门已经实现专业化生产，早在19世纪80~90年代，化学工业中就形成了一个大型公司或两三个寡头垄断的局面。例如，正如Ю. Ю. 盖森所指出的那样，苏打生产中"柳比莫夫、索尔韦合股"公司占据了垄断地位。③ 但到90年代末，

---

① Материалы по истории СССР, т. 6, с. 325-326.
② Дякин В. С. Германские капиталы в России: Электроиндустрия и электрический транспорт. Л., 1971, с. 87-134.
③ Гессен Ю. Ю. Очерки по истории производства соды. М.; Л. 1951, с. 140-142.

它有了竞争对手：南俄苏打及其他化学产品生产和销售公司，以及"俄国电子"公司。

苏打产品与漂白粉生产联盟。1900年7月1日，"柳比莫夫、索尔韦合股"公司与南俄苏打及其他化学产品生产和销售公司签订了为期五年的苏打产品生产与销售规范化协议。1905年2月3日，这些公司达成了一项持续到1906年末的新协议，后来协议的有效期延长到1910年。①

1902年2月20日和3月21日，"柳比莫夫、索尔韦合股"公司与"俄国电子"公司及 П. К. 乌沙科夫的漂白粉生产与销售公司签订了协议。这些协议于1905年初得到更新。②

此外，这些公司中的每一家都与"沃高合伙"商行签订了合同，将它们所生产产品的销售权转让给商行，这些合同的签订期限在1897年和1905年之间。③

巴库硫酸生产商辛迪加。生产硫酸的巴库企业也成立了相似结构的联盟。1908年11月14日，它们签订了一份协议，协议第一条规定："组建硫酸销售总办事处，需要每个参加者分别与 М. Л. 邦达列夫斯基签订代售合同，同时需要所有参加者与 М. Л. 邦达列夫斯基签订一份特殊的集体合同以补充代售合同，集体合同中应列出 М. Л. 邦达列夫斯基与参加者应履行的辛迪加协议的所有条款。"④

化学工业其他产品中也很有可能存在类似协议。

如上所述，在橡胶行业，90年代"三角形"公司的垄断被一些新公司的出现所打破。到20世纪初，该领域已经有3家大公司——"三角形"公司、"带路人"公司和"勇士"公司，以及几家小公司。1902年，

---

① ЦГИА СССР, ф. 1523, оп. 1, д. 79, л. 1-33.
② ЦГИА СССР, ф. 1523, оп. 1, д. 79, л. 53-80.
③ ЦГИА СССР, ф. 1523, оп. 1, д. 74, л. 1-10.
④ МКНПР, с. 435-436.

俄国金融资本的形成

当时遇到严重困难的莫斯科"勇士"橡胶工厂的老板试图与"三角形"公司进行合并谈判，但后者的经理显然认为这对自己不利。① 后来，"带路人"公司试图吞并莫斯科的企业。但这个方案也未实现。与此同时，"三角形"公司收购了"Л. 内谢勒"商行和博克尔曼工厂，并拥有对"弗赖辛格"公司业务的决策权。② 结果，到1909年，橡胶行业中已经没有小型企业了。因此，有理由认为，此时该领域现存的三大公司之间就市场或价格的划分达成了某种协议。

20世纪前10年，甚至在高度集中不突出的火柴行业也出现了垄断化进程。它始于1900~1903年几个地区联盟的成立。1906年，一个火柴工厂主的卡特尔诞生，该卡特尔于1907年以"俄国火柴贸易公司"（РОСТ）的名义取得合法化地位。③

硅酸盐工业

在 А. Л. 楚克尔尼克和 В. Н. 切尔尼科夫的努力下，水泥生产垄断得到了比较充分的研究。20世纪前10年该领域形成了三个区域性联盟。

华沙波兰特水泥中央销售局。1900年2月，其工厂位于波兰王国的8家公司在华沙成立了一个波兰特水泥中央销售局。④

南俄波兰特水泥总销售办事处。同年12月9日，3家企业——黑海水泥生产公司、位于格连吉克的法俄波兰特水泥公司和新罗西斯克波特兰水泥公司（"链条"公司）就在彼得堡成立南俄波兰特水泥总

---

① Панфилова А. М. История завода "Красный богатырь", 1887 - 1925 гг. М., 1958, с. 11.
② Крупина Т. Д. К вопросу об особенностях монополизации промышленности в России. // Об особенностях империализма в России. М., 1963, с. 208.
③ ЦГИА СССР, ф. 23, оп. 12, д. 296, л. 1-102, 124-137; Лившин Я. И. Монополии в экономике России. М., 1961, с. 42.
④ Черников В. Н. Цементная промышленность России (особенности развития и монополизации). Краснодар, 1977. Рук. деп. ИНИОН № 1603.

销售办事处达成协议。1903年12月底，顿涅茨克水泥公司加入了它们。① 此时，"水泥行业"协议方提交的"俄国水泥贸易公司"章程草案获得了沙皇的批准。1904年2月5日起，该公司开门营业。除上述5家企业外，位于别拉亚的水泥与烧制石灰生产公司也是其"股东"。②

俄国西北部的水泥工厂卡特尔。1904年2月4日，下列在俄国西北部设有工厂的水泥企业签署了卡特尔协议：彼得堡远奥泽罗波兰特水泥生产合伙企业、"波兰特-昆德"合伙企业、位于丘多沃的法俄波兰特水泥公司、丘多沃水泥合伙企业和"阿塞林"水泥公司。该协议规定，联盟销售办事处的职能将由彼得堡远奥泽罗波兰特水泥生产合伙企业承担，该公司承诺停止自己工厂的水泥生产，而且以后只从事与其他协议缔约方的水泥贸易业务。③

镜面玻璃辛迪加。在玻璃生产的垄断组织中，我们对镜面玻璃辛迪加的了解更多。早在1899年秋，从事镜面玻璃生产的3家大型企业——北方玻璃工业公司、莫斯科玻璃工业公司和俄国-比利时镜面玻璃生产公司签订了关于成立"俄国镜面工厂产品销售办事处"的协议。1900年9月，第四家企业，即南俄镜面玻璃公司，加入了上述3家镜面玻璃企业组成的联盟。1901年1月27日，它们签署了一份新的协议来取代之前的协议。④ 1902年春，其3个成员——北方玻璃工

---

① 参阅 Цукерник А. Л. Из истории цементного синдиката южной России (договор об учреждении Главной конторы по продаже портландцемента Юга России в Петербурге от 9 декабря 1900 г.; соглашение между "Цементкругом" и О-вом "Донец" от 22 декабря 1903 г.).//Ист. зап., 1965, т.78.
② ЦГИА СССР, ф.23, оп.25, д.367, л.65.
③ Черников В. Н. Цементная промышленность России (особенности развития и монополизации). Краснодар, 1977. Рук. деп. ИНИОН № 1603.
④ 参阅 Бовыкин В. И. Зарождение финансового капитала в России. М., 1967, с.183-184。

业公司、莫斯科玻璃工业公司和南俄镜面玻璃公司,就建立一个名为"俄国镜面玻璃产品销售总公司"的股份公司达成了协议,该公司将成为联盟的销售办事处。它们的协商体现在1902年5月27日与公司创始人 H. E. 弗兰格尔男爵签署的协议中,其中规定了后者的职能、它们建立的公司的任务和运作方式以及其交易方的义务。① 该协议是辛迪加进一步运作的基础。②

"陶瓷厂商联盟"。1902年夏,在俄国的陶瓷器生产中出现了一个陶瓷工厂主卡特尔。M. C. 库兹佐夫陶瓷制品生产公司在其中起主要作用,该公司承担的份额占卡特尔总销售额的50%。该卡特尔试图限制瓷器的生产,统一瓷器类型并规范价格。③

纺织工业

纺织工业的垄断化进程非常难以掌握。尽管如此,研究人员仍在这个行业中发现了许多垄断组织。在棉纺织工业中,正如 В. Я. 拉维里切夫作品④中所呈现的,早在20世纪前10年,制造商经常就提高其产品价格而达成一次性或短期协议。这些协议都是区域性和部门性的。后来,随着这种协议变得更加正规,常设性销售联盟就在此基础上诞生了。

例如,在织造部门,20世纪前10年罗兹省印花布厂商、莫斯科红布

---

① ЦГИА СССР, ф. 626, оп. 1, д. 582, л. 3-7.
② 参阅 Цыперович Г. Синдикаты и тресты в дореволюционной России и в СССР. Л., 1927, с. 266; Гиндин И. Ф. Государственный банк и зеркальный синдикат. //Из истории империализма в России. М.; Л., 1959, с. 85-99; Лившин Я. И. Монополии в экономике России. М., 1961, с. 42。
③ ЦГИА г. Москвы, ф. 337, оп. 2, д. 19, 424. 关于"瓷器工厂主联盟"存在的文件首次由莫斯科国立大学历史系的学生 К. И. 谢奇科夫在国立莫斯科中央历史档案局 M. C. 库兹佐夫陶瓷制品生产公司资料库中发现。这些资料被用在其毕业论文《Развитие фарфорово-фаянсовой промышленности Европейской России в 1900-1911 гг.》(1968年)中。
④ Лаверычев В. Я. Монополистический капитал в текстильной промышленности России (1906-1917). М., 1963. 笔者主要在这部作品的基础上阐述纺织业垄断化进程。

厂商、伊万诺夫-沃兹涅先斯克印花布厂商、莫斯科印花布厂商之间就已经签订了关于提高价格的协议。1904年左右，在该领域实际上已经形成了两个印花布厂商卡特尔——莫斯科卡特尔和伊万诺夫-沃兹涅先斯克卡特尔。其中莫斯科卡特尔由6家大型印花布企业组成——孔申合伙企业、古布纳合伙企业、钦德尔合伙企业、库瓦耶夫制造厂、普罗霍罗夫制造厂与丹尼洛夫制造厂。其组织中心是钦德尔合伙企业。

到1908年，伊万诺夫-沃兹涅先斯克市的印花布厂商卡特尔在现有的地区性企业主代表组织——"伊万诺夫-沃兹涅先斯克贸易和制造业委员会"的基础上联合了至少12家企业，并逐渐发展壮大。

在纺纱生产中也发生了类似的进程，但速度要慢得多，该行业的短期卡特尔协议逐渐发展成为常设区域性制造商常设联盟，这些联盟往往由先前存在的代表组织发展而来。

在20世纪前10年制呢工业垄断组织的形成中，广泛实行的售前企业主协议是其主要形式。参议员加林的上述审查资料中体现了这一点。库帕夫纳工厂厂长 И.И. 库兹涅佐夫在给主持工作的官员提供证据时说："多年来，为军需处提供呢子的工厂按生产率的比例分配交货所需的呢子数量。同时，它们制定了所有商品的基本价格。"[1]

在亚麻和黄麻行业，垄断趋势表现为试图建立部门联盟。由此取得的成果之一是1901年1月出现了联合12家公司的黄麻卡特尔。然而，它们建立的麻袋销售办事处实际上并没有承担起自己的职能，因为该卡特尔很快就垮台了。[2]

В.Я. 拉维里切夫注意到，纺织工业中垄断形成的特点是，由企业形成的大型工业集团影响深远，这些企业归小圈子内的资本家所有，而这

---

[1] 参阅 Лаверычев В.Я. Монополистический капитал в текстильной промышленности России（1906-1917），с. 98.

[2] Лаверычев В.Я. Монополизация джутовой промышленности России.//Вестн. МГУ. Сер. 9, История, 1968, № 4.

俄国金融资本的形成

些资本家通过相互参与的方式相互联系。特别是，早在 19 世纪末，就形成了科诺波夫集团。20 世纪前 10 年这一过程在纺织工业中的表现比其他俄国工业部门更为突出。正是在这一时期，如 Н. И. 普罗霍罗夫等集团的实力显著增强。①

在制线部门，垄断进程导致 20 世纪前 10 年形成了制线托拉斯，它完全垄断了俄国的细线生产与销售。②

食品工业

对于 20 世纪前 10 年食品工业的垄断，学者们只研究了制糖部门。该行业在 1895 年起就处于国家配给的框架内，1903 年出现了一个制糖厂卡特尔联盟，其活动的个别方面在文献中有所涉及。③

1908 年酵母工厂主辛迪加——"酵母"公司的成立也值得一提。④文献中还包括有关 20 世纪前 10 年区域性盐场主协议⑤、磨坊主尝试联合⑥等的零碎信息。

我们研究了那些目前拥有可靠和完整信息的垄断组织。进一步的研究无疑会对这里引用的清单有所补充。

三　俄国工业销售垄断联盟组织系统

某些商业企业活动结果的文件资料的保存与我们对这些企业的了解

---

① 关于这一点参阅 Лаверычев В. Я. Монополистический капитал в текстильной промышленности России, с. 121-126, 128-131, 140-144。
② 详细参阅 Крузе Э. Э. Табачный и ниточный тресты: Из истории монополий в обрабатывающей промышленности России. //Из истории империализма в России, с. 68-84。
③ 有必要对该联盟的历史进行更详细和深入的研究。
④ ЦГИА СССР, ф. 23, оп. 12, д. 384（об учреждении О-ва "Дрожжи"）.
⑤ ЦГИА СССР, ф. 23, оп. 12, д. 1063（об учреждении Т-ва "Соль"）; ф. 616, оп. 1, д. 195, л. 367-368, 370-372.
⑥ Цыперович Г. Синдикаты и тресты в дореволюционной России и в СССР. Л., 1927, с. 175.

之间存在着非常明显的联系。机器制造、电气、石油、橡胶、纺织和烟草公司的公文资料保存得相对较好,这在一定程度上确保了对这些资料的研究可以足够充分地反映这些行业的垄断化进程。同时,煤炭和冶金、化工和硅酸盐、木材和造纸、面粉和糖果、酒厂和甜菜制糖、贸易和保险公司的档案几乎全部丢失,这表明仍有许多事实是我们从幸存文件碎片中所无法了解的。① 然而,我们所掌握的有关俄国工业各部门垄断的信息,与保存至今的文献资料的完善程度及文献资料的部门分布并不相符。例如,尽管材料几乎完全丢失,但我们对冶金业的垄断组织了解得更多,而即便相关文件大量地保存了下来,但我们对纺织业的垄断组织了解得却更少。这可能是由于成熟的经济发展模式比仍处于形成阶段的经济现象更好、更频繁地反映在资料中。

这就是为什么有理由认为,从上述各种文件中提取的关于20世纪前10年俄国工业界垄断组织建立过程的信息具有代表性,因为它们反映了这一过程的主要趋势和方向。通过将这些信息与基于分析报纸报道而获得的垄断发展情况进行比较,也证实了这一想法的可靠性。因此,能够从这些信息中得出一些结论。

1900~1908年,旨在垄断某些工业产品销售的部门联盟,以复杂的网络覆盖了俄国工业。诚然,它们尚未覆盖所有工业部门。无论如何,我们没有信息证明,当时在面粉、啤酒酿造、糖果、酿酒、木材加工等部门存在任何稳定的卡特尔联盟,尽管零碎信息表明,建立卡特尔联盟的尝试主要是在某一地区内进行的。

这类联盟的网络在"A"类工业部门中更为密集,但即便如此,也有一些该网络几乎触及不到的生产部门,例如锅炉制造业、农业机械制造业、制砖业等。

---

① 关于俄国已存股份制工商业公司公务文件保存状态参阅 Массовые источники по социально-экономической истории России периода капитализма. М., 1979, с. 88-91。

"B"类工业部门中这种网络似乎更少见，而且各部门之间的联系更为薄弱，经常断裂。

上述销售联盟中出现的情况表明，此时的决定性因素是：（1）垄断产品的生产集中水平足够高；（2）需求的集中；（3）产品的同质性。

第一个因素起决定性作用，因为，众所周知，生产的高度集中直接导致垄断。另外两个因素有助于为实现这一趋势创造最有利的条件。

特别需要注意的是，许多常设联盟是由所谓的"售前密约"发展起来的，即企业主在供应大量产品的招标前达成的一次性协议。

1902年成立的铁路订单配额委员会为钢轨、火车头、车厢等的销售垄断创造了理想的条件。直接与委员会打交道的联盟不需要销售办事处，因为它们不需要"寻找买家"。因此，毫不意外，"蒸汽机车销售辛迪加"和"车厢销售辛迪加"参与者对这些联盟合法化表现得并不积极。正如苏联中央国家历史档案馆中"车厢销售辛迪加"档案材料所显示的那样，其机构履行的是统计分配职能，而非贸易职能。

需求越不集中，销售联盟的贸易组织就会越复杂。值得注意的是，"金属销售辛迪加"从一开始就垄断了铁皮、横梁和槽钢、车轴和箍带等冶金企业产品的销售，即基本不向大众市场销售，而是由大的订购商——金属加工和机器制造厂、建筑公司、铁路公司直接购买。直到运营六年后，"金属销售辛迪加"建立了一个与批发商和客户相连的区域办事处网络，它承担了"市场类"产品——型铁的销售任务。

销售联盟运作的一个必要条件是统一垄断产品。如果国际贸易规则（糖）或政府法案（钢轨及其他铁路配件）能够保证这种产品的统一，那么卡特尔协议的达成就会变容易，因为它们不必处理与实施垄断产品统一有关的问题。当需求高度集中时，解决这些问题就不那么困难了，因为消费者关注的是产品的同质性。相反，当产品统一化与市场需求相矛盾时，这就非常困难。例如，纺织业的情况就是如此。

上述3个因素的结合决定了销售垄断组织对俄国工业某些部门的覆盖程度、该部门的组织形式和实际实力。

正如我们看到的，在所研究阶段，俄国工业的垄断化进程主要表现为销售垄断联盟——卡特尔和辛迪加的发展。这并不排除在一些行业中确立了托拉斯型垄断联盟，如制线部门；也不排除一些已经成长为垄断组织的大型企业地位的加强，如橡胶生产中的"三角形"公司，以及后来工业集团甚至金融工业集团的形成，在石油、电气和纺织业中表现得最为明显。但很明显，垄断过程中的卡特尔化趋势在1900~1908年占据主导地位。

销售垄断联盟的组织形式种类繁多，它们可以分为3个主要类型。在它们所形成的复杂系统的顶端，也就是冰山的可见部分，是合法化的辛迪加，其销售办事处以股份-合股贸易企业，即销售某类产品的股份公司或合伙企业的形式组建起来。这样的联盟不多，只有十几个。看来，将垄断产品的销售委托给某贸易公司或其成员之一的联盟也应该算到这一类中。只有这样的联盟，通过完全承担与消费者的所有关系，最终切断了其成员与市场的联系。

在这个可见的冰山一角下面，如果进行进一步比较，就会发现有一个大得多，但更难以区分的部分。这些是常设销售联盟，它们伪装成各种"协会""委员会""办事处"，代表着从卡特尔到辛迪加的各个过渡阶段。它们都有一个相当发达的统计分配系统，通常也履行销售办事处的职能，只要这可以在不具备法人权利的情况下完成。但至少这类联盟的成员与客户保持着形式上的联系。

处于更低位置的是我们所研究的"冰山"的深层，这是一个看不见的部分，即销售垄断联盟体系。该体系只有在特殊情况下才会显现。因此，参议员加林和Д.Б.内德加特在审查某些工商业企业的机密信件时进行了研究，他们得出的信息是，供应商普遍在售前签订协议、存在短期且往往没有文件记录的企业主卡特尔协议。

历史学家对商业企业档案材料的研究大大补充了此类联盟的有关信息。然而，毫无疑问，我们只了解其中很少的一部分。完全有理由相信，销售垄断联盟更完善的组织形式的发展并没有取代最简单的卡特尔，相反，还促进了它们的广泛普及。最简单的卡特尔补充了现有的常设性和组织良好的合法与半合法辛迪加和卡特尔网络，填补了该网络的空白。这并不意味着，最简单的卡特尔只出现在新兴垄断资本主义体系中薄弱、落后的部分，在这里，生产和资本的社会化进程尚未为其更稳定和完善的垄断组织创造条件。在某些情况下，它们也出现在这一过程已经深入的领域，导致少数几个大型企业中出现寡头垄断。在寡头垄断中，一个行业中的每一个现存大公司都填补了其他公司无法提供的一部分产品，没有一个公司能够任意调整价格水平或产量。在这些条件下，它们之间的持续竞争通常与有关生产或销售政策问题的临时协议相结合，这些协议并不总是以书面的形式呈现，因为协议是否有执行的必要是由经济需求决定的。

需要强调的是，所研究的不同类型销售联盟之间的界限是相对的和有条件的。垄断实践有时会带来难以归类的组织形式。有趣的是，文献中被尊称为辛迪加的制糖商联盟是在临时卡特尔协议的基础上运作的，临时协议每年重新签订，并以联盟成员大会会议记录的形式固定下来。①

此外，销售垄断联盟的组织结构和运作机制并非保持不变。1900~1908年是它们密集形成的时期。当我们掌握了这些年销售联盟管理机构

---

① 一大套虽然不完整的卡特尔成员大会会议记录，还有1905~1911年制糖商委员会会议及其理事会会议记录被保存在国立列宁图书馆。

的材料后，就可以很清楚地了解到其组织形式的形成、结构的完善，以及贸易组织的建立和发展过程。

俄国最复杂的销售垄断联盟之一——"金属销售辛迪加"机构的形成史非常有趣。随着自身的不断发展，它逐渐变成一种独特的辛迪加"扇面"，这种辛迪加无论是在被垄断产品的性质还是在辛迪加参与者的构成方面都与众不同，但成员之间由一个共同的销售办事处联合起来。只有一家企业——南俄第聂伯冶金公司，同时是所有这些辛迪加的成员。一些公司在"金属销售辛迪加"的某类垄断冶金产品方面是契约方，在其他类型的产品方面则是竞争对手。现存的1904年至1905年初"金属销售辛迪加"理事会会议记录显示，辛迪加每次开会时的成员构成都不同，这取决于它是在讨论铁板和横梁及槽钢，还是在讨论车轴和箍带。① 尽管在铁管厂加入"金属销售辛迪加"时提出的组建一个专门的管道委员会的提议没有被接受，但实际上，铁管的订单分配和价格由"金属销售辛迪加"该类产品承包商自主决定。② 在"金属销售辛迪加"范围内相对独立的辛迪加运作机制就这样形成了。

"金属销售辛迪加"的贸易组织也逐渐形成了。"金属销售辛迪加"利用1904年2月3日的一封通函通知协议方，为充实彼得堡中央办事处而成立的8个地区办事处——华沙、莫斯科、基辅、敖德萨、萨拉托夫、里加、哈尔科夫和罗斯托夫办事处开始运行。③ 两个月后，"金属销售辛迪加"理事会在给这些办事处负责人的专函中提请他们注意在"办事处运行中发现的一些弱点"。通函中特别写道："为了使联盟的贸易活动取得成功，即成功分配销售对象，并与竞争做斗争，同时保持一定的谨慎，各办事处负责人在履行职责时不应只做表面文章，而应以对市场及其切

---

① ГА Брянской обл., ф.220, оп.3, д.11, 12.
② ГА Брянской обл., ф.220, оп.1, д.79.
③ ГА Брянской обл., ф.220, оп.1, д.11, л.2.

身利益进行彻底和全面的研究，并利用由此产生的见解来指挥自己的行动……"在通函的末尾指出，"为了关注市场情况并及时采取符合市场需求和公司利益的措施"，理事会要求各办事处负责人每月寄来"关于办事处活动和市场情况"的报告。①

1904年末，人们发现，"金属销售辛迪加"采用的"通过特权公司销售横梁的制度是不合理的"。② 1904年12月4日的会议上，"金属销售辛迪加"理事会听取了事务长的报告，报告中指出："公司在管理组织上存在的严重不足，阻碍了公司工作在设备完善的商业企业形式基础上的发展。"因此，大会讨论了授予理事会和事务长新指示的草案。③ 1905年1月14日举行的"金属销售辛迪加""股东"大会批准了这些草案。④

核算、在协议方之间分配订单并监督其执行、研究市场——所有这些工作都要求辛迪加组建一个负责日常核算与统计的服务机构。根据"金属销售辛迪加"协议方的档案材料，该机构于1906年之前就开始执行更广泛的统计工作计划，同时还编制了协议方订单执行情况表并"计算出平均价格"。这一年，它编写了《1903年1月1日至1906年1月1日俄国南部、中部以及波兰王国工厂冶金产品生产与销售的统计数据汇编》并将其寄给协议方。⑤

应该指出的是，日常核算与各种统计处理资料在其他垄断联盟留存至今的文件中也占重要地位。遗憾的是，除了少数例外，其他资料所属时期都较晚。这表明，制糖商卡特尔这一在组织上并不十分完善的垄断

---

① ГА Брянской обл., ф.220, оп.1, д.11, л.72-74（циркулярное письмо от 2 апреля 1904 г.）.
② ГА Брянской обл., ф.220, оп.1, д.12, л.63（письмо Управления "Продаметы" Правления О-ва Брянского завода от 16 ноября 1904 г.）.
③ ГА Брянской обл., ф.220, оп.1, д.12, л.92（протокол заседания）.
④ ГА Брянской обл., ф.220, оп.1, д.12, л.132（протокол общего собрания）.
⑤ ГА Ростовской обл., ф.563, оп.1, д.67, л.8-16.

联盟非常重视统计。在一次制糖商委员会会议上,主席 Л. И. 布罗茨基指出,"由于合理安排统计工作,制糖商委员会能够用数字资料查清并阐释制糖业务状况"。①

根据工业生产部门的具体特点和被垄断产品销售市场的条件调整销售垄断联盟的组织结构;建立贸易组织,特别是在面向大众市场销售的情况下;建立核算分配机构和统计部门是我们所研究时期内销售垄断联盟形成的主要方向。

现在让我们来看看,俄国工业中销售垄断组织的体系是如何形成的。让我们以表 49 为参考,该表按时间顺序列出了所有这类联盟诞生的事实。可以看出,俄国工业卡特尔化最集中的时期是这三年——1902~1904 年。

如果说镜面玻璃卡特尔的出现本身意义不大,那么在钢轨卡特尔、"蒸汽机车销售辛迪加"、水泥、电气和铁丝企业联盟的形成过程中,某种趋势已经表现出来——卡特尔化始于那些竞争企业之间因需求高度集中或竞争对手较少而达成协议的工业部门中。在水泥行业中,由于长距离运输无利可图而存在相对封闭的竞争区,在这些相对封闭的竞争区中竞争者数量有限,仅在地区范围内有所表现。由此这里出现的卡特尔也具有地区性。虽然黄麻卡特尔实际上在没有运行的情况下就瓦解了,但建立该卡特尔的尝试具有征兆性。这一尝试说明那些深层次的进程已经显露出来,如上所述,这些进程表现为纺织厂商签订各种一次性和短期的卡特尔协议。

1902~1904 年揭示了俄国工业卡特尔化进程的主要方向。这一进程的核心对象是黑色冶金、黑色和有色金属加工、金属制品生产和机器制造业。在这些行业中出现了一个结构复杂的卡特尔和辛迪加体系,其目

---

① Протоколы общих собраний, заседаний Комитета рафинеров и заседаний Правления Комитета рафинеров. Киев, 1905 – 1911 гг. (Гос. б-ка им. В. И. Ленина). Протокол заседания Комитета от 18 января 1906 г., с. 2.

俄国金融资本的形成

的是垄断这些工业部门主要产品的销售。

这一阶段其他行业的卡特尔化进程只体现在某一个经济技术发展水平和集中程度处于领先地位的部门中。在建筑材料行业体现卡特尔化进程的部门为水泥生产,在化工行业体现为苏打生产,在纺织行业体现为棉纺织生产,在食品行业体现为精制糖生产。这个过程在石油工业中具有突出的特点。诺贝尔兄弟公司和"马祖特"公司签订的卡特尔协议意味着在两个工业金融巨头之间确立了利益协调和活动范围划分的机制,它们共同垄断了石油行业。

1905~1908年,俄国工业中的销售垄断体系已经形成。这一阶段的卡特尔化进程分为两个方向。在前几年,这个过程是潜在的,或者以初级的、不完善的形式出现,现在它变得更加清晰和完整。蒸汽机车制造和屋顶铁皮工厂的卡特尔衍变为辛迪加。卡特尔化进程在俄国工业的主导部门产生和发展后,开始向相关行业扩展。冶金生产中辛迪加的建立推动了铁矿辛迪加的出现。在铜加工企业销售垄断联盟之后,出现了一个类似的铜冶炼厂联盟。除车厢制造企业辛迪加之外,还出现了一个电车制造厂卡特尔等等。这一时期发生了一种独特的卡特尔化连锁反应,其中次要部门也参与了整个过程。

表 49 1899~1908 年俄国工业中销售垄断组织诞生年表

年份	销售垄断组织	年份	销售垄断组织
1899	镜面玻璃工厂卡特尔	1901	彼得堡照明企业卡特尔
1900	钢轨卡特尔		黄麻卡特尔
	苏打生产商联盟	1902	铁板辛迪加("金属销售辛迪加")
	波兰水泥厂卡特尔		专用铸铁辛迪加
	南俄水泥厂卡特尔		钢铁管辛迪加
1901	"蒸汽机车销售"卡特尔		镜面玻璃辛迪加
	电缆厂卡特尔		铜管厂卡特尔

续表

年份	销售垄断组织	年份	销售垄断组织
1902	波兰"铁贸易"工厂卡特尔	1905	国营铁路煤炭供应卡特尔
	瓷器厂商卡特尔		"煤炭销售辛迪加"
1903	车轴和箍带辛迪加("金属销售辛迪加")	1906	"屋顶铁皮"辛迪加
	横梁和槽钢辛迪加("金属销售辛迪加")		国营铁路煤炭供应卡特尔
	车厢制造厂辛迪加		火柴厂商卡特尔
	轧铜厂卡特尔		辎重车队卡特尔
	桥梁工厂卡特尔	1907	"POCT"辛迪加
	制糖商卡特尔	1908	"车厢销售"辛迪加
1904	"钉子"辛迪加		"矿石销售"辛迪加
	南俄水泥厂辛迪加（PTTЦ）		"马口铁"辛迪加
	乌拉尔屋顶铁皮工厂卡特尔		"铜"辛迪加
	道岔卡特尔		"黄麻"辛迪加
	炮弹卡特尔		巴库硫黄生产商辛迪加
	莫斯科印花布卡特尔		电车制造厂卡特尔
	伊万诺夫-沃兹涅先斯克印花布卡特尔		柴油发动机制造厂卡特尔
	西北地区水泥厂卡特尔		铁路电机设备供应商卡特尔
1905	铁管辛迪加("金属销售辛迪加")		"线材销售"辛迪加
	"诺贝马祖特"卡特尔		

文献中通常指出，俄国销售联盟实现了高水平的垄断。这一情况在原则上是完全正确的，而且经常可以通过像"蒸汽机车销售辛迪加"或"车厢销售辛迪加"这样的垄断联盟的例子来说明，这样的销售联盟几乎实现了对成品100%的垄断。同时，这种完全垄断并不是垄断联盟发展的普遍特点，也不是俄国垄断联盟形成的特点。它是生产高度集中和垄断产品需求完全集中顺利结合的结果。

某些类型产品的高度垄断有时是由规模相对较小的高度专业化销售

俄国金融资本的形成

联盟实现的。它们签订的初步协议通常包含一个条件，即只有在生产至少60%~75%的被垄断产品的企业加入时，协议才会生效。然而，这些联盟的经济意义和实际力量通常很小。

为了证明俄国辛迪加和卡特尔实现高度垄断的观点，文献中经常列举这些联盟完全成立时的数据。同时，其中很少联盟立即实现了对被垄断产品的高覆盖率。表50根据 И. 格利维茨的数据编制而成，[1] 从中可以看出，1904年，即"金属销售辛迪加"存在的第三年，除了横梁和槽钢，它在铁板市场（1902年达成协议）和其他类型产品市场（1903年达成协议）中的份额并不高。"金属销售辛迪加"在最激烈的竞争中寻求市场上的垄断地位。通过"金属销售辛迪加"理事会会议记录的文书风格可以看出竞争的紧张程度。例如，在1904年11月10日的会议记录中，我们看到："主席告知理事会，从他与索斯诺维茨基工厂集团代表的谈判中可以看出，上述工厂不希望与本联盟就铁板和宽幅铁皮的销售达成协议，而只能就销售价格达成协议，并保证一年内不出售超过1100000普特的铁板和宽幅铁皮。理事会不承认会与索斯诺维茨基工厂集团签订任何不符合现有合同共同基础的协议，也不认为它的加入对联盟有利，最终，理事会主席决定：拒绝索斯诺维茨基工厂集团的提议，并鉴于上述工厂的竞争，降低铁板和宽幅铁皮指定订单的价格来反对任何形式的价格竞争，从而抵制因吸引订单而引发的竞争。"这一威胁产生了效果：索斯诺维茨基轧管炼铁公司开始让步。而1904年12月4日，"金属销售辛迪加"理事会已经批准并向"股东"大会提交了与索斯诺维茨基工厂集团的宽幅铁皮销售合同文本。[2]

---

[1] Гливиц И. Железная промышленность России. СПб., 1911. 该书以《金属销售辛迪加》为名出版。

[2] ГА Брянской обл., ф. 220, оп. 3, д. 12, л. 75.

表 50　"金属销售辛迪加"在垄断冶金产品销售中的作用

冶金厂产品	"金属销售辛迪加"在销售中的年占比(%)				
	1904 年	1905 年	1906 年	1907 年	1908 年
铁板	36.7	69.5	68.6	70.2	66.4
横梁和槽钢	65.7	78.9	60.6	77.1	82.1
箍带	49.1	60.8	60.3	62.9	64.6
车轴	48.0	73.4	62.2	92.3	93.3
铁管	—	16.0	84.6	87.3	62.3

但并非所有竞争者都能如此迅速地应对。新罗西斯克公司与"金属销售辛迪加"的斗争持续了数年。① 最终，1907 年它与"金属销售辛迪加"达成了关于转让铁板、横梁及槽钢销售权的协议。1907~1908 年，"金属销售辛迪加"在其辛迪加化冶金产品全俄销售中的份额已经稳定在一个相当高的水平。

这时"煤炭销售辛迪加"已经把控了顿涅茨克一半左右的煤炭销售。这一份额对处于起步阶段的辛迪加来说一点也不少。然而，此后它的份额从未超过 60%。

因此，销售垄断组织——卡特尔和辛迪加的特征是对被垄断产品的高度覆盖，但除了个别特殊情况外，它们仍未完全取代销售领域的竞争。在它们周围通常存在一些局外公司，这些局外公司在争取生存中或多或少取得了一些成功。

就生产而言，如前所述，销售垄断组织对生产的影响只反映在对其规模的调节上。销售联盟并没有消除其成员之间在生产领域的竞争。

文献中销售垄断联盟内部的竞争问题往往被简化为成员之间的配额之争。同时，这种斗争是一种派生现象。因为销售垄断联盟只是统一了

---

① ГА Брянской обл., ф. 220, оп. 3, д. 12, л. 92（протокол Совета）. 1905 年 1 月 4 日"金属销售辛迪加""股东"大会批准了这些合同（ГА Брянской обл., ф. 220, оп. 3, д. 12, л. 132）。

俄国金融资本的形成

被垄断产品的销售条件,并没有消除其生产条件的差异,所以尽管规定了相同的价格水平,其成员的生产成本仍然是不同的,因此,它们获得的利润也是不同的。争取最有利的生产条件,确保最低的生产成本,也是内部竞争的基本形式,这种竞争在销售联盟的深处不断发生,加剧了离心倾向,往往导致其瓦解。

但应该指出的是,通常解散的都是二级销售联盟——制瓷、道岔和桥梁卡特尔、"钉子"辛迪加,它们并不代表垄断化进程的主要方向。此外,它们中的大多数很快就以一种规模更小但组织得更好的方式重生了。

然而,在我们所研究时期结束时,随着俄国工业被整个销售垄断组织体系覆盖,其不足之处变得越来越明显。为了克服销售垄断联盟的局限性,消除竞争,不仅在销售领域,而且在生产方面,产生了一个极具特色的趋势:同质企业试图进行行业联合,该联合不是通过它们之间的卡特尔协议,而是通过它们的合并,用 P. 希法亭的术语说,即通过"融合"来实现。①

这种趋势也许在纺织业中表现得更为明显。显然,有两个因素是造成这种情况的原因。首先,纺织业中实现产品统一比较困难,没有这种统一,就无法建立有效的销售联盟。其次,纺织生产比大多数其他俄国工业部门更快地克服了危机状态,并进入了复苏期,然后是高涨期。不断增长的需求刺激了生产的扩大,为强大企业的迅速增长创造了有利条件,这些企业通过吸收那些不太幸运的、被危机削弱的对手成功度过了危机。因此,如上所述,在我们所感兴趣的年份里,纺织业中工业集团的形成过程非常集中。但只在一个案例中,该过程导致一个占据了垄断地位的企业联盟的形成。它就是前面提到的制线托拉斯的形成,从多个方面来看这都是一个特殊的现象。以这种方式形成的工业集团,在我们

---

① Гильфердинг Р. Финансовый капитал. М., 1959, с. 264.

第四章　垄断的确立

所感兴趣的年代里通常没有实现垄断。这可能就是同质企业试图在所有者之间签订的协议的基础上合并的原因。

1907 年，在德意志银行的调解下，罗兹地区最大型棉纺织公司之间就合并为一个统一的股份公司进行了谈判。然而，它们未能就合并后企业的估值和公司股份的分配达成协议。①

1908 年 7 月起，莫斯科 3 家丝绸公司"西蒙诺"、"日罗"和"穆西"的代表召开会议，会上讨论了它们之间合并的问题。会议一直持续到 1909 年夏天，但最终没有成功。原因还是一样的——双方无法就拟建公司股本的分配达成一致。②

在这类合并方案中，所谓的"冶金托拉斯"方案占据特殊地位。当时，该方案在社会上引起了广泛的共鸣。1908 年俄国报纸对其进行了广泛报道。③ 还有大量的文件材料反映了就"冶金托拉斯"的成立而展开谈判的历史中的某些时刻。该方案的想法是要把俄国南部的 9 个冶金企业——南俄第聂伯冶金公司、俄国-比利时冶金公司、新罗西斯克公司、"俄国普罗维登斯"公司、乌拉尔-伏尔加冶金公司、塔甘罗格冶金公司、顿涅茨克-尤里耶夫冶金公司、俄国采矿冶金业总公司以及布良斯克轧轨炼铁机械公司的亚历山德罗夫工厂合并成一个统一的股份公司。

尽管"冶金托拉斯"的方案没有实现，但它证明了对工业垄断新组织形式的客观需求越来越大。正如上述方案和其他一些类似方案的失败

---

① Лаверычев В. Я. Монополистический капитал в текстильной промышленности России, с. 147-148.

② Антонова С. И. Влияние столыпинской аграрной реформы на изменения в составе рабочего класса. М., 1951, с. 219 - 221; Бобков К. И. Из истории концентрации производства и монополизации текстильной промышленности в России（1900 - 1917 гг.）.// Социалистические преобразования в СССР и их экономические предпосылки. М., 1959, с. 78-80.

③ 该主题的专辑报纸资料可参阅 Сборник документов для практических занятий по источниковедению истории СССР. Вып. 2. Период капитализма. М., 1980, с. 255-272。

· 287 ·

所表明的那样，对同时能消除销售和生产领域竞争的垄断组织的需求无法通过"融合"的方式来实现。但实施该方案的尝试本身就表明，俄国工业垄断化正在进入一个新阶段。

第二节 垄断组织和银行

一 20世纪初俄国银行与工业的关系

在专门研究俄国银行历史及其与工业关系的文献中，我们感兴趣的时期——1900~1908年——通常很少受到关注。唯一的例外是 И. Ф. 金丁的《俄国的商业银行》（莫斯科：国立财经出版社，1948）一书，在这本书中他对这一时期进行了详细的描述。该书的实质可以概括为以下几点。

危机和由此带来的破产、经济停滞、证券汇率下跌、银行存款外流、银行资助的工业企业经营困难都对股份制商业银行造成了非常大的损害。然而，И. Ф. 金丁认为，"尽管对彼得堡大型银行来说，它们的损失非常大，但在银行业发达的条件下，这种损失从绝对规模上来看不能被视作对银行继续存在的威胁。毕竟，即使在危机年代，彼得堡的银行，也继续发放可观的红利，尽管这是以牺牲储备资本为代价的"。[①]

然而，银行不得不"彻底中止对工业的拨款"。它们不仅"拒绝为新企业提供资金，而且还想要摆脱对19世纪90年代起与之融合的企业的资助，哪怕有时要付出极大的损失。当然，在某种程度上，银行继续从事投机性交易——非担保证券的透支来保持其绝对规模。但这些业务在很大程度上脱离了工业融资，工业证券退居幕后。非担保证券的账户急剧

---

① Гиндин И. Ф. Государственный банк и зеркальный синдикат. // Из истории империализма в России. М.；Л.，1959，с. 117.

减少，几乎减少了一半，这些账户都隐瞒了银团（辛迪加）的参与。这些账户要么留有无法变现的证券，要么大萧条最后几年里在账户中出现了非工业性或与汇率把戏相关的证券"。①

1900~1908年银行业务主要的发展方向变成了贸易融资贷款。"以贸易融资贷款为主要形式的银行活动导致除贴现外其他形式的贷款，特别是货物抵押贷款大幅扩大。不止于此，银行开始广泛开展商品代售业务，并在自己账户上进行交易……"②

银行业务的这种发展方向与这一时期彼得堡的银行向各省积极扩张的特点密切相关。1900~1908年，其分支机构的数量几乎增加了两倍。同时，1908年各分支机构的固定资产比各理事会的固定资产多出近40%。"彼得堡的银行向各省扩张，深入各省工商业流通中"，这为它们大规模"常规业务"提供了更广泛和更稳定的基础。这"导致彼得堡的大型银行……到大萧条结束时，已经在股份制银行体系和所有信贷机构中占主导地位。这一过程最终导致它们从小型'商业'银行（在19世纪90年代它们在很大程度上仍然是小型银行）转变为强大的'混合型'银行……"③。

虽然中止了新的工业融资业务，但银行在大多数情况下仍无法与其融资的企业断绝联系。它们被危机打了个措手不及，只对那些需要短期融资的企业感兴趣。"因此银行不知不觉成为一些企业的参与者……被迫向它们提供进一步的贷款。这需要它们比19世纪90年代更详细深入地了解这些公司的业务，而且通常需要它们加入公司理事会。在萧条之初，

---

① Гиндин И. Ф. Государственный банк и зеркальный синдикат. // Из истории империализма в России. М.； Л.，1959，с. 124-125.

② Гиндин И. Ф. Государственный банк и зеркальный синдикат. // Из истории империализма в России. М.； Л.，1959，с. 140.

③ Гиндин И. Ф. Государственный банк и зеркальный синдикат. // Из истории империализма в России. М.； Л.，1959，с. 139.

俄国金融资本的形成

这样做是为了改善企业的财务状况,以释放冻结在企业中的银行资金。后者经常失败,随着时间的推移,银行已经习惯持有大量非流动资产,而银行行长们养成了长期赞助企业的习惯……"同时,随着纺织业和食品加工业开始复苏,随后高涨,银行"除了向感兴趣的企业提供新的工业贷款外……还开始与制糖、轧棉和其他行业的一些企业"建立联系,向它们提供周转资金,甚至为它们提供产品代售服务。①

结果,"在危机和萧条的打击下,随着银行与工业的联系减少,保留下来的融合关系越来越密切。银行制定了符合金融资本时代银行和工业之间相互关系性质的工业贷款方法,并养成了与工业企业保持密切联系的习惯。这样一来,银行也就准备好广泛参与随后几年工业高涨期的融资"。②

И. Ф. 金丁基于对各种资料的分析对俄国银行的历史进行了长期研究——主要研究银行统计数据、彼得堡贴现贷款银行的档案材料等,笔者对这些研究几乎没有什么要补充的。当然,它们需要被详细说明。然而,我们在这方面的能力极为有限。

如前所述,1900~1908年的俄国银行资料保存得特别差。幸存的残余资料并不支持我们对银行的活动以及银行与工业的关系进行任何完整的描述。这种活动在其他资料中的反映要更少,显然,这是因为银行在1900~1908年的影响减弱。我们在上文中看到,20世纪前10年报纸对商业银行给予了很大的关注,在过去的八年里,报纸更多地描写它们经历的困难,而非它们的活动。有关这些活动的记载在现存的股份公司和工业企业的文件中也很难找到。

反映俄国银行活动的现存材料非常零散,这使我们无法重建1900~

---

① Гиндин И. Ф. Государственный банк и зеркальный синдикат. // Из истории империализма в России. М.;Л., 1959, с. 125-126.

② Гиндин И. Ф. Государственный банк и зеркальный синдикат. // Из истории империализма в России. М.;Л., 1959, с. 140.

1908 年银行与工业关系的任何完整图景。但通过现存材料看到的一些特征值得注意。

彼得堡银行因危机而遭受的冲击可能比 И. Ф. 金丁认为的还要严重。这场危机对彼得堡银行在 19 世纪 90 年代走上融资之路时与之联系最紧密的工业部门打击最大。根据官方报告,彼得堡国际银行在 1899~1908 年不得不核销约 1000 万卢布的损失,俄国外贸银行不得不核销约 600 万卢布的损失。毫无疑问,实际损失的规模要大得多。财政部在 1901 年对彼得堡国际银行业务进行的审计显示,仅 5 家公司——尼科波尔-马里乌波尔采矿冶金公司、俄国金矿开采公司、图拉轧铜弹药公司、莫斯科玻璃工业公司和日洛夫煤矿公司就欠银行约 1400 万卢布。

银行不仅充当了它们的债权人(银行贷款约 300 万卢布),还是几乎一半股份和大部分债券的所有者。例如,审查资料表明,在银行的投资组合中有 13735 股尼科波尔-马里乌波尔采矿冶金公司的股票(共 24000 股)和 150 万卢布的债券。除上述 5 家公司外,彼得堡国际银行还参与投资了许多其他企业。И. И. 列文指出,与此同时,在它的投资组合中有 11836 股哈特曼公司的股票和 300 万卢布的债券。[1]

彼得堡大多数银行都处于类似的境地。如果没有政府向它们提供的援助,很难说事情会如何发展。借助 И. И. 列文和 И. Ф. 金丁的研究,我们可以更清楚地了解国家银行拯救波利亚科夫银行的情况。[2] 但国家银行也给其他银行提供了援助。И. И. 列文特别指出,国家银行向彼得堡国际银行和俄国工商业银行提供了慷慨的贷款。[3]

---

[1] Левин И. И. Акционерные коммерческие банки в России. Пг., 1917, с. 270.

[2] Левин И. И. Акционерные коммерческие банки в России. Пг., 1917, с. 283 - 288. Гиндин И. Ф. Русские коммерческие банки, с. 131-132; Он же. Неуставные ссуды Государственного банка и экономическая политика царского правительства. //Ист. зап., 1950, т. 35, с. 117-122.

[3] Левин И. И. Акционерные коммерческие банки в России. Пг., 1917, с. 283.

俄国金融资本的形成

彼得堡私人银行在这方面的历史很有意思。1909年7月3日和6日，国家银行经理为解决彼得堡私人银行命运问题而召开了彼得堡股份制银行代表会议，正如会议资料显示的，当时该银行的直接损失为600万卢布，超过900万卢布的资产难以变现。此外，它还欠国家银行560万卢布。最后，该银行用仅有的1200万易于变现的资产来偿还1400万卢布的负债。① 换句话说，该银行实际上已经破产了。但它还在运营，甚至还在发放红利。

沙皇政府在危机年代对俄国银行的援助、援助的动机及援助的方式值得专门研究。需要注意的是，在我们所研究的时间内，银行的红利支付额绝不是证明其生存能力的指标。政府的援助挽救了几近破产的银行。在这种背景下，银行与工业企业的大部分联系才得以保留。

与此同时，不应低估1900~1908年俄国银行处境的困难。正是这一点导致了它们在与包括资助企业在内的工业的关系中保持被动。

只有两家彼得堡银行——私人银行和贴现贷款银行的理事会会议记录保存了下来。这两家银行都是大型但非一流的信贷机构。两者都在19世纪90年代后半期积极创办股份制公司。整个我们所感兴趣时期彼得堡私人银行的会议记录都被保存了下来，② 而彼得堡贴现贷款银行的会议记录只有1903年的被保留了下来。③ 这些资料表明，两家银行在向所赞助的特定企业圈提供贷款时都非常谨慎。

从这些材料、银行报告和一些现存的公文处理资料中可以看出，直到1906年左右，银行在处理在与工业的关系中，追求的目标是用尽可能少的资金维持那些在没有严重损失的情况下无法清算的资产。只是到我们所研究时期结束时，出现了各种重组方案。

---

① ЦГИА СССР, ф. 587, оп. 56, д. 369, л. 28-38.
② ЦГИА СССР, ф. 597, оп. 2, д. 40.
③ ЦГИА СССР, ф. 598, оп. 2, д. 26.

亚速-顿河银行是一个例外，在危机期间它几乎没有受到影响，危机快结束时它开始积极干预工业，把控那些处于困境的企业：上第聂伯冶金公司、叶卡捷琳诺斯拉夫钢铁公司、南俄盐业公司、卡尔波夫-奥布里夫煤矿公司、塔甘罗格冶金公司、顿涅茨克水泥公司、扎姆科夫甜菜制糖合伙公司、博戈斯洛夫采矿公司等。①

二　北方银行对垄断联盟的关注

几乎所有俄国特大型重工业企业都在某种程度上与俄国银行或外国银行有联系，并依赖于它们，如果没有银行的参与，就无法解决关于组织销售垄断联盟的问题。此外，很自然地推测，问题的解决主要取决于为协议方公司融资的银行。

遗憾的是，银行和垄断组织的档案资料保存不善，我们无法确定这一假设是否正确。更有价值的是苏联中央国家历史档案馆北方银行资料库中该银行董事 M. 维斯特拉特与 T. 隆巴多的一组信件，其中详细介绍了关于建立"煤炭销售辛迪加"的谈判过程。自 1904 年 2 月末以来，这个话题一直是北方银行理事会信件的主要内容。

甚至在那个时候，M. 维斯特拉特就表示有兴趣让北方银行受托为未来的煤炭辛迪加提供金融服务。他在 1904 年 2 月 28 日写信给法国银行"总公司"行长，"如果我们被其他银行超越，那这对我们而言将是重大的打击，反之，如果我们为辛迪加提供金融服务，将是巨大的优势……我相信，您将在这方面给予我们一切支持，提前向您致谢"。②

"煤炭销售辛迪加"成立时，其金融服务问题没有得到解决。从保存在苏联中央国家历史档案馆伏尔加-卡马银行资料库中的"煤炭销售辛迪

---

① ЦГИА СССР, ф.616, оп.1, д.514, 518, 524, 529, 531, 537, 538, 546, 548, 551 и др.
② ЦГИА СССР, ф.637, оп.1, д.96, с.144-145.

俄国金融资本的形成

加金融组织"方案中可以看出，在这个问题上，北方银行确实存在竞争对手。其中最早的方案可以追溯到1907年7月，当时"煤炭销售辛迪加"与伏尔加-卡马银行和亚速-顿河银行打算就其金融组织签订协议。北方银行显然从1907年8月起开始参与这项协议的谈判。

在1907年10月4日给 Л. 多里松的信中，北方银行的另一位经理 T. 隆巴多通知道，由于没有机会单独成功，北方银行与亚速-顿河银行、伏尔加-卡马银行进行了合作。此外，T. 隆巴多解释说，与"煤炭销售辛迪加"的协议"几乎是向未知领域的飞跃"，因为如果市场情况恶化，它能带来"惊喜"，因此，"有人能分担风险没有坏处"。① 在10月13日写给 M. 维斯特拉特的另一封信中，T. 隆巴多劝说他放弃"垄断""煤炭销售辛迪加"的想法，因为这不切实际。②

1907年10月17日，3家银行与"煤炭销售辛迪加"签订了协议。③ 但很快就发现，需要对其进行补充。伏尔加-卡马银行和亚速-顿河银行资料中包含的新协议草案和往来信件证明，谈判恢复了，并持续到1908年春。遗憾的是，协议的终稿我们不得而知。但是，从伏尔加-卡马银行理事会的信件来看，它是在1908年3月或4月签署的。④

"煤炭销售辛迪加"与3家银行之间签订协议的历史引人深思。很有可能，在"金属销售辛迪加"与彼得堡国际银行之间存在类似的协议，因为"金属销售辛迪加"现存的文件表明，彼得堡国际银行负责其"金融服务"。

无论如何，不少迹象表明，银行越来越多地参与垄断组织的事务中。特别是，从1908年的信件中可以看出，北方银行的经理们非常关注"金属销售辛迪加"与其即将重新签订承包合同有关的情况。而当得知俄国-

---

① ЦГИА СССР, ф.637, оп.1, д.25, л.117-119.
② ЦГИА СССР, ф.637, оп.1, д.37, л.135-136.
③ ЦГИА СССР, ф.595, оп.5, д.778, л.70-75（текст соглашения）.
④ ЦГИА СССР, ф.637, оп.1, д.37, л.94-186；ф.616, оп.1, д.863, л.1-5.

比利时冶金公司拒绝续签横梁合同，而这有可能摧毁该辛迪加时，他们尽一切努力来解决所产生的冲突。①

上文已经指出，在我们所研究时期快结束时，出现了基于"融合"成立垄断组织的趋势。在银行文件中也能看到这种趋势。从北方银行领导人的来往信件来看，1906年末1907年初，他们对水泥垄断问题很感兴趣。显然，该银行的材料中有一份1904年2月5日俄国水泥贸易公司与顿涅茨克水泥公司的承包合同副本并非偶然。② 想必该辛迪加的活动无法令北方银行满意。在1907年1月6日的一封信中，Т. 隆巴多写道："我一直在思考合并三家水泥公司的问题，而且越来越确信，这是唯一的出路。"③

Т. 隆巴多还在1907~1908年积极参与了"冶金托拉斯"的成立筹备工作。他的几十封信证明了这一点，信中涉及了有关托拉斯问题的谈判。从中可以看出，为说服最固执的谈判者——俄国-比利时冶金公司和南俄第聂伯冶金公司签订协议，Т. 隆巴多做了不少工作。他多次呼吁法国银行"总公司"的领导人对俄国-比利时冶金公司理事会施加压力，并亲自到华沙劝说南俄第聂伯冶金公司经理И. И. 亚修科维奇做出让步。他在1908年10月4日写给М. 维斯特拉特的信中清楚地表达了自己对谈判中断的沮丧："托拉斯已被破坏。不等我们与И. И. 亚修科维奇的谈判产生效果，俄国-比利时冶金公司就切断了联系，并通知南俄第聂伯冶金公司决定不再继续谈判。我对做出这种决定的动机感到茫然。值得为了这样的惨败花这么大力气吗？"④

成立"冶金托拉斯"计划的失败促使北方银行领导人寻找解决问题的新方法。理事会文件中1909年2月12日的记录证明了这一点。

---

① ЦГИА СССР, ф. 637, оп. 1, д. 28, л. 71–86.
② ЦГИА СССР, ф. 637, оп. 1, д. 83, л. 6–11.
③ ЦГИА СССР, ф. 637, оп. 1, д. 38, л. 9–11.
④ ЦГИА СССР, ф. 637, оп. 1, д. 44, л. 43.

俄国金融资本的形成

其中写道："由于去年冶金托拉斯失败了，需要寻找别的治标措施，以使大部分冶金厂走出低迷。我们对部分辛迪加进行改组、补充：根据新协议，曾把控 1700 万到 1800 万普特产量的'金属销售辛迪加'，现在控制 6000 多万普特的产量。"记录随后提出了俄国工业垄断化的整体方案，规定：（1）将冶金、金属加工和机器制造业销售垄断联盟的管理集中到一起；（2）通过建立对参与公司的财务监督，使它们之间的联系更为紧密。①

这个方案无疑反映了时代的潮流。银行为生存而进行斗争和被动支持从 90 年代工业高涨中继承下来的利益的时期已经结束。银行显然在与工业的关系上转向积极。它们历史上的一个新阶段开始了。

---

① ЦГИА СССР, ф. 637, оп. 1, д. 110, л. 1-7.

结　语

1900~1908年是俄国金融资本形成史上的一个重要阶段。

由于19世纪90年代的工业高涨，俄国国家资本主义的发展水平急剧上升，工业在国民经济中的作用增强了，工业生产结构发生了重大变化。工业革命的完成为生产集中的加速创造了组织和技术先决条件。到19世纪末，大型企业在俄国绝大多数工业部门中占据了统治地位。

在19世纪90年代的工业高涨时期，俄国工业的生产集中与资本集中化进程密切相关，这在股份制经营的快速增长中表现得淋漓尽致。外国资本流入俄国国民经济中则加速了这一进程，90年代后半期外资迅速加大对俄投资力度，促进了资本主义企业经营最新组织形式在俄国的传播，使外国银行和俄国银行之间建立了更密切的商业联系，并推动后者参与工业融资。所有这一切都为俄国金融资本体系的形成奠定了基础。

1899~1903年的危机是俄国金融资本形成史所研究阶段的起点。作为一种高度复杂的现象，它在不同程度上和不同时间内影响了各个工业部门。但总体上来说，危机对国民经济的影响非常严重，以致复苏困难重重，旷日持久。受到危机影响及其所引发的社会矛盾加剧，国民经济发展势头整体被削弱了，长期无法找到引发新高涨的动力，并且在很长一段时间内处于非常不稳定的过渡状态，在当时，刚刚开始的复苏又被新的衰退所取代。

俄国金融资本的形成

在竞争加剧的过程中,企业之间为了生存而展开斗争的特性显现出来,两个密切相关但方向不同的进程出现。首先,在大型甚至特大型企业中出现了自然淘汰,因为最强的企业吸收了那些无法承受危机的企业。其次,出现了以下趋势:生产同质产品的企业之间通过签订卡特尔协议在某种程度上缓和或限制了竞争。

而第二种进程成为该阶段工业垄断的主导方向。因此,1900~1908年,俄国工业中形成了完整的销售垄断联盟体系——卡特尔和辛迪加,并扩展到所有最重要的和许多次要的工业部门,销售垄断联盟垄断了工业生产中主流产品的市场销售。

同时,到这一时期结束时,垄断组织的建立出现了这样的趋势,即不仅在销售领域,而且在生产方面也出现了能消除或限制竞争的垄断组织。然而,在竞争企业自愿合并基础上建立这种组织的尝试并没有成功。

这场危机对俄国银行也是一次严峻的考验。它束缚住了银行与工业企业的联系,这些联系是在19世纪90年代通过短期融资业务建立起来的。银行被迫援助依赖于自己的企业,与工业之间形成长期关系。但这些主要是被动的关系。然而,银行显然没有脱离工业卡特尔化的进程。完全有理由认为,银行积极促进了这一进程。到所研究阶段结束时,银行在与工业的关系上变得更加积极。销售垄断联盟体系的确立、建立托拉斯型垄断组织的尝试、银行的复苏——所有这些都证明了俄国金融资本进入一个新的发展阶段。此时,俄国金融资本体系的主要部分已经形成,但其仿佛处于休眠状态,一旦工业再度高涨,其便开始摆脱这种状态,俄国金融资本体系就能变得更加完善、成熟。不过,这一转变的历史值得单独研究。

图书在版编目(CIP)数据

俄国金融资本的形成 /（俄罗斯）鲍维金·瓦列里·伊万诺维奇著；张广翔，种悦瑶译. --北京：社会科学文献出版社，2023.7

（俄国史译丛）

ISBN 978-7-5228-2078-1

Ⅰ.①俄⋯　Ⅱ.①鲍⋯　②张⋯　③种⋯　Ⅲ.①金融资本-研究-俄罗斯　Ⅳ.①F014.391

中国国家版本馆 CIP 数据核字（2023）第 118663 号

俄国史译丛
俄国金融资本的形成

著　　者 /［俄］鲍维金·瓦列里·伊万诺维奇
译　　者 / 张广翔　种悦瑶
校　　者 / 唐加正

出 版 人 / 王利民
责任编辑 / 贾立平
责任印制 / 王京美

出　　版 / 社会科学文献出版社·经济与管理分社（010）59367226
　　　　　 地址：北京市北三环中路甲 29 号院华龙大厦　邮编：100029
　　　　　 网址：www.ssap.com.cn

发　　行 / 社会科学文献出版社（010）59367028
印　　装 / 三河市东方印刷有限公司

规　　格 / 开　本：787mm×1092mm　1/16
　　　　　 印　张：19.75　字　数：260 千字
版　　次 / 2023 年 7 月第 1 版　2023 年 7 月第 1 次印刷
书　　号 / ISBN 978-7-5228-2078-1
定　　价 / 128.00 元

读者服务电话：4008918866

△ 版权所有 翻印必究